❏改訂版の発刊にあたって

全国病弱養護学校長会長 坂 田 紀 行

（東京都立久留米養護学校長）

　本書の初版が発刊されたのは、昨年（平成13（2001)年）8月であり、ちょうど1月に、21世紀の特殊教育の在り方に関する調査研究協力者会議が最終報告をまとめられた時でもありました。

　その後、この最終報告の内容を踏まえ、様々な取り組みが進められてきました。しかし、それらの取り組みは、一貫して中央教育審議会の第一次答申にもあるように、子どもたち一人ひとりが、伸び伸びと自らの個性を存分に発揮しながら、「時代を超えて変わらない価値のあるもの（不易）」をしっかりと身に付け、同時に「時代の変化とともに変えていく必要があるもの（流行）」に柔軟に対応していくことを踏まえた取り組みでした。

　いくつかの取り組みの中でも、特に本年4月の就学基準の見直しにおいては、病弱教育対象者について、「6月以上の医療又は生活規制を必要とする程度のもの」の「6月以上」が「継続して」と改正されたことが大きなポイントでした。これは、病弱教育に関係された方々の長年の念願でもありました。今後は、病気になった子どもたちが学習の遅れなどについて心配することなく療養に専念できる環境が整ってきたということができると思います。

　また、本年度から完全学校週五日制となり、同時に小学部と中学部で新しい学習指導要領が実施された年でもあります。移行措置期間で準備万端とはいっても、不安な点もあるのではないかと思ってもおります。具体的には自立活動や重複障害者の指導に際しての個別の指導計画や個に応じた指導、総合的な学習の時間などどの学校も病弱教育を展開している他校の指導事例等を知りたいところでもあると考えました。このような思いから、全国病弱養護学校長会は、新しい就学基準についてのQ＆A、自立活動と総合的な学習の時間の事例を盛り込んだ「病弱教育Q＆A PARTⅡ」を発刊し、病弱教育の一層の充実を図ってきたところです。

　こうした背景を受け、本書についても就学基準やデータ等を刷新してより実態にあったものとして活用していただけるよう改訂版を出すことにいたしました。

　この本の特色はである次の点は変わっておりません。

⑴　項目として、病弱児のの理解、教育と医療の連携、福祉のシステム等を網羅したこと
⑵　病弱教育における基本的なことをQ＆A形式で簡潔に分かりやすく解説したこと
⑶　新学習指導要領に基づき、客観的にわかりやすく編集したこと

　これに、改訂版として次の点を加えました。

⑷　新しいデータや就学基準などの制度等の改正に対応し、時宜に合ったものにすること
⑸　指導事例等を含め、明日の授業に直接参考になる内容を含めたこと

　基本的には、病弱養護学校長会が執筆した初版に新しいデータ等を加えました。

　改訂版の監修も文部科学省初等中等教育局特別支援教育課特殊教育調査官横田雅史先生にお願いしました。

　この改訂版が病弱教育を担当される方々にとってよき道標（みちしるべ）になり、病弱教育の一層の充実につながりますことを切に願っています。　　　　　　（平成14年8月）

❏目 次

発刊にあたって

監修を終えて

第Ⅰ章 病弱児の理解

Question 1 Answer

どのような子どもが病弱教育の 対象になりますか。

■病弱教育の対象、病弱養護学校、病弱・身体虚弱特殊学級、 通級による指導（病弱・身体虚弱）、6月以上、継続して

❑ **学校教育法第71条、第72条の2**

養護学校等の目的は、学校教育法第71条に規定されており、病弱者（身体虚弱者を含む）に対しては養護学校が教育の場として設けられていることが示されています。

第71条「盲学校、聾学校又は養護学校は、それぞれ盲者（強度の弱視者を含む。以下同じ）、聾者（強度の難聴者を含む。以下同じ）又は知的障害者、肢体不自由者若しくは病弱者（身体虚弱者を含む。以下同じ）に対して、幼稚園、小学校、中学校又は高等学校に準ずる教育を施し、あわせてその欠陥を補うために、必要な知識技能を授けることを目的とする。」

第71条の2「前条の盲者、聾者又は知的障害者、肢体不自由者若しくは病弱者の心身の故障の程度は、政令でこれを定める。」

❑ **病弱養護学校の対象となる児童生徒（学校教育法施行令第22条の3）**

従前の学校教育法第22条の3で定める盲・聾・養護学校に就学する障害の程度（就学基準）は、昭和37年に当時の医学、科学技術の水準を前提に規定されたものです。その後の医学・科学技術の進歩に伴い従前の就学基準に該当する障害のある児童生徒が小・中学校において適切な教育を受けることが可能な場合が生じてきていることから、病弱者は次のように改正されました。

> 1 慢性の呼吸器疾患、腎臓疾患及び神経疾患、悪性新生物その他の疾患の状態が継続して医療又は生活規制を必要とする程度のもの
> 2 身体虚弱の状態が継続して生活規制を必要とする程度のもの

❑ **病弱・身体虚弱特殊学級の対象となる児童生徒**

平成14年5月27日付文部科学省初等中等教育局長通知(14文科初第291号)において、学校教育法第75条第1項及び学校教育法施行規則第73条の18の規定に基づき、病弱者及び身体虚弱者の特殊学級を置く場合の対象者は次のように定められています。

> 1 慢性の呼吸器疾患その他疾患等の状態が持続的又は間欠的に医療又は生活の管理を必要とする程度のもの
> 2 身体虚弱の状態が持続的に生活の管理を必要とする程度のもの

❏通級による指導（病弱・身体虚弱）の対象となる児童生徒

　　平成14年5月27日付文部科学省初等中等教育局長通知（14文科初第291号）において、学校教育法施行規則第73条の21第1項の規定に基づき、病弱・身体虚弱者に通級による指導を行う場合の対象者は次のようになります。

> 　病弱又は身体虚弱の程度が、通常の学級での学習におおむね参加でき、一部特別な指導を必要とする程度のもの

❏新しい就学基準を図に示すと次のようになります。

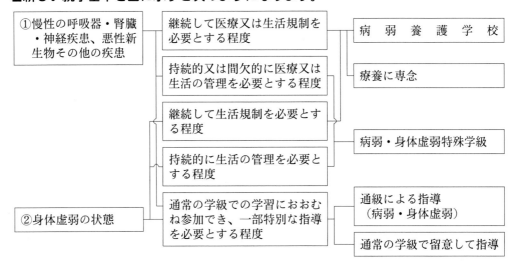

❏病弱教育の対象者について

　　平成14年の就学基準の見直しにより、従前の「6月以上の医療又は生活規則を必要とする程度のもの」の「6月以上」が「継続して」と改正されました。したがって、これまで主治医より「6月以上」の診断書がなければといったことも不要になりましたし、病気の種類についても、子どもがかかる可能性のあるほとんどの病気をその対象としてみることができるようになりました。

　　しかし、「継続して」ということは、風邪などの軽度の疾患により、極めて短期間の医療を必要とする場合には病弱養護学校等への就学の対象とはなりません。

❏就学手続きについて

　　病弱・身体虚弱の子どものための教育には、速やかに転学手続きを講じるよう転学事務処理の迅速化を図ると共に、転学手続きが完了していない子どもについても、病弱養護学校等において、実際上教育を受けることができるように配慮することが大切です。

　　なお、転学手続きを取らないまま、いわゆるサービスで教育をする場合もあるようですが、責任をもった教育を行うためには、やはり転学手続きを取ることが必要です。

【引用・参考文献】
1．『病弱教育Q＆A　PARTⅡ』平成14(2002)年　ジアース教育新社

Question Q&A Answer 2

整形外科や精神科への入院児も病弱教育の対象児ですか。

■整形外科、精神科、
　医療または生活規制

　学校教育法施行令では病弱者の心身の故障の程度を「1. 慢性の胸部疾患、心臓疾患、腎臓疾患等の状態が6月以上の医療又は生活規制を必要とする程度のもの、2. 身体虚弱の状態が6月以上の生活規制を必要とする程度のもの」と定めています。しかし、医療技術の進歩、疾病構造の変化、病気の種類の多様化などにより、長期入院の子どもは減少し、短期入院や繰り返し入院する子どもが多くなっています。こうした現状を踏まえ、平成6（1994）年12月の「病気療養児の教育について」（通知）では、「関係法令の規定等も、このような児童生徒に教育の機会を可能な限り提供しようとする趣旨のものであることを十分理解し、運用に当たること」としています。したがって、整形外科や精神科に入院し、医療を受けている児童生徒についても、その間は病弱教育の対象とすることが適当です。なお、近年、整形外科や精神科など小児科以外に入院し病弱教育を受けている子どもも多くなっています。

❏病弱教育の対象について

　病弱児とは、何かの病気にかかり、その病気が長期にわたっていること、あるいは長期にわたる見込みのあること、そしてそのために医療または生活規制が必要な子どものことをいいます。また、身体虚弱児とは体が弱く、学校への出席を停止させる必要はないが、長期にわたり健康な子どもと同じように活動させるとかえって健康を損なうおそれがある子どものことをいいます。

　病弱教育は、これらの病弱児と身体虚弱児を教育の対象とし、その子どもの置かれた生活状況の中で、より充実した生活が営まれ、よりよい自己実現が図られるようにする教育です。骨折で整形外科に入院している子どもも、精神科に入院している子どもも、入院して医療や生活規制が必要になるので病弱教育の対象となります。

❏病気の種類の多様化の現状

　21世紀の特殊教育の在り方に関する調査研究協力者会議の最終報告では、学校教育法施行令第22条の3に規定する就学基準の見直しの必要性が述べられています。

　これに基づき、病弱養護学校においては「6月以上の医療又は生活規制を必要とする程度」という文言を実態に合うよう、教育学的、医学的、心理学的な観点から見直し、「継続して医療又は生活規制を必要とする程度」と改正されました。

　平成13（2001）年度の全国病弱虚弱教育研究連盟等による全国病類調査によると、近年病気の種類が多様化していることが分かります。病弱養護学校や病弱・身体虚

弱特殊学級において対応している児童生徒は次表の通りです。整形外科と関連する「骨折など損傷」では骨折がいちばん多く、精神科と関連する「心身症など」の場合は不登校、神経症、自閉症、拒食症や過食症など食行動異常症（Eating disorder）の順になっています。「骨折など損傷」によるものは全体の1.6%ですが、「心身症など」の場合は16.0%と病気の種類の中ではいちばん多くを占めています。このほか、最近では「腫瘍など新生物」（9.8%）が増加してきています。

　一方、「喘息など呼吸器系の疾患」は患者数は増加していますが、病弱教育の対象者数では減少してきています。

平成13（2001）年度全国病類調査（総集計表）

病類 学校・部、教育機関		結核などの感染症	腫瘍など新生物	貧血など血液疾患	糖尿病など内分泌疾患	心身症など行動障害	筋ジスなど神経系疾患	眼・耳・鼻疾患	リウマチ性心疾患など循環器系の疾患	喘息など呼吸器系の疾患	潰瘍など消化器系の疾患	アトピー性皮膚炎など皮膚疾患	ペルテス病など筋・骨格系疾患	腎炎など腎臓疾患	二分脊椎など先天性疾患	骨折など損傷	虚弱・肥満など	重度・重複など	その他	計
小学校部	養護学校分校学園	1	144	19	27	127	109	5	36	206	16	15	68	107	36	13	163	434	137	1,663
	分教室特殊学級	3	199	50	22	27	61	7	49	35	20	18	34	105	26	36	36	42	41	811
	合計	4	343	69	49	154	170	12	85	241	36	33	102	212	62	49	199	476	178	2,474
中学校部	養護学校分校学園	0	86	17	53	402	127	6	40	133	13	22	30	63	38	11	58	313	47	1,459
	分教室特殊学級	3	80	15	16	30	30	4	32	21	12	2	13	36	21	15	10	12	21	373
	合計	3	166	32	69	432	157	10	72	154	25	24	43	99	59	26	68	325	68	1,832
高等部	養護学校分校学園	0	22	7	27	292	195	1	31	35	6	5	12	45	39	10	5	413	16	1,161
	分教室	0	5	0	0	0	0	0	0	0	0	0	1	0	0	0	0	7	0	13
	合計	0	27	7	27	292	195	1	31	35	6	5	12	45	39	10	5	420	16	1,174
合計	養護学校分校学園	1	252	43	107	821	431	12	107	374	35	42	110	215	113	34	226	1,160	200	4,283
	分教室特殊学級	6	284	65	38	57	91	11	81	56	32	21	47	141	47	51	46	61	62	1,197
	合計	7	536	108	145	878	522	23	188	430	67	63	157	356	160	85	272	1,221	262	5,480
病類分布(%)		0.1	9.8	2.0	2.6	16.0	9.5	0.4	3.4	7.8	1.2	1.1	2.9	6.5	2.9	1.6	5.0	22.3	4.8	100.0%

【引用・参考文献】
1．『病弱教育の手引き－教科指導編－』平成8（1996）年　文部省
2．『病弱教育における養護・訓練の手引き』平成5（1993）年　文部省
3．『21世紀の特殊教育の在り方について』（最終報告）　平成13（2001）年　21世紀の特殊教育の在り方に関する調査研究協力者会議
4．『全国病弱教育施設一覧　全国病類調査表』平成13（2001）年　全国病弱虚弱教育研究連盟・全国病弱養護学校長会・全国病弱虚弱教育学校ＰＴＡ連合会

Question Q&A 3 Answer

学習障害児（ＬＤ）やADHDと診断されて入院している児童生徒は病弱教育の対象になりますか。

■学習障害児（ＬＤ）、ＡＤＨＤ（注意欠陥多動性障害）、
　21世紀の特殊教育の在り方に関する調査研究協力者会議

　　学習障害（ＬＤ）やＡＤＨＤということでは、病弱教育の対象とは言えませんが、それらの障害を持った子どもたちが入院など医療を必要とする場合には病弱教育の対象となります。なお、その間は学習障害（ＬＤ）やＡＤＨＤの状態に応じた特別な対応が必要です。

❑病弱教育の対象について

　　病弱教育の対象については、Ｑ２（p.4）に示したとおりです。学習障害児（ＬＤ）やＡＤＨＤ児というだけでは病弱教育の対象とは言えませんが、それらの障害のある子どもたちが入院など医療を必要とする場合には、通常の学級では対応できず医療または生活規制を必要とすることになることから病弱教育の対象となります。

❑学習障害（ＬＤ）、ＡＤＨＤへの教育的対応

　　文部科学省は平成４年６月から「学習障害及びこれに類似する学習上の困難を有する児童生徒の指導方法に関する調査研究協力者会議」を設け、様々な側面から検討を行った結果、平成11（1999）年７月に学習障害（ＬＤ）を次のように定義しています。今後、通常の学級に在籍する特別な教育的支援を必要とする児童生徒等の実態や指導の状況等について全国的な調査が行われると思われます。

　　学習障害とは、基本的には全般的な知的発達に遅れはないが、聞く、話す、読む、書く、計算する又は推論する能力のうち特定のものの習得と使用に著しい困難を示す様々な状態を指すものである。学習障害は、その原因として、中枢神経系に何らかの機能障害があると推定されるが、視覚障害、聴覚障害、知的障害、情緒障害などの障害や、環境的な要因が直接の原因になるものではない。

　　また、ＡＤＨＤ児もまだ原因が究明されておらず研究機関等で判断基準や指導方法等を確立するための取り組みが進められているところです。今後、先進的な実践や研究成果を踏まえ指導方法の充実に努める必要があります。
　　21世紀の特殊教育の在り方に関する調査研究協力者会議の最終報告では、第３章「特別な教育的支援を必要とする児童生徒への対応について」１　障害の状態等に応じた指導の充実方策の１－２で以下のように述べています。

1．学習障害児、注意欠陥／多動性障害（ＡＤＨＤ）児、高機能自閉症等通常の学級に在籍する特別な教育的支援を必要とする児童生徒等に対する指導の充実を図るためには、その実態を把握し、判断基準や指導方法を確立することが必要であること。このため、これらの特別な教育的支援を必要とする児童生徒等の実態や指導の状況等について全国的な調査を行うとともに、その成果を踏まえ、教員の専門性を高めるとともに教育関係者や国民一般に対し幅広い理解啓発に努めること。

2．学習障害児への教育的対応については、一人一人の学習障害の状態に応じた指導方法を確立するため、全国的な実態調査の成果等を踏まえ、実践的な研究を行うこと。

　また、都道府県及び市町村教育委員会においては、学習障害の実態把握のための体制を整備するとともに、専門家による各学校への巡回指導により、指導方法の充実に努めること。

3．注意欠陥／多動性障害（ＡＤＨＤ）児や高機能自閉症児等への教育的対応については、国立特殊教育総合研究所における調査研究の成果等を踏まえ、更に調査研究を行い、判断基準等を明らかにするとともに、効果的な指導方法や指導の場、形態等について検討すること。

かほばな（ヒルガオ）

【引用・参考文献】
1．『病弱教育の手引き－教科指導編－』平成８（1996）年　文部省
2．『病弱教育における養護・訓練の手引き』平成５（1993）年　文部省
3．『21世紀の特殊教育の在り方について』（最終報告）平成13（2001）年　21世紀の特殊教育の在り方に関する調査研究協力者会議
4．『見つめよう一人一人を』平成11（1999）年　文部省

Question Q4 Answer

病弱と身体虚弱とはどう違うのですか。

■病弱、身体虚弱、
　病弱教育、
　医療または生活規制

　病弱教育の対象児は、病弱児のほかに身体虚弱児を含んでいます。病弱や身体虚弱という用語はいずれも医学用語ではなく一般的用語です。

❏病弱とは

　病弱という用語は医学用語ではありません。病気にかかっているため体が弱っている状態を指していますが、たとえ重症でも、急性で間もなく回復の見込みのあるものはここでいう病弱には含めません。したがって、病弱の児童生徒とは病気が長期にわたっているもの、または長期にわたる見込みのもので、その間医療または生活規制を必要とする程度の者を指しています。

　なお、生活規制とは健康状態の回復・改善を図るため、運動や日常の諸活動及び食事などについて、病状や健康状態に応じて制限等の特別な配慮をすることをいいます。これらの児童生徒の病気の種類は多岐にわたっています。

❏身体虚弱とは

　身体虚弱という言葉は医学用語ではなく、「身体が弱い」という常識的な一般用語であり、元来、健康や丈夫という言葉に対する比較として用いられる身体の一つの状態を表したものです。

　この概念は一定したものではなく、時代により変化してきました。大正時代から昭和初期においては腺病質という言葉が用いられていましたが、はっきりとした概念ではありませんでした。昭和10（1935）年から20（1945）年ごろは国民病といわれた結核が蔓延した中で、ツベルクリン反応が陽転し、結核にかかりやすい状態で、日常生活で注意しなければいけないものを身体虚弱として取り扱い、これが大半を占めていました。第2次世界大戦の後、わが国の食糧事情のひっ迫から栄養状態の不良のいわゆる栄養失調が増えました。

　その後の社会の変化により結核や栄養不良は激減し、それにつれて身体虚弱の様相も変わり、原因ははっきりしないが病気にかかりやすいもの、湿疹などのアレルギー症状を繰り返すもの、頭痛や腹痛などのいろいろな不定の症状を訴えるものなどが増えてきています。元気のない状態の子どもや病気がちで休みが多い子どもに対しては、医学的な検査によって原因を調べ、特に治療の必要がない場合に身体虚弱として取り扱うようになってきています。

【引用・参考文献】
1.『病弱教育ハンドブック』　平成12(2000)年　全国病弱養護学校長会編
2.『一人一人を大切にした教育～障害等に配慮して』　平成8(1996)年　文部省

資　料

病弱教育対象児童生徒の病気の種類の推移
（病弱養護学校・病弱・身体虚弱特殊学級）

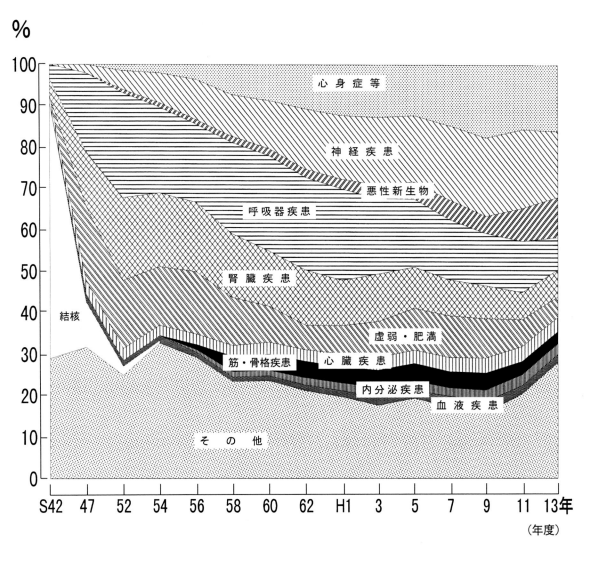

Question Q&A 5 Answer

病弱児の教育の場について教えてください。

■病弱養護学校、病弱・身体虚弱特殊学級、
院内学級、訪問教育、通級指導教室

　病弱児が教育を受ける場所は、法令等に基づく障害や病気の程度等と受け入れる学校の施設・設備の状況や教育内容、本人や保護者の意見等をふまえて、その子どもに最もふさわしい場所を決めることになっています。

　病弱児の教育機関は、病弱養護学校、小・中学校の特殊学級として病院内に設置した学級（いわゆる院内学級）や校内の身体虚弱児のための特殊学級、通級指導教室等があります。

❏病弱養護学校

　わが国には95校（本校80校、分校15校）の病弱養護学校があり、そこには4,087人が在籍しています（平成13（2001）年5月1日現在「学校基本調査」より）。ここで学ぶ子どもは、法令の基準で「6月以上の医療又は生活規制が必要とする程度。」となっていますが、この「6月」は入院期間をさすものでありません。したがって、完治するまで相当長期の入院、または短期入院を繰り返し行っている場合も含まれます。

　病弱養護学校に在籍する子どもの入院期間は、筋ジストロフィーや重症心身障害児病棟（重心病棟）に入院する重複障害児を除くと短期化しており、再入院など繰り返し入院するものも多くなってきています。

病弱養護学校

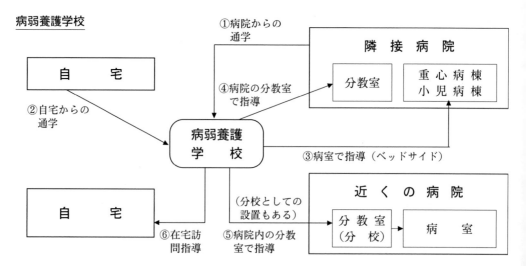

❏病弱・身体虚弱特殊学級（いわゆる院内学級を含む）

　　全国の小・中学校の病弱・身体虚弱特殊学級は803学級あります。ここには1,687人が在籍しています（平成13（2001）年5月1日現在「学校基本調査」より）。

❏小・中学校内の特殊学級

　　入院を必要とせず家庭などから通学できる病弱・身体虚弱児のために、小学校や中学校の中に設けられている特殊学級もあります。

　　ここでは、通常の学級とほぼ同様の授業時数を定め、通常の学級の児童生徒と活動を共にする機会を積極的に設けるよう配慮しながら、各教科等の指導を行っています。なお、家庭などとの連絡を密にしながら、健康状態の回復・改善や体力の向上を図るための指導も併せて行っています。

病弱・身体虚弱特殊学級

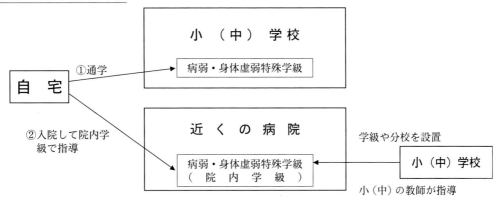

❏小（中）学校等の通級指導教室

　　通常の学級に在籍し、ほとんどの授業を通常学級で受け、障害や病気に応じた指導を特別な指導の場で受けるもので、平成12（2000）年度は全国で24人がこの通級指導教室で教育を受けました。

ラッパスイセン

・・

【引用・参考文献】

1．『21世紀の特殊教育の在り方について』（最終報告）平成13（2001）年　21世紀の特殊教育の在り方に関する調査研究協力者会議

2．『特殊教育資料』平成14（2002）年　文部科学省

Question Q&A 6 Answer

病弱児の病気について説明してください。

■ＩＣＤ−10、病気の種類

　明治時代の中期に始まったといわれる病弱教育ですが、病弱児の病気の種類は結核、喘息、腎臓疾患、心身症等大きく変わっててきています。平成11（1999）年度の調査(*)によると、最も割合が高い病類は「心身症など行動の障害」で15.6％、次が「筋ジストロフィーなど神経系の疾患」で14.7％、「喘息など呼吸器系の疾患」12.3％となっています。この数値からも分かるように確実に病気の種類が多様化しています。以下に全国病弱虚弱教育研究連盟による病気の種類と主な病名を紹介します。

	分　類　名	病　　　名		分　類　名	病　　　名
1	結核など感染症	・肺結核 ・ヘルペスウィルスの感染症 ・その他の感染症	9	喘息など呼吸器系の疾患	・気管支喘息 ・気管支拡張症 ・その他の呼吸器系疾患
2	腫瘍など新生物	・悪性腫瘍 ・白血病 ・その他の新生物	10	潰瘍など消化器系の疾患	・胃および十二指腸系の疾患 ・ヘルニア ・ウィルス肝炎 ・その他の消化器系疾患
3	貧血など血液疾患	・再生不良性貧血 ・紫斑病 ・血友病 ・その他の血液・造血器疾患	11	アトピー性皮膚炎など皮膚疾患	・アトピー性皮膚炎 ・アレルギー性皮膚炎 ・その他の皮膚疾患
4	糖尿病など内分泌疾患	・甲状腺障害 ・糖尿病 ・その他の内分泌系障害 ・高度肥満 ・代謝異常 ・その他の内分泌・代謝異常	12	ペルテス病など筋・骨格疾患	・全身性エリテマトーデス ・皮膚筋炎 ・ペルテス病 ・脊椎側弯症 ・その他の筋・骨格系疾患
5	心身症など行動の障害	・器質的脳疾患 ・精神病 ・神経症（神経衰弱等） ・食思不振症 ・自閉症 ・不登校 ・その他の精神・行動障害	13	腎炎など腎臓疾患	・急性腎炎 ・慢性腎炎 ・ネフローゼ症候群 ・腎不全 ・その他の腎臓疾患
6	筋ジスなど神経系の疾患	・てんかん ・進行性筋ジストロフィー ・痙直型脳性まひ ・アテトーゼ型脳性まひ ・その他の神経系疾患	14	二分脊椎など先天性疾患	・二分脊椎 ・循環器系の先天奇形 ・尿路系の先天奇形 ・骨形成不全 ・その他の先天性疾患
7	目・耳・鼻疾患	・眼疾患 ・耳・鼻・咽喉疾患	15	骨折など損傷	・脊椎損傷 ・骨折 ・溺水後遺症 ・熱傷 ・その他の損傷
8	リウマチ性心疾患など環系の疾患	・リウマチ熱 ・リウマチ性心疾患 ・関節リウマチ ・心臓病（心不全等） ・脳血管疾患 ・その他の循環器系疾患	16	虚弱・肥満など	・身体虚弱 ・単純性肥満
			17	重度・重複など	・重症心身障害
			18	その他	・1〜17に分類されなかったもの

【引用・参考文献】

＊『病弱教育ハンドブック』平成12(2000)年3月　全国病弱養護学校長会編

資 料

ＩＣＤ－10による疾患分類表

Ⅰ　感染症及び寄生虫症
　　結核、ヘルペスウィルス（単純ヘルペス）感染症、ヘルペス脳炎、反復性尿路感染症、感染免疫疾患　等
Ⅱ　新 生 物
　　巨大血管腫、右前腕軟部腫瘍、左腸骨骨腫瘍、鼻咽頭血管繊維腫、脳腫瘍、骨肉腫、骨髄腫、好酸球性肉芽腫、悪性新生物（腫瘍）、悪性リンパ腫、白血病（ロイケミー）、急性リンパ性白血病、急性骨髄性白血病、急性白血病　等
Ⅲ　血液及び造血器の疾病ならびに免疫機構の障害
　　鉄欠乏性貧血、再生不良性貧血、紫斑病、重症複合（型）免疫不全　等
Ⅳ　内分泌　栄養及び代謝疾患
　　甲状腺機能亢進症、バセドウ氏病、皮膚紅痛症（肢端紅痛症）、若年性糖尿病、副甲状腺機能低下症、インスリン非依存症（型）糖尿病（ＮＩＤＤＭ）、インスリン依存症（型）糖尿病（ＩＤＤＭ）、下垂体性小人症、内分泌系疾患、軟骨異栄養症、低血糖（症）、高度肥満（肥満）、脂肪肝、肥満、高脂血症、単純性肥満、高尿酸血症　等
Ⅴ　精神及び行動の障害
　　脳出血、脳梗塞後遺症、頭蓋内出血後遺症、脳挫傷、コカイン症候群、精神分裂症、妄想反応、脅迫神経症、テスト恐怖症、循環無力症（循環虚脱）、神経衰弱、神経症、慢性疲労症候群、ヒステリー神経性無食欲症（心因性）、食思不振症、心因性嘔吐症、睡眠覚醒リズム障害、精神発達遅滞(精神薄弱)、学習障害、自閉症情緒障害(情緒不安定)、特異的(性)発達障害、他動性障害、行為障害、不登校、不安障害、場面緘黙症、虐待症候群、チック症(心因性)、遺尿症(夜尿症)、異食症、注意欠陥障害、心身症(小児)、過換気症(過呼吸症)、自律神経失調症、起立性調節障害、起立性循環調節障害、慢性腹痛、反復性腹痛、不明熱、心因性発熱、心因性持続性咳、児童神経症、自家中毒、過応障害　等
Ⅵ　神経系の疾患
　　骨髄性筋萎縮症、若年性パーキンソン症候群、てんかん、難治性てんかん、レンノックス症候群、重症筋無力症、進行性筋ジストロフィー、進行性筋ジストロフィーデュシェンヌ型、筋緊張性ジストロフィー、痙性四肢麻痺、先天性筋ジストロフィー、顔面肩甲上腕型筋ジストロフィー、ウェルトニッヒ・ホフマン、四肢弛緩性麻痺、セントラル・コア・シンドローム、シャルコマリー・ツース、ミトコンドリア・ミオパチー、片手痲痺、孔脳症、骨折に伴う神経麻痺、脳波異常、微細脳機能障害、神経性脱髄症、脳白質変性症、ミトコンドリア脳筋症、散在性脳脊椎炎　等
Ⅶ　眼及び附属器の疾患（略）
Ⅷ　耳及び乳様突起の疾患（略）
Ⅸ　循環器系の疾患
　　若年性間節リウマチ、リウマチ熱、心臓疾患、拡張型心筋症、肥大型心筋症、肥厚性心筋症（ポンペ病）、右心不全、原発性肺高血圧症、大動脈炎症候群、もやもや病（ウィルス動脈輪閉塞症）等
Ⅹ　呼吸器系の疾患
　　気管支喘息、小児喘息、気管支拡張症、肺気腫、アレルギー性鼻炎　等
Ⅺ　消化器系の疾患
　　潰瘍、慢性胃腸炎（胃炎）、メネトリエ症、潰瘍性大腸炎、ヘルニア、肝機能障害（肝炎）等
Ⅻ　皮膚及び皮下組織の疾患
　　アトピー性皮膚炎、アレルギー　等
ⅩⅢ　筋・骨格系及び結合組織の疾患
　　全身性エリテマトーデス（ＳＬＥ）、多発性筋炎、脊柱側湾症、Ｏ脚、脊髄空洞症、骨形成不全症、骨すべり症、骨髄炎、右大腿骨繊維性骨異形成、体幹機能障害　等
ⅩⅣ　尿路性系の疾患
　　慢性腎炎、紫斑病性腎炎、慢性糸球体腎炎、腎臓病、ネフローゼ症候群、ループス腎炎、慢性増殖性腎炎、ＩｇＡ腎症、巣状糸球体硬化症、嘔吐症、間質性腎炎、慢性腎不全（腎不全）、慢性副腎機能低下症　等
ⅩⅤ　妊娠・分娩及び産褥（省略）
ⅩⅥ　周産期に発生した病態　低酸素脳症
ⅩⅦ　先天奇形、変形及び染色体異常
　　小頭症、先天性水頭症、脳形成不全症、二分脊椎、神経因性膀胱、脊椎小脳症、尿崩症、脳動静脈奇形、心室中隔欠損症、心房中隔欠損症、ファロー四徴症、肺動脈閉鎖、短腸症候群、甲状腺亢進症、単心室肺動脈閉鎖症、完全大血管転位症、先天性心臓疾患、小人症、頚動脈動脈奇形、鎖肛、先天性胆道閉塞症、底形成腎、先天性脊椎異形成、骨髄形成不全症候群、アルスログリポージス（多発性間節拘縮症）、耳小骨連鎖離断、有毛性黒色母斑、マルハン症候群、染色体異常、モルキオ病、レックリング・ハウゼン氏病、ウィルソン病、先天性表皮水疱症、コルキリアーデ・ラング症候群、先天性奇形症候群、プラダ・ウィリー症候群、血友病Ａ、先天性口端鳴、ダウン症、ターナー症候群（ヌーナン症候群）
ⅩⅧ　症状、徴候及び異常臨床所見・異常検査所見で他に分類されないもの
　　脊髄（頚椎、頚髄）損傷、大腿骨骨折、股関節脱臼　等
ⅩⅨ　傷病及び死亡の外因
ⅩⅩ　健康状態に影響をおよぼす要因及び保健サービスの利用
　　虚弱体質、重症心身障害、不明

Question 7

Q & A

Answer

小児慢性特定疾患について説明してください。

■小児慢性特定疾患

「小児慢性特定疾患治療研究事業」は、厚生労働省により昭和49(1974)年度から小児の慢性特定疾患を対象として都道府県および指定都市・中核市を主体として実施されています。この事業の目的は、治療研究を推進し、医療の確立と普及を図り、あわせて患児家族の経済的・精神的負担を軽減することにあります。

❏小児慢性特定疾患とは
　＊次ページ表参照

❏治療を行う医療機関
　各都道府県・指定都市・中核市の長が治療研究を行うのに適当と認めた医療機関です。

小児慢性特定疾患治療研究事業の給付制度経路図

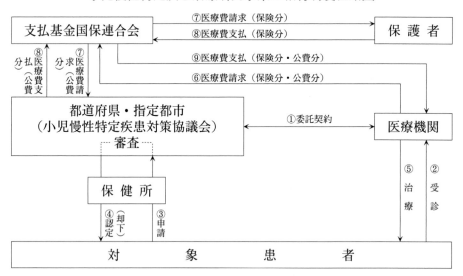

❏申請手続き
　各都道府県・指定都市・中核市ごとに要領が定められていますが、一般的には患児の保護者の居住地の保健所に直接申請します。提出書類は小児慢性特定疾患医療受診券交付申請書・医療意見書等などです。手続きが完了すると、対象児の保険診療分医療費、食事療養費、訪問看護療養費の自己負担分が公費負担となります。

小児慢性特定疾患

疾患区分	対象疾病とする基準	疾病名
悪性新生物	組織学的に悪性を呈する細胞の増殖（癌腫または肉腫）を本態とする疾病であること（但し、頭蓋内または脊柱管内の新生物にあっては組織型を問わない）	・白血病 ・悪性リンパ腫 ・癌である旨を明示するすべての疾病名　など
慢性腎疾患	慢性の腎機能低下をきたしたものであって、悪性新生物、糖尿病、内分泌疾患、血友病等血液疾患、先天性代謝異常、膠原病、慢性心疾患のいずれにも該当しない疾病であること	・ネフローゼ症候群 ・慢性糸球体腎炎（発病後6か月を経過したもの） ・慢性膜性糸球体腎炎 ・IgA腎症 ・紫斑病性腎炎 ・腎嚢胞 ・水腎症 ・慢性腎盂腎炎　など
ぜんそく	病態が次の各号の一に該当する喘息性疾患であって、悪性新生物、糖尿病、内分泌疾患、血友病等血液疾患、先天性代謝異常、膠原病、慢性心疾患、慢性腎疾患のいずれにも該当しない疾病であること (1) アレルギーに起因する気道閉塞 (2) 先天性および後天性の気管支拡張	・気管支喘息 ・アレルギー性気管支炎 ・アレルギー性細気管支炎 ・気管支拡張症　など
慢性心疾患（内科的治療のみ）	病態が次の各号の一に該当する心臓疾患であって、悪性新生物、糖尿病、内分泌疾患、血友病等血液疾患、先天性代謝異常、膠原病、慢性心疾患のいずれにも該当しない疾病であること (1) 血行動態の異常を伴う心、血管または肺の解剖学的奇形および変形 (2) 収縮刺激の生成系または伝導系の異常	・ファロー（Fallot）四徴症 ・肺動脈閉鎖症 ・心室中隔欠損症 ・慢性心内膜炎 ・慢性心筋炎 ・慢性心膜炎　など
内分泌疾患	病態が次の各号の一に該当するものであって、悪性新生物、糖尿病のいずれにも該当しない疾病であること (1) ホルモン産生の異常 (2) ホルモン活性の異常 (3) ホルモン受容体の異常	・下垂体機能低下症 ・成長ホルモン（GH）欠乏症 ・下垂体性小人症 ・下垂体性巨人症 ・橋本病 ・プラーダー・ヴィリー症候群 ・ターナー症候群 ・ヌーナン症候群 ・インスリン分泌症候群 ・突発性低血糖症　など
膠原病	自己免疫的機序を伴う結合織の障害をきたしたものであって、悪性新生物、糖尿病、内分泌疾患、血友病等血液疾患、先天性代謝異常のいずれにも該当しない疾病であること	・若年性関節リウマチ（通院を含む）　など
糖尿病	インスリン作用の不足をきたしたものであって、悪性新生物に該当しない疾病であること	・若年型糖尿病（糖尿病Ⅰ型） ・型不明の糖尿病（腎性糖尿を除く）　など
先天性代謝異常	病態が、遺伝子の異常に基づくものであり、かつ、次の各号の一に該当するものであって、悪性新生物、糖尿病、内分泌疾患、血友病等血液疾患のいずれにも該当しない疾病であること (1) 特定の酵素の欠損もしくは活性異常 (2) 特定の受容体（結合体）蛋白の欠損もしくは親和性異常 (3) 細胞膜機能の異常　　(4) 細胞内蛋白分布の異常 (5) 細胞形態の異常　　(6) 細胞内骨格の異常 (7) 細胞外構造の異常 (8) ビリルビン代謝系の障害	・シスチン尿症 ・骨形成不全症 ・軟骨異栄養症 ・色素性乾皮症 ・特定の欠損（活性異常）酵素名を冠したすべての疾病名）　など
血友病等血液疾患	病態が次の各号の一に該当するものであって、悪性新生物、糖尿病、内分泌疾患のいずれにも該当しない疾病であること (1) 赤血球・白血球・リンパ球・組織球・血小板および芽球・幹細胞の異常 (2) 骨髄・リンパ組織系の異常 (3) 血管壁・凝固系因子の異常 (4) 血漿蛋白の異常	・悪性貧血 ・アレルギー性紫斑病　など
神経、筋疾患	特徴的な症候や検査所見に基づき、臨床的に診断可能な疾患であり、かつ、病態が次の各号の一に該当するものであって、悪性新生物、慢性腎疾患、ぜんそく、慢性心疾患、内分泌疾患、膠原病、糖尿病、先天性代謝異常、血友病等血液疾患のいずれにも該当しない疾病であること (1) 神経・筋細胞内の構造の異常 (2) 神経・筋細胞の機能の異常	・亜急性硬化性全脳炎 ・ウエスト症候群 ・レット症候群 ・結節性硬化症 ・先天性遺伝性筋ジストロフィー ・ミトコンドリア・ミオパチー　など

・・

【引用・参考文献】

1．厚生省児童家庭局母子保健課監修　公費負担医療『小児慢性特定疾患早見表』平成10(1998)年　社会保険研究所

Question Q&A 8

Answer

病弱児の悩みや不安について教えてください。

■悩み、不安、ターミナルケア

　近年、病弱養護学校に在籍する児童生徒の病気の種類が多くなってきています。高血圧や糖尿病などの生活習慣病、重複障害、拒食症や不登校などの見られる心身症、白血病などの小児がん、腎疾患や喘息などの長期慢性疾患等、その種類は500を越すといわれます。短期入院を繰り返すものからターミナルケアの必要なものまで、その程度も多様です。病気の種類や程度の違いによって抱える悩みや心配事に違いはありますが、病弱児一人ひとりが不安を抱いて生活していることは確かです。また、これまでの成育環境によってもその状況は違っています。

❏**病気や障害についての理解と不安**

　幼児期から入退院を繰り返している場合は、治療や生活規制のための不快感や苦しみ・痛みなどをとおして悲しみや怒り、病気の悪化、死について恐怖や不安を抱いています。こうした不安等は発達期にある児童生徒の情緒の形成に少なからず影響していると思われます。特に、ターミナル期にある子どもの病気理解については告知の問題を含めて慎重に対応することが必要です。そのためには医療・家庭・学校の強い連携が不可欠です。

❏**成長・発達を遂げるうえでの不安**

　運動機能に障害があったり運動制限がある場合、「できない」という思いが強くなったり、身体的発育に悩みを抱えている子どもが多く見られます。そのために、得意な分野やできる部分を伸ばす意欲が摘み取られたり、自分の良さを発揮できずに自信喪失や劣等感につながったりすることがあります。子どもの興味・関心を重視し、その子どもの良さを十分伸ばせるような指導が必要です。

❏**社会的つながりの希薄さや経験不足の不安**

　入院などの病気治療のため社会的なつながりが希薄になったり、長期入院により経験不足になったりすることに不安を抱く子どもの場合には、コミュニケーション関係に問題を抱えていたり、自己表現がうまくできない子どももいます。経験や体験を取り入れるよう生活環境を整えることが大切です。

❏**学習の遅れの不安**

　病弱児にとって、学習の遅れは大きな悩みです。学習の遅れは劣等感を生み出す

要因にもなります。特に退院した後、前籍校への復帰や進学の時期を目前に控えた子どもにとっては深刻なものになります。基礎・基本を重視し、負担過重にならないよう工夫した取り組みが不可欠です。

□将来への不安

経験不足により自分の将来像が描けずに悩んでいる子どもも数多く見受けられます。病気に起因する種々の悩みごとや心配事も含め、自分が生きる意味を見出し、一つひとつ課題が解決できる力を育むことが大切です。

□親の心の動き

子どもたちのよりよく生きようとする心と力を確実に育むためには、病院・家庭・学校の連携のもとにそれぞれの環境を整備し、子どもたちの本来持っている力が十分発揮できるようにみんなが知恵を出し合って、病弱教育に取り組むことが望まれています。

❀ コラム

家族生活を取り戻す（抜粋）

終末期医療におけるQOLは、患者の行動力の改善や自己回復に加えて、家族生活全体の安定を視野に入れることが重要である。それは、家族の一員が終末期を迎えることによって、家族全体が危機的状況に陥るからである。ジャイアクインタ（Giacquinta,B.）は、ガン患者を抱える家族100例の取り組み経過を分析して、患者の発病から死亡そして家族機能の回復までに4段階10位相のあることに注目した。その紹介は他書に譲るが、患者の発病によって家族中が絶望したり、孤立状態になったり、家族内の愛情関係にひびが入るなど、幾つもの困難な状況が重なりやすい。そしてそうした困難な問題への対処につまづくと、家族関係は不安定になり、その結果として、患者の残された日々はさらに苦痛なものになってしまうし、家族のほうも病理的な死別悲観を長く引きずりかねない。

終末期にある患者はしばしば死の不安や恐怖に脅かされ、寄る辺ない絶望的孤独感に陥りやすい。そうした気持ちを温かくそして力強く支えてくれるのは、親密な人達との相互関係である。だから、安定した家族関係の中で日々を過ごせることが、患者にとっては何事にもかえがたい安心感をもたらすのである。多くの患者は、人生の終りを自覚する時、幼き日の家族生活を懐かしみ、また家族的絆の中に未来に向けての命のつながりを見出そうとする。温かい家族に囲まれているという実感が、患者の不安を癒すのである。

他方、家族の人々も患者と終末期の日々を共に過ごす中で、家族の新たな絆を実感し、患者との死別を徐々にでも受け入れることができるようになる。患者を看取る日々には厳しい現実もあるが、それだけに家族の人々には充実感もある。このような体験は、家族の一人ひとりに何らかの教訓を残すことだろう。

ところが従来の医療場面の中では、とかく家族は医療者から二次的に扱われてきた。入院患者にとっての面会者という扱われ方をされてきたし、発病や療養を考えるときには良くも悪くも一種の環境条件としてしか見なされてこなかった。つまり極端な言い方をすれば、医療者の頭の中では、あくまでも患者が第一の対象者であって、家族は患者の背景でしかなかった。だから濃厚な治療の場においては、家族は医療者から排除されることもあった。

しかしながら、ホスピス・緩和ケアプログラムにおいては、このような考え方には賛同しない。患者を含めた家族全体を援助の基本的単位とみなすのである。『全米ホスピス協会』のホスピス基準では、「ホスピスでは、患者と家族とがケアの単位であり、その両者に支援が与えられる。

（以下抜粋）

岡堂哲雄・上野☖・志賀令明 編『病気と痛みの心理』
平成11（1999）年　至文堂

Question Q&A 9 Answer

病弱児はどのように病気を理解するのですか。

■病気理解、心のケア、
　病気の受容

　　病弱児が自分の病気をどのように理解しているのか、どのようにして病気理解を図っていくかは病弱教育をすすめる上でとても大切なことです。
　　自分の病気を理解することは、病気である自分を知るということや病気を自己管理する力を身につけることにもつながっています。
　　具体的には、自立活動の内容「1　健康の保持　(1)病気の状態の理解と生活管理に関すること。」の項目にも記されていますが、どのように理解を図るかについては一人ひとりの実態に応じて展開しなければならないものです。

❏病気理解を図る目的

　　病弱児の病気理解を図る目的は、自分の病気の状態を理解し、その改善を図り、病気の進行の防止に必要な生活様式についての理解を深め、それに基づく生活の自己管理ができるようにすることです。
　　例えば、若年性糖尿病の場合、自分の病気の状態を理解し、自ら毎日の血糖値を測定して適度な食生活や運動を取り入れることによって病気の進行を防止したりする力を身につけることが、将来の生活管理に結びつくものになります。

❏病気理解を図る方法

　　一人ひとりの実態に応じた病気理解を図るためには、発達の状態等を考慮し、その時期にふさわしい指導を段階的に行う必要があります。そのためには医師からどのような説明をされており、本人がどのように理解しているか、保護者は病気をどのように理解しているかなどについても十分に知っておくことが大切です。
　　実際には他の教科等の内容と関連を持たせたり、日常生活の中での遊びとも関連させながら展開すると効果的です。

❏まずはどのように理解しているかを知ること

　　病弱児の病気理解を図るためにはまず本人が自分の病気をどのように理解しているかについて知る必要があります。教師はそのために病気についての基礎的な知識や、医師からどのような説明を受けているのか、毎日どのような治療を受けているのか等について十分に知っておくことが大切です。

❏**保護者の病気理解との関連**

　一般に、病弱児の病気理解の程度はその発達段階や保護者の病気理解の程度と深く関連しているといわれています。例えば、保護者が親戚や友人の中に同じ病名の人で元気になった人を知っている場合と、予後のよくない人を知っている場合ではその対応が大きく異なります。保護者がどのように理解しているかについてなどを踏まえておくことは大切なことです。

　下図は先天性の病気を告知された時の保護者の精神的な影響を示したものです。保護者がショックを受けていたり、病気を否認している時期などに教育の効果や将来について説明しても十分な理解は得られないかもしれません。本当に必要な理解を図るためにはこのように、相手の心の状態についても十分に配慮することが大切です。

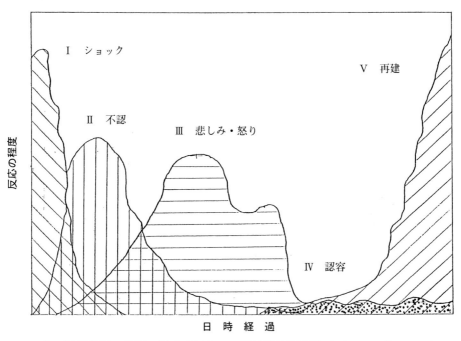

先天性異常児の診断に対する両親の一般的精神反応様式（Drotanら　1975）

【引用・参考文献】

1. 納　光弘　他　『筋疾患の治療と患者管理』昭和56(1981)年　臨床看護　第7巻第11号

資料

文初特294号
平成6年12月21日
各都道府県教育委員会　殿
文部省初等中等教育局長　野崎　弘

病気療養児の教育について（通知）

　病気のため病院等に入院しているいわゆる病気療養児の教育については、かねてから関係者の努力により、病院等に併設し又は隣接する病弱養護学校及び小・中学校の病弱・身体虚弱特殊学級（以下「病弱養護学校等」という。）において実施されてきたところですが、近年における児童生徒の病気の種類の変化、医学や医療技術の進歩に伴う治療法の変化等によりその必要性がますます高まっており、また、入院期間の短期化や入退院を

繰り返す等の傾向に対応した教育の改善も求められているところです。

　文部省としても、こうした状況にかんがみ、平成5年6月、「病気療養児の教育に関する調査研究協力者会議」を発足させ、病気療養児の教育の改善充実方策についての検討をお願いし、このたび「病気療養児の教育について（審議のまとめ）」をとりまとめていただいたところです。

　文部省としては、この審議のまとめの趣旨を踏まえ、今後さらに施策の充実に取り組むこととしておりますが、貴職におかれても、この審議のまとめの内容を参考にし、特に下記の点に留意して、病気療養児の教育の改善充実に一層努められるようお願いします。

　おって、管下の各市町村委員会に対して、この趣旨の徹底を図るようお願いします。

記

1．入院中の病気療養児の実態の把握

(1)　入院中の病気療養児の中には、病弱養護学校等の教育を受けることが本来適当であるにもかかわらず、入院前の小・中学校に在籍したまま長期にわたり欠席している場合があることから、各小・中学校においては、在籍する児童生徒のうち病院への入院等により欠席する者について、保護者の協力を得ながら、入院先や医療・生活規制を必要とする期間、欠席日数、病状などを的確に把握し、市町村教育委員会と協議しつつ、病弱養護学校等への転学の必要性について適切に判断すること。

(2)　各市町村教育委員会は、このような判断の結果を踏まえ、病弱養護学校等への転学措置が適当な児童生徒については、必要に応じ、都道府県の教育委員会とも連携を取りながら、入院先の病院等の所在地を所管する教育委員会に連絡すること。

2．適切な教育措置の確保

(1)　関係教育委員会においては、上記の病弱養護学校等への転学措置が適当な児童生徒に対しては、速やかに適切な対応をすること。その際、関係法令の規定等もこのような児童生徒に教育の機会を可能な限り提供しようとする趣旨のものであることを十分に理解し、運用に当たること。

(2)　都道府県及び市町村の教育委員会においては、病弱養護学校等への転学措置が速やかに講じられるよう、病気療養児の教育の必要性、制度、手続、留意事項を教職員、保護者その他の関係

者に周知・徹底し、転学事務処理の迅速化を図ること。

　この場合において、病気療養児本人及びその保護者の気持ちを考慮し、当該病気療養児の教育に関し、入院前に通学していた学校と転学先の病弱養護学校等との間に密接な関係が保たれるよう努めること。

(3)　転学手続が完了していない児童生徒についても、病弱養護学校等において、実際上教育を受けられるような配慮が望まれること。

3．病気療養児の教育機関等の設置

(1)　病気療養児に対する教育の機会を確保する観点から、病弱養護学校等の教育の対象とすることが本来適当な児童生徒が入院している病院等の所在地を所管する都道府県及び市町村の教育委員会は、当該病院等の理解と協力を得て、その人数、病状等に応じ、隣接・併設等の形態により、養護学校の本校、分校、分教室等の設置や訪問教育の実施又は特殊学級の設置など病弱教育の特殊性を踏まえた適切な形態により教育を提供すること。この場合において、可能な限り、病院等の協力を得て必要な面積の専有空間を確保するよう努めること。

(2)　近年、入院期間の短期化や入退院を繰り返す等の傾向が見られることから、これに対して、医療機関との緊密な連携の下に、計画的かつ迅速に病気療養児の教育に必要な体制の整備を図ることに努めること。

4．教職員等の専門性の向上

(1)　病気療養児に対して病気の種類や病状に応じた適切な指導を行っていくため、担当する教職員等の専門性の向上を図るよう、特殊教育センター等における研修事業を拡充し、また、校内研修や併設・隣接医療機関の専門家の協力を得た研修の機会の確保を図ること。

(2)　また、病気療養児の教育における指導的立場の教職員等の資質の向上を図るため、国立特殊教育総合研究所等における研修に積極的に担当の教職員等を派遣すること。

5．その他

(1)　病気療養児の教育の必要性、意義等を関係者に十分に周知し、理解を求めること。

(2)　病気療養児の教育の特質を踏まえ、医療機関や入院前に通学していた学校、福祉機関や保護者等との連携が十分に確保されるよう配慮をすること。

第Ⅱ章 病弱児の教育

- ❏ 1−基本的事項
- ❏ 2−教科指導
- ❏ 3−道徳
- ❏ 4−特別活動
- ❏ 5−自立活動
- ❏ 6−総合的な学習の時間の指導
- ❏ 7−重複障害児の指導
- ❏ 8−マルチメディアの活用

Question Q&A 1 Answer

病弱教育の意義について説明してください。

■学習空白、積極性・自主性・社会性の涵養、
心理的な安定、自己管理能力、治療上の効果

　病気が長期にわたったり長期にわたる見込みであるため、その間、医療や生活規制が必要な子どもに、学習の遅れを補完したり、心理的な安定を図ったり、健康回復・保持を図ったりしながら積極性・自主性・社会性を涵養することに病弱教育の意義があります。

❏学習の遅れの補完と学力の保障

　病弱児は、長期、短期、頻回の入院等による学習空白によって学習の遅れが生じるため、回復後、学業不振となることも多くあります。病弱児に対する教育は、このような学習の遅れなどを補完し、学力を保障する上で重要な意義があります。

❏積極性・自主性・社会性の涵養

　病弱児は、療養が長期にわたることから積極性、自主性、社会性が乏しくなりやすい等の傾向も見られます。このような傾向を防ぎ、健全な成長を促す上でも病弱児の教育は重要と言えます。

❏心理的安定を図るための教育

　病弱児は病気の不安や家族や友達と離れた孤独感などから心理的に不安定な状態に陥り易く、健康回復への意欲を減退させている場合が多いと言われています。病弱教育はこのような児童生徒に生き甲斐を与え、心理的な安定をもたらし、健康回復への意欲を育てることにつながります。

❏病気の自己管理能力の育成

　病弱児の教育は、病気の状態等に配慮しつつ病気回復のための知識、技能、態度および習慣や意欲を培い、病気に対して自己を管理する能力（自己管理能力）を育てていくことに有用なものです。

❏治療上の効果の向上

　医療関係者の中には、学校教育を受けている病弱児の方が治療上の効果があがり、退院後の適応もよく、また再発の頻度も少なく、病弱児の教育が健康の回復やその後の生活に大きく寄与することを経験的に指摘する人も多くいます。また、教育の実施は病弱児の療養生活環境の質（QOL＝クオリティ・オブ・ライフ）の向上に

も資するものです。

❏視野を広める教育

　　病弱児の活動には病気回復のための制限があり、校外に出かけての体験や観察活動等が不足しています。そのため病弱教育では主治医の許可を得た上で病状に応じて、様々な体験活動が用意されています。校外に出かけての活動には医師や看護婦に同行してもらうので安心して実施することができます。

❏健康回復、健康保持のための教育

　　病弱児が学習活動を行う上で健康の回復、健康の保持は欠かせない条件です。そのために、自立活動を通じて自分の病状を理解し自己管理をしながら、体力の維持や増進に努めることを目的として、さまざまに工夫されたスポーツなどに親しむこともできます。

・・

【引用・参考文献】
1．『病弱児の教育のための手引き』　平成9（1997）年　山梨県甲府市教育委員会
2．『病気療養児の教育について（通知）』平成6（1994）年12月21日　文部省通知

❀ コラム

病気療養児の教育の意義

　入院・療養中においても教育を継続することは、単に学習の空白の補充のみならず、生きがいを与え医療効果を高めることが重視され、病弱児・保護者、医師・看護婦、教師から次の点で一様に高い評価を受けている。

　①同級生と同じように「自分も勉強している」という意気込みがファイトと闘病意欲、生きがいをもたらす、②病棟という限られた空間での単調・苦痛・長期の生活の中で生活にリズムを与え、治療上も好ましい、③学習の不連続は子供たちに心理的不適応を起こさせ、学習の遅れへの不安・焦り、さらには登校拒否などの重大な教育上の問題を生じさせるので学習の連続性は極めて重要である、④学級での教育をきっかけに教師や友人などの話し相手、相談相手ができ、精神的支えとなる等である。

　慢性疾患の子供たちは、長期にわたり、時には一生の間病気とつき合わなければならない。その間、進学や就職に際して病気による制約を受ける

ことも多い。したがって、年齢や発達段階に応じて病気を正しく理解させ、治療の必要性を納得するよう指導し、病気に逃げず前向きな生き方を身につけさせる必要がある。そのために、病名告知は避けて通れない（難しい問題ではあるが）と考える。前籍校や社会に復帰後、慢性疾患をもちながらも集団生活ができるように入院中から訓練することが重要である。主な内容としては、①家庭や所属する集団において自己の生活を規制できるよう具体的に指導助言する、②「この範囲内のことはできる！　やります！」等の自信をつける、③病気に応じた進路指導等である。

　病弱教育の対象とする児童生徒の病気や障害の種類は、小児がん・難病などが最も多く、その他、身体障害、運動障害、知的発達の遅れなど多岐にわたっており、教師の高い専門性が必要となる。

季刊「特殊教育」No.81　松井一郎　平成7（1995）年
文部省

Question

Q & A

2

Answer

教育課程はどのように編成されていますか。

■教育課程、弾力化、
　総合的な学習の時間、
　個別の指導計画

　病弱教育における教育課程は小学校、中学校、高等学校または幼稚園に準じて編成されます。そのほか盲学校、聾学校、養護学校小学部・中学部、高等部学習指導要領に基づいて編成されています。平成14（2002）年度から新学習指導要領が実施されます（高等部は平成15（2003）年度から）。

❑教育課程編成の原則

1. 法令及び学習指導要領の示すところに従うこと

　　学校において編成される教育課程については、公教育の立場からから法令により種々の定めがなされているので、これらの法令に従って編成しなければなりません。

　　学習指導要領第1章総則第2節第1の1において、「各学校においては、法令及びこの章以下に示すところに従い、適切な教育課程を編成するものとする。」と示しているのはその趣旨です。

　　この法令とは、日本国憲法、教育基本法、学校教育法、学校教育法施行規則、地方教育行政の組織及び運営に関する法律等のことです。なお、学校における政治教育及び宗教教育については教育基本法に規定されているので、各学校において教育課程を編成、実施する場合にも当然これらの規定に従わなければなりません。

　　学習指導要領は、法令上の根拠に基づいて定められているものです。一方、各学校における教育課程は、児童生徒の障害の状態及び発達段階や特性等ならびに地域や学校の実態を考慮し、教師の創意工夫を加えて学校が編成するものです。教育課程の基準もその点に配慮して定められているので、教育課程の編成に当たっては法令や学習指導要領の内容について十分理解するとともに創意工夫を加え、学校の特色を生かした教育課程を編成することが大切です。

2. 児童生徒の障害の状態及び発達段階や特性等を考慮すること

　　「各学校においては、……児童又は生徒の人間として調和のとれた育成を目指し、……その障害の状態及び発達段階や特性等を十分考慮して、適切な教育課程を編成するものとする。」と示されています。

　　児童生徒の人間としての調和のとれた育成を目指すということは、まさに学校教育の目的そのものであって、教育課程の編成もそれを目指して行わなければなりません。

　　各学校において教育課程を編成する場合には、児童生徒の人間としての調和のとれた発達を図るという観点から、児童生徒の障害の状態及び発達段階や特性等を十

分考慮し、これを教育課程に反映させることが必要であることを強調しているものです。

　一般に病弱養護学校に在籍する児童生徒の病気の種類や状態は多様であり、個人差が大きく、一人の児童生徒についてみると心身の発達の諸側面に不均衡がみられることも少なくありません。各学校においてはこのような児童生徒の障害の状態や発達段階を的確に把握し、これに応じた適切な教育を展開することができるよう十分配慮することが必要です。

　また、個々の児童生徒の実態を考える場合、障害の状態とそれに起因する発達の遅れのみに目が向きがちですが、それ以外にも能力・適性・関心や性格、さらには進路などの違いにも注目していくことが大切です。各学校においては、児童生徒の発達の過程などを的確にとらえるとともに、個々の児童生徒の特性や課題についても十分考慮して適切な教育課程を編成することが必要です。

3. 地域や学校の実態を考慮すること

　「各学校においては、……児童又は生徒の人間として調和のとれた育成を目指し、……地域や学校の実態を十分考慮して、適切な教育課程を編成するものとする。」と示されています。

　地域や学校の実態を考慮するということは、各学校において教育課程を編成する場合には地域や学校の実態を的確に把握し、児童生徒の人間としての調和のとれた発達を図るという観点から、それを学校の教育目標の設定、指導内容の組織あるいは授業時数の配当などに十分反映させる必要があるということです。

❏ 教育課程編成の基本的事項

① 　教育課程を編成する際には、各教科、道徳、特別活動及び自立活動の内容に関する事項は、特に示す場合を除きいずれの学校においても必ず取り扱うこと。

② 　各教科、道徳、特別活動及び自立活動並びに各学年、各分野又は各言語の内容に掲げる事項の順序は、特に示す場合を除き指導の順序を示すものではないので、その取扱いについて適切な工夫を加えること。

③ 　小学部の学年の目標及び内容を2学年まとめて示した教科の内容は、2学年かけて指導する事項が示されているものであり、2学年を見通して計画的に指導すること。

④ 　知的障害養護学校等においては各教科に示す内容を基に、児童又は生徒の知的発達の遅滞の状態や経験等に応じて、具体的に指導内容を設定すること。

・・・

【引用・参考文献】

1. 『盲学校、聾学校及び養護学校学習指導要領（平成11年3月）解説－総則等編－』平成12(2000)年　文部省

2. 『盲学校、聾学校及び養護学校学習指導要領（平成11年3月）解説－各教科、道徳及び特別活動編－』平成12(2000)年　文部省

Question Q&A 3 Answer

教育課程編成の手順を教えてください。

■教育課程、領域、各教科、学校行事、弾力化

　これからの学校教育においては、各学校が地域や学校、児童生徒の実態に応じて創意工夫を生かした特色ある教育を展開し、特色ある学校づくりを進めることが重要です。教育課程編成の手順も各学校がその実態に即して考えていくことが必要です。

❏教育課程編成の手順

1. 教育課程の編成に対する学校の基本方針を明確にする

　教育課程の編成に対する学校の姿勢や作業計画の大綱を明らかにし、それらについて全教職員の共通理解を図ります。

2. 教育課程の編成のための具体的な組織と日程を決める

　教育課程の編成は組織的かつ計画的に実施する必要があります。そのために編成を担当する組織を確立し、それを学校の組織全体の中に明確に位置付けます。また、編成の作業日程を明確にします。

3. 教育課程の編成のために事前の研究や調査をする

　教育課程の編成にかかわる学校の実態や諸条件を把握します。

4. 学校の教育目標などの教育課程の編成の基本となる事項を定める

　学校教育の目的や目標及び教育課程の基準に基づきながら、しかも各学校が当面する教育課題の解決を目指し、両者を統一的に把握して設定します。

5. 教育課程を編成する

　教育課程は学校の教育目標の実現を目指して指導内容を選択し組織し、それに必要な授業時数を定めて編成します。

6. 教育課程編成上の留意事項

　①総　則

　　平成14（2002）年度より新学習指導要領が実施されること（高等部は平成15（2003）年度より学年進行）。

　　「個別の指導計画」の作成（重複障害児、自立活動）

　②総合的な学習の時間

　　体験的な学習、問題解決的な学習を積極的に取り入れること。多様な学習形態、全教師が一体となった指導体制などについて工夫すること。

　③各教科

　　指導計画の作成にあたっては授業時数の制約、児童生徒の実態を十分考慮し、他教科との関連を図りながら指導内容の重複を避け、基礎的・基本的な事項に

重点をおいて選定する。必要に応じて道徳、特別活動、自立活動及び総合的な学習の時間との関連を図ること。

　高等部の卒業に必要な単位数は74単位以上。「必履修教科」に「外国語」「情報」を加えたこと。職業学科の「課題研究」を「総合的な学習の時間」に替えることができること。

④道　徳

　各教科、特別活動、自立活動、総合的な学習の時間との関連を図り、児童生徒が自己の障害について認識を深め、進んで困難を改善・克服して強く生きようとする意欲及び経験の拡充を図ることによって豊かな道徳的心情が育つように留意すること。

⑤特別活動

　「学級（ホームルーム）活動」「児童（生徒）会活動」「クラブ活動（小学部のみ）」「学校行事」とし、学校行事は儀式的行事、学芸的行事、健康安全・体育的行事、遠足（旅行）・集団宿泊的行事、勤労生産・奉仕的行事の５種類とする。実施にあたっては少人数からくる制約を解消するために、学級や学年を合併したり、地域と交流を積極的に図るなどして集団や社会の一員としての自覚と責任感を深めさせ、社会性や豊かな人間性の育成の充実を図ること。

⑥自立活動

　病気の状態の理解や生活管理、健康状態の維持・改善に関する事項については、体育、保健体育、理科、家庭などとの関連を図り、学習効果がいっそう高まるようにすること。

⑦コンピュータ等の活用

　情報機器やマルチメディアを活用して様々な学習ができるように工夫すること。

⑧児童生徒の病気の状態を十分考慮し、学習活動が負担過重とならないよう活動量、活動時間、学習環境などに配慮すること。

・・・

【引用・参考文献】

1．『盲学校、聾学校及び養護学校学習指導要領（平成11年３月）解説－総則等編－』平成12(2000)年　文部省

2．『盲学校、聾学校及び養護学校学習指導要領（平成11年３月）解説－各教科、道徳及び特別活動編－』平成12(2000)年　文部省

3．『新学習指導要領　移行措置の解説』平成11(1999)年　時事通信

4．横田雅史『病弱虚弱教育』全病連機関誌第40号　平成12(2000)年　全国病弱虚弱教育研究連盟

Question Q4
&
Answer

重複障害者等に関する特例の規定はどのようになっているのですか。

■盲学校、聾学校及び養護学校小・中学部学習指導要領、
高等部学習指導要領

　重複障害者等に関する特例は、学習が困難な児童生徒に関する特例、重複障害者に関する特例、訪問教育に関する特例、学校教法施行規則に規定されている特例として示されています。児童生徒の病状等に応じた教育課程を編成することが大切です。

❏学習が困難な児童生徒に関する特例

> １．障害の状態により学習が困難な児童又は生徒について特に必要がある場合には、次に示すところによるものとする。
>
> ⑴　各教科の目標及び内容に関する事項の一部を取り扱わないことができること。
>
> ⑵　各教科の各学年の目標及び内容の全部又は一部を、当該学年の前各学年の目標及び内容の全部又は一部によって、替えることができること。
>
> ⑶　中学部の各教科の目標及び内容に関する事項の全部又は一部を、当該各教科に相当する小学部の各教科の目標及び内容に関する事項の全部又は一部によって、替えることができること。
>
> ⑷　幼稚部教育要領に示す各領域のねらい及び内容の一部を取り入れることができること。

　病弱養護学校の場合、具体的には次のようなことが考えられます。

・病状により例えば「体育」で、器械運動などが困難な場合はその内容を履修させなくてもよい。

・学習空白のある場合、例えば5年生でも4年生以下の内容にしたり、中学部の数学に替えて、小学部の算数を学ぶことができる。

・小学部や中学部でも幼稚部の各領域のねらいや内容を一部を取り入れることができる。

❏重複障害者に関する特例

> ２．当該学校に就学することとなった障害以外の他の障害を併せ有する児童又は生徒（以下「重複障害者」という。）を教育する場合には、次に示すところによるものとする。
>
> ⑴　盲学校、聾学校又は肢体不自由者若しくは病弱者を教育する養護学校に就学する児童又は生徒のうち、知的障害を併せ有する者については、各教科又は各教科の目標及び内容に関する事項の一部を、当該各教科に相当す

> る第2章第1節第2款若しくは第2節第2款に示す各教科又は各教科の目標及び内容の一部によって、替えることができること。なお、この場合、小学部の児童については、総合的な学習の時間を設けないことができること。
> (2) 重複障害者のうち、学習が著しく困難な児童又は生徒については、各教科、道徳若しくは特別活動の目標及び内容に関する事項の一部又は各教科若しくは総合的な学習の時間に替えて、自立活動を主として指導を行うことができること。

- 知的障害を併せ持つ場合、例えば「社会」「理科」「家庭」に代えて「生活」を学ぶなど、知的障害者を教育する養護学校の各教科に替えることができる。
- 各教科の学習が著しく困難な場合、自立活動を主として学ぶことができる。

❏訪問教育に関する特例

> 3. 障害のため通学して教育を受けることが困難な児童又は生徒に対して、教員を派遣して教育を行う場合については、上記1又は2に示すところによることができるものとする。

- 病気のため通学して教育を受けることが困難で、訪問教育を受ける場合、上記二つの特例を適用することができる。

❏特例を適用する場合の留意点

> 4. 学校教育法施行規則に規定されている特例では、合科的な授業に関する特例、領域を併せた授業に関する特例、特別の教育課程に関する特例、教育課程の改善のための研究に関する特例として定めらています。

　履修しなかった事項や替えた事項を、どのように事後措置するか十分考慮し、指導計画を作成することが必要になります。

❏盲学校、聾学校及び養護学校高等部学習指導要領での規定

> 第1章　総則　　第2節 教育課程の編成　第6款 重複障害者等に関する特例
> 　小学部・中学部の規定とほぼ同じですが、次の2点が高等部独自のものです。
> (3) 校長は、各教科・科目若しくは特別活動の目標及び内容の一部又は各教科・科目若しくは総合的な学習の時間に替えて自立活動を主として履修した者で、その成果がそれらの目標（総合的な学習の時間についてはねらい）からみて満足できると認められるものについて、高等部の全課程の修了を認定するものとすること。
> 4. 療養中の生徒及び障害のため通学して教育を受けることが困難な生徒について、各教科・科目の一部を通信により教育を行う場合の1単位当たりの添削指導及び面接指導の回数等（知的障害者を教育する養護学校においては、通信により教育を行うこととなった各教科の一部の授業時数に相当する添削指導及び面接指導の回数等）については、生徒の実態に応じて適切に定めるものとする。

Question Q5 / Answer

知的障害養護学校からの転校生の教育課程の編成はどのようにしますか。

■知的障害、重複障害、指導形態、
領域・教科を合わせた指導、
個別の指導計画、自立活動

知的障害養護学校からの転校生の教育課程については、前籍校での教育課程を参考に、学習指導要領に示されている知的障害を併せ有する重複障害の特例に基づいて編成します（学校教育法施行規則第73条の11第2項及びや学習指導要領における特例）。病気の状態はもちろん、知的発達の遅れや特性等を十分考慮し、個々の実態に応じたきめ細かな教育課程を編成することが大切です。

全国病弱虚弱教育研究連盟の全国調査によれば、平成9（1997）年5月1日現在の病弱養護学校在籍者4,357名の内、知的障害を併せ有する重複障害者は1,319名で、全体の約30%を占めています。

❏重複障害者（知的障害を併せ有する児童生徒）の指導形態

知的障害を有する児童生徒は、「学習によって得た知識や技能が断片的になりやすく、実際の生活の場で応用されにくいことや、成功経験が少ないことなどにより、主体的に活動に取り組む意欲が不足しがちであるとともに、抽象的な内容より、実際的・具体的な内容の指導がより効果的である」と言われています。そのような特性を踏まえ、実際には次のような授業を適切に組み合わせ、児童生徒の障害の状態等に即した指導を行っています。

①各教科、道徳、特別活動及び自立活動のそれぞれの時間を設けて行う授業（教科別の指導、領域別の指導）

②各教科等の全部又は一部を合わせた授業（領域・教科を合わせた指導）
「日常生活の指導」「遊びの指導」「生活単元学習」「作業学習」

❏重複障害者（知的障害を併せ有する児童生徒）の自立活動

① 知的障害を併せ有する児童生徒には、知的発達のレベルからみて、言語、運動、情緒・行動などの面で、顕著な発達の遅れや特に配慮を必要とする様々な状態が知的障害に随伴してみられます。このような状態に対しては、知的発達の遅れに応じて各教科等で指導するほか、自立活動においても指導することが必要です。

② 重複障害者のうち、学習が著しく困難な児童生徒は、各教科、道徳（高等部は含めず）特別活動の目標及び内容の一部又は各教科もしくは総合的な学習の時間に替えて、自立活動を主とした指導を行うことができます。

❏個別の指導計画

① 「重複障害者の指導に当たっては、個々の児童生徒の実態を的確に把握し、個別の指導計画を作成すること」が必要です。

② 「重複障害者のうち自立活動を主として指導を行うものについては、全人的な発達を促すために必要な基本的な指導内容を、個々の児童生徒の実態に応じて設定し、系統的な指導が展開できるようにする」ことが大切です。

小学部領域・教科を合わせた指導の日課表例

時　刻	月	火	水	木	金	土
8:30	と　　う　　こ　　う					
9:00	あ　さ　の　か　い					あさのかい
	せ　　い　　か　　つ					せいかつ
			課題別 グループ			
	か　　　ら　　　だ					からだ
	あ　　そ　　び					あそび
11:15						
	せいかつ・しょくじ からだ・あそび （昼の指導）					（下校）
12:05						
13:15	は　じ　ま　り　の　か　い					
	せ　　い　　か　　つ					
	か　　　ら　　　だ					
	あ　　そ　　び					
	課題別 グループ	小中高 グループ			D学級 集会 合同学習 病棟行事	
14:45	か　え　り　の　か　い					
15:00	げ　　こ　　う					

中学部教科別の指導を主とする日課表例

校時	時間	月	火	水	木	金	土	土曜 時間
1	8:55 〜 9:35	学活	国語	数学	国語	数学	国語	8:55 〜 9:35
2	9:45 〜 10:25	体育	美術	体育	音楽	美術	委員会／クラブ	9:45 〜 10:25
3	10:35 〜 11:15	音楽	生単	生単	自立 活動	生単	総合	10:35 〜 11:10
4	11:25 〜 12:05	数学	生単	生単	自立 活動	生単	学活	11:20 〜 12:00
5	13:15 〜 13:55	国語	体育	国語	数学	国語		
6	14:05 〜 14:45	生活	生活	英語	生活			
部活	15:20 〜 16:00		部活動					

【引用・参考文献】

1. 『全国病弱虚弱教育施設一覧　全国病類調査表』平成11(1999)年　全国病弱虚弱教育研究連盟　他

2. 『盲学校、聾学校及び養護学校学習指導要領（平成11年3月）解説－各教科、道徳及び特別活動編－』平成12(2000)年　文部省

3. 『盲学校、聾学校及び養護学校学習指導要領』平成12(2000)年　文部省

Question Q&A 6 Answer

個別の指導計画の作成について説明してください。

■指導計画、個別の指導計画、
実態把握、指導の目標、評価

　個別の指導計画について、学習指導要領では自立活動と重複障害者の指導計画の作成に当たっての配慮事項に記されています。

　個別の指導計画の作成は、個に応じた指導を重視することにありますが、この度の改訂においていっそう個々の児童生徒に対する指導が充実することを期待して位置づけられたものです。

❏自立活動における個別の指導計画の作成

　自立活動は、個々の児童生徒が自立を目指し、障害に基づく種々の困難を主体的に改善・克服しようとする取り組みを促す教育活動です。そのためには個々の児童生徒の障害の状態や発達段階等に即して指導内容・方法を工夫して指導を行うことが基本です。実際には、各学校においては、これまでの養護・訓練においても個別に指導計画を作成して指導するなど個に応じた指導が実践され、その成果も上がっているところです。今回は、こうした従前から作成されている個別の指導計画を学習指導要領に明示したものです。

❏自立活動における個別の指導計画の作成の手順

　自立活動の個別の指導計画の作成の手順や様式は、それぞれの学校が児童生徒の障害の状態や発達段階等を考慮して、指導上最も効果が上がるように考えるべきものです。学習指導要領の解説には次のように手順の例が示されています。

①個々の児童生徒の実態（障害の状態、発達や経験の程度、生育歴等）を的確に把握する。

②個々の実態に即した指導の目標を明確に設定する。

③小学部・中学部学習指導要領第5章第2（高等部においては、第5章第2款）の内容の中から、個々の指導の目標を達成させるために必要な項目を選定する。

④選定した項目を相互に関連付けて具体的な指導内容を設定する。

❏重複障害者の指導に当たっての個別の指導計画の作成

　重複障害の児童生徒については、一人ひとりの障害の状態が多様であったり、また、一人ひとりの発達の諸側面に不均衡がみられたりすることから、必然的に個に応じた指導をいっそう重視する必要があります。また、各学校においては、個別に実態把握を行い、そこで見出された課題を一覧表にまとめたり、図式化するなどし

て、当面の指導目標を設定し、指導内容を適切に構成して、指導方法を創意工夫する中で、児童生徒に必要な指導が行われてきました。

　そこで、各学校における重複障害の児童生徒に対するこれまでの様々な実践を踏まえ、よりいっそう個々の児童生徒に対する指導が充実することを期待して、個別の指導計画が位置づけられたのです。

　各学校においては、個々の児童生徒の的確な実態把握に努めるとともに、それに応じた指導目標の設定、指導内容・方法の工夫など、地域や学校の実態に応じて、適切な個別の指導計画を作成し、それに基づいた適切な指導が必要になります。

❏言語障害や情緒障害を併せ有している者にも必要です

　重複障害とは、病弱学校に就学することとなった病弱以外に他の障害を併せ有する児童または生徒であり、「他の障害」とは、視覚障害、聴覚障害、知的障害及び肢体不自由について、原則的には学校教育法施行規則第22条の3において規定している程度の者の障害を指しています。しかし、指導上の必要性から必ずしもこれに限定される必要はなく、言語障害や情緒障害を併せ有する場合も含めて考えてもよいことになっています。

　したがって、重複障害者に関する特例を適用して指導する必要のある言語障害や情緒障害などを併せ有している者の指導に当たっても、個別の指導計画を作成する必要があります。

例「自立活動についての個別の指導計画」　　　　　記入日　平成　年　月　日

記入者（　　　　　　　）

小学部　　年　　組	氏　名　　　　　　　性別		生　年　月　日	
診断名	入院病棟		入院年月日	
	主治医名		前　籍　校	
1．疾病について ［現在の病状（経過を含む）］ ［治療・訓練の内容（医療的課題）］				
2．医療的課題の遂行に関する実態 ［病状についての理解・認識］				
3．その他の実態 ［情緒的傾向等性格］　［習慣・態度等行動面］　［学習空白等学習面］ ［入院生活への適応状況］　［前籍校に関する実態］　［特記事項］				
自　立　活　動　の　重　点　目　標				
月	活　　動　　名	め　　あ　　て	活　動　内　容	評　価

【引用・参考文献】

1．『障害のある児童・生徒のための個別指導計画Q＆A（改訂版）』　平成11（1999）年　東京都教育庁指導部心身障害教育指導課

Question Q&A 7 Answer

病弱教育の実際と工夫について教えてください。

■教育課程、学習空白、
　　心理的な安定

　病弱児は、病気のために長期欠席による学習空白やそれにともなう学習の遅れがあったり、体験が不足していたりします。心理的不安定などの心の問題や、長期入院による社会性の発達の停滞、一時的な退行現象等も見られます。ここでは病弱児の教育を行うに当たって、教育課程の編成、学校行事や自立活動の展開、医療機関・保護者との連携についての工夫点を述べます。

❏教育課程の編成と指導計画の作成

　前籍校において病気療養のために長期間欠席したために学習空白を伴っていることがあります。学習空白の程度の把握は保護者や本人からの話を聞くことから始まります。また、前籍校と連絡を取り、教科ごとの学習空白の実態を把握することが必要です。特に、内容が系統的な配列になっている教科については具体的な内容のチェックリストを作ったりして確認することも大切です。こうした情報を個に応じた教育課程の編成の参考にします。学年の集団に入れない児童生徒や個別に対応する必要がある場合には、取り出し指導など個別指導をする場合もあります。音楽や体育など集団で行う方が効果的な場合には、学年の枠を外し学部全体で活動できるように、柔軟に指導計画を作成することが大事です。

❏学校行事

　病弱児の中にはそれまでの学校生活において受身的に行動していたり、最後まで粘り強く取り組むことが少なかったりしていた者も見られます。したがって、学校行事を実施する際、自ら考え、意欲的、能動的に取り組み、自信につながる経験となるように計画を考える必要があります。

　具体的には運動会の種目の設定において、運動の制限のある児童生徒が活躍できる内容を考えるなど、運動会を盛り上げていくための話し合いを児童生徒会で十分に検討し、児童生徒全員が参加できる演技や種目の内容を考えさせる取り組みが大切です。主体的に行事に取り組むことは児童生徒の「生きる力」につながっていくと考えられます。その際、児童生徒の体力や健康状態等を十分考慮して、負担過重とならないように留意することも大切なポイントです。

　社会体験が不足している児童生徒にとって、校外学習は直接体験できる場として有効な方法です。病状等に応じて十分配慮しながら教科の進度に合わせて計画的に実施していけるようにします。

❏自立活動

　自立活動は、「個々の児童又は生徒が自立を目指し、障害に基づく種々の困難を主体的に改善・克服するために必要な知識、技能、態度及び習慣を養い、もって心身の調和的発達の基盤を培うこと」を目標とする領域です。

　病弱児のうち、例えば気管支喘息などのいわゆる慢性疾患児に対する自立活動の内容は、次のような個別の指導計画の作成の手順によって設定されます。

①児童生徒一人ひとりの実態（障害の状態、発達や経験の程度、生育歴等）を的確に把握し、それに基づいた指導目標や指導内容を明確にして、個別の指導計画を作成し指導に当たる。

②各教科、道徳、特別活動及び総合的な学習の時間との密接な関連を図る。

③児童生徒の実態に応じた指導方法を工夫し、全教師で指導に当たる。

④主治医、専門家との連携協力を図り、指導や助言を求めながら適切な指導ができるようにする。

　具体的な自己の病弱の状態を理解させるために、「病気の原因」「皮膚のケア」「肥満の原因と成人病」「水泳と喘息」などの指導が必要です。また、病気の状態や環境に基づく心理的不適応の改善を図る指導として、「音楽活動」「絵画活動」「朗読」「作文」「箱庭療法」等の実施も大切です。健康状態の維持・改善を図る指導として、「キャッチボール」「自転車乗り」など、日常生活の中で気軽に取り組める運動や、日常の健康管理として、「ピークフロー」の測定等をとおして自分の体調を知り、自己管理しようとする態度を育てることも重要です。

❏医療機関、保護者との連携

　入院している児童生徒が通学する病弱養護学校では、医療機関や保護者との連携を密にすることが重要です。学校で生活指導をする際には、病院での指導と十分に関連させ、一貫した指導ができるようにすることが効果的です。学校での生活について情報を提供し、病院と共通理解のもとで対応することが健康回復を進める上でも大切です。具体的には生徒指導部を中心に、児童生徒が外泊や外出などをした日の過ごし方、面会の状況、家族との触れ合いの様子等についても連絡を取り合って、指導に役立てています。

　学校と病院との連絡会は年間計画に基づいて実施し、病院側からは病院長、事務部長、看護部長、各課長が参加し、学校側からは校長、教頭、事務長、教務主任、学部主事が参加し、学校や病院の運営上の問題について協議しています。また、児童生徒一人ひとりについてのケース会議を実施し、教育的な観点と医療的な観点から情報の共有化を図り一貫した指導を行うように配慮しています。

【引用・参考文献】

1．『盲学校、聾学校及び養護学校学習指導要領（平成11年3月）解説　－自立活動編－』平成12(2000)年　文部省

2．『病弱教育の手引き－教科指導編－』平成8(1996)年　文部省

3．『教育と医学』平成7(1995)年7月号　慶應通信

Question Q&A 8 Answer

教材・教具の工夫について教えてください。

■日常生活動作、
教材・教具、感覚の発達

　病弱教育における教材・教具は、ある目標を実現するために、教師と生徒の間におかれ、教授・学習活動を促進するための文化的素材といえます。障害児の教育においては、教材・教具の適切な活用によって児童生徒の自主的、主体的な学習を推進し、基礎的・基本的な内容を確実に身に付けさせることが重要です。

　特に、病弱の児童生徒の場合には、学習空白、授業時数の制約、経験の不足や偏り、身体活動の制限などのため自主性や主体性が乏しく、基礎的・基本的な内容が十分に学習できない場合が比較的多いので、教材・教具の創意工夫はきわめて重要です。また、指導の効果を高めるために教科書以外の教材・教具の活用も重要です。近年、多様な視聴覚教材とともにコンピュータ等の教育機器の利用が増加していますが、経験の不足や偏りのある病弱児の場合には、これらが単なる直接経験の代替ではなく、直接経験から得られる以上の内容を学習する手段として活用できれば非常に大きな意義があります。

　さらに、病弱の児童生徒は、病弱の状態や特性などの個人差が著しいので、それらに応じて教材・教具について様々な創意工夫が必要です。

❏教材・教具の創意工夫とその方法

1. 創意工夫の観点

　病弱の児童生徒は病気の治療や検査、各種の生活規制により学習意欲が低下したり、学習効果が上がらなかったりする場合があります。したがって、児童生徒の病状等を考慮した教材・教具の創意工夫とその効果的な活用によって、意欲的な学習態度を喚起し、学習効果を高める必要があります。教材・教具の創意工夫の観点は次の点が挙げられます。

①学習空白などを補う

　病状等による学習時間の制約や学習空白・遅れを補い、学習意欲を高めることが重要です。

②身体活動の制限を考慮する

　腎臓病や心臓病等のように運動制限があったり、進行性筋ジストロフィーのように運動・動作の障害があったりする児童生徒については、既製の教材・教具に改良を加えて使いやすくし、身体面の負担を少なくして意欲的、効果的な学習ができるようにします。

③経験を広めるようにする

児童生徒の多くは長期の入院によって生活空間が限られ、直接経験が不足したり経験が偏ったりしがちです。そこで視聴覚教材やコンピュータ等を積極的に活用して経験の不足や偏りを補ったり、児童生徒自身が操作したりして体験できるようにすることが大切です。

2．創意工夫の方法

　病弱教育における各教科の指導では、児童生徒の病状等によっては、既製（市販）の教材・教具を利用しても学習効果が上がらなかったり、使用が困難であったり、また使用することによって、健康悪化や危険をもたらしたりする場合があります。

①既製のものを組み合わせて使ったり、他の目的に利用したりする

　例えば、車いす使用の進行性筋ジストロフィーの児童生徒の体育において、通常のホッケーの実施は困難なので、卓球のボールをバトミントンのラケットで打つことによりホッケーのゲームができるようにするなど、使用が可能で活動上の負担の小さい教材を選んで実施します。

②既製のものに改良を加えて活用する

　例えば、病状によりベッドに寝たままで学習する児童生徒のために畳用の書見台に改良を加えます。一つは書見台に固定した本がずれないように、かつ本の絵や文字を見やすくするために片面をガラス張りにした薄い箱型の枠を取り付けます。一つはベッドの高さや児童生徒の体型・姿勢などに応じて書見台の高さや角度が自由に調節できて、活動に便利な鉄製の支柱と台座（ストッパー付きの車輪が取り付けられているもの）を付けます。

③独自のものを創意工夫する

　例えば、気管支喘息、心臓疾患、腎臓疾患のある児童生徒の理科における人の体のしくみの授業で、学習を効果的に進めるために、肺、心臓、腎臓等の内臓器官の分かりやすい模型を独自に作成します。

資料

障害の重い子どものための教材・教具の工夫例

日常生活動作の学習の中で使用される教材・教具の例を紹介します。

　トイレ指導時に子どもをサポートするトイレ用補助テーブルです。

　定時の排泄訓練を行っている子どもですが、どちらかというと便器に座っていることがきらいです。しかも大きな発作があるため、トイレ中でも上半身を支えておく必要があります。そこで、発作への対応と、トイレの中でも本を見たり小さなおもちゃをいじったりしてトイレへの興味を引き出そうと製作しました。発作で上体が前のめりになっても、テーブル面が発泡スチロールでできているので安全です。また中で尿器が支えられるようになっています。

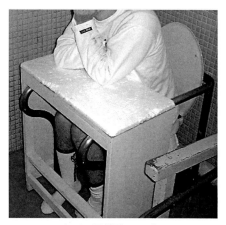

トイレ用補助テーブル

Question Q9 & Answer

病弱児の経験不足を補う方法について教えてください。

**■体験的な学習、交流教育、
　コンピュータ**

　病弱児は、一般に病気や病状のため生活範囲が病院や学校等に限られ、行動範囲や接する人々も限られています。そのため、社会での様々な体験をする機会が少なく、経験不足に陥りがちです。そこで社会の変化に対応して主体的に生きていく力を育てるために、また、生涯にわたる学習の基礎を培うため、思考力や判断力などを育成することや自ら学ぶ意欲を高め主体的な学習のしかたを身につけることはきわめて重要です。このような能力を育て学ぶ意欲を高めるには、体験的な学習や問題解決的な学習を充実する必要があります。このため、例えば社会科では調査や見学などの活動を積極的に行い、また、理科では観察や実験をいっそう重視するとともに問題解決的な学習を行うことを重視しています。しかし、体験的な活動や自主的、自発的な学習は、特定の教科にとどまらず学校教育全体を通じて重視していく必要があります。

❏体験的な学習の重視

　各教科や領域において調査・見学・観察・実験・実習等の体験的・実際的な学習が行われています。また、新設された「総合的な学習の時間」では各学校で積極的に体験的な学習を取り入れています。こうした学習のためマルチメディアの活用等により間接的な体験を補う工夫が必要となります。

　配慮事項としては児童生徒の実態から何が経験不足でどんな体験をさせようとするのかを明確にすること、特定の教科等にとどまらず学校教育全体で体験的な学習を重視することが大切です。

❏交流教育の推進

　交流教育は病弱養護学校の近隣にある学校との間で多く行われていますが、近年は児童生徒の居住地にある学校との交流も行われるようになってきています。児童生徒が相互に理解し合うためには継続的な交流が必要です。そのため直接訪問しての交流のほかに、手紙や作品の交換など間接的な交流も取り入れ、相互の理解が図られるようにしていく必要があります。また、地域の人々を学校行事に招待する、講師として招く、地域の行事に参加する、学校近辺の清掃や病院等での奉仕活動を行うなど地域との交流を行っている学校もあります。

　いずれの場合もねらいを明確にし、各学校や地域の特色を生かした交流を工夫する必要があります。

　なお、病状により感染しやすい児童生徒の在籍する病弱養護学校においては直接

交流を認めていない場合があります。

❏コンピュータ等の活用

　　長期入院や長時間の外出が困難な児童生徒に対し、コンピュータ・シミュレーション、インターネット、テレビ会議システム等を活用し、体験不足を補う工夫が行われています。直接出向いて体験することのできない児童生徒にとっては擬似的体験ながら有効な手段となっています。

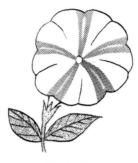

ペチュニア

【引用・参考文献】
1．『盲学校、聾学校及び養護学校幼稚部教育要領　小学部・中学部学習指導要領　高等部学習指導要領』
　　平成11(1999)年３月　文部省
2．『病弱教育の手引き－教科指導編－』平成８(1996)年　文部省

※ コラム

最新の情報技術（ＩＴ）を活用した指導の充実

(1)　障害のある児童生徒等については、最新の情報機器や情報ネットワークにより障害を補完したり、学習を支援する補助手段として活用することなどにより障害に基づく種々の困難を改善・克服し、社会とのコミュニケーションを広げ、新たな情報技術（ＩＴ）や能力を切り拓いて自立や社会参加を促すことが重要である。（後略）

(2)　マルチメディアを活用して院内学級と本校、病室と病弱養護学校を情報通信手段で結んで行う補完指導については、これまで文部省において「マルチメディアを活用した補完指導に関する調査研究」を実施してきたが、障害のある児童生徒が学習意欲を高めたり、社会とのつながりを強めるなど大きな成果をあげている。こうした研究の成果を踏まえるとともに近年の情報技術（ＩＴ）の進展により学校間や学校と家庭との双方向の交流が可能となっていることを考慮すると、今後、障害が重度であるため通学できず訪問教育を受けている児童生徒や入院中の児童生徒等に対して、マルチメディアを積極的に活用して指導の充実を図ることが望ましい。その際、児童生徒等への指導に当たっては、教員との人間的なふれあいが不可欠であることに留意しながら実施する必要がある。

『21世紀の特殊教育の在り方について』（最終報告）
21世紀の特殊教育の在り方に関する調査研究協力者会議　平成13(2001)年１月15日

Question 10 / Answer

運動会や文化祭等は行われていますか。

■運動会、文化祭、特別活動、児童生徒会

　病弱養護学校でも、病状の許す範囲内で運動会や文化祭は特別活動として積極的に行われています。

・学芸的行事

　病弱養護学校の児童生徒は現在及び将来の生活に不安や悩みなどをもち、それらが日常の生活の姿勢にも影響を与えがちです。このような児童生徒にとって、日常生活を共にする者同士が学習活動の成果を発表するなどして豊かな情操を育て、明るく充実した生活を送るための学芸的行事の意義は大きいのです。

・健康安全・体育的行事

　健康安全・体育的行事は、病弱児自らが自己の発育・発達や健康状態について関心を持ち、心身の健康の保持増進に努めるとともに安全な生活に対する理解を深め、さらに体育的な集団活動を通じて心身ともに健全な生活の実践に必要な態度や習慣を身につけるための重要な行事であり意義は大きいものがあります。

　以下は養護学校の実施例を示します。

　国立療養所に隣接し、小学部、中学部、高等部、わかくさ教育部（施設内重複障害課程）の四つの学部からなり、肢体不自由や知的障害を併せ有する児童生徒が多く在籍し、数年前からは心身症等の児童生徒の割合が増えてきている。

❏運動会について

　毎年6月の第1日曜日に全学部合同で行っています。以前は教師の実行委員会が中心になって準備運営を行っていましたが、数年前からは「児童生徒が演技や係活動の経験を通して、自主的に責任を持って運営に協力する態度や能力を高める」という目標を掲げ、教師だけでなく児童生徒の実行委員会を組織し準備運営に当たるようにしています。

運動会当日までの流れ

　まず5月始めに実行委員会を組織します。実行委員会は高等部の生徒中心に中学部、小学部からも実態に応じて選出します。実行委員会ではこれからの活動の日程やどのような係が必要かを話し合います。そして全児童生徒が審判、放送、応援、装飾など数種類の係の中から一つを選んで係に所属し、週1時間設定された係活動の時間に生徒、職員がいっしょに活動します。しかし病状によっては決められた時間にいっしょに活動することが難しい場合もあるので、各学級の授業時間の中で係活動的な内容に取り組むなどの工夫をしています。また競技種目は実行委員会中心

に話し合いをして決めていきます。児童生徒の実態を考慮して、1種目の時間が長くならないようにする、個に応じた種目への参加の方法を考えるなどの工夫をするようにしています。また練習の時間も多くならないようにし、今年度は予行を含めて全体練習は3回としました。当日も午前中に全てが終わるように計画しました。競技種目は次のようなものです。

○学部種目（小学部、わかくさ教育部各1種目）
○全体種目（準備体操、綱引き、紅白玉入れ、じゃんけんつながり）
　全員参加ですが児童生徒の健康状態を考慮し、参加の有無を決めます。
○選択種目（借り物競走、障害物競走、車いすレース、紅白リレー）
　参加希望を募り、中学部、高等部生徒については1～2種目の参加とします。小学部、わかくさ教育部児童生徒については学部種目を主とし、実態を考慮して選択種目への参加を決めます。
○自由参加種目（ダンス）

❏ **文化祭について**

　本校の文化祭は「秋桜祭」という名称で、毎年10月に全学部合同で行います。運動会と同様にこちらも児童生徒の実行委員会を組織し準備運営に当たるようにしています。

秋桜祭当日までの流れ

　6月に児童生徒中心の実行委員会を組織し、1学期中に今年の秋桜祭の方針を決めます。ここ数年はステージ発表、模擬店、作品展示の三つを中心とした内容で行っています。今年度のステージ発表は、小学部、わかくさ教育部が学部の発表として劇をしました。また、有志の発表を募ったところ、児童生徒が思い思いのグループを作って、バンド演奏や合唱、ダンスなどを発表しました。模擬店も出店を募り、喫茶店や綿あめなどの食料関係の店、作業の時間に作った作品を売る店、くじ引きやゲームなどをやる店など多くの希望があり、当日に向けて各グループが準備に取り組みました。作品展示は教室や廊下に授業で作った作品を飾りました。当日は近くの高校からボランティアの高校生や保護者だけでなく地域の方々もたくさん来校してくれました。また学部間の交流を深めるため「ふれあいタイム」という時間を設け、高校生が他学部の児童生徒といっしょに買い物をしたり、車いすを押したりして交流を深めました。なお、ＰＴＡが中心となりバザーを開いたり、地物の野菜や焼きそばなどの販売を行い、益金は教材備品などを購入し子どもたちに還元しています。

【引用・参考文献】
1．『盲学校、聾学校及び養護学校学習指導要領』平成11年3月　文部省
2．『病弱教育の手引き－教科指導編－』平成8(1996)年　文部省

Question Q&A 11 Answer 校外学習や修学旅行は行われていますか。

■校外学習、修学旅行、
特別活動、就学奨励費

　病弱養護学校においても、病気の状態が許す範囲内で校外学習や修学旅行を行います。病気による体験不足を補う意味でもできる限り実施しており、教育課程上は小学校や中学校と同様、特別活動と位置づけられたものです。

　病弱児が校外の豊かな自然や文化に触れる体験を通して、学習活動を充実発展させる上できわめて大切な教育活動です。

❏指導計画の作成に当たっての留意点

① 実施に当たっては、あらかじめ現地の状況や所要時間などを把握し、十分な準備を行うようにします。この場合、児童生徒の当日の病状の変化等に即応できるようにするため、日程に柔軟性をもたせた計画を作成します。

② 修学旅行については、担当の医師等と連絡を密にして病状に合った無理のない計画を立てるようにします。この場合、事前に同行予定の参加者全員による児童生徒の病状把握及び変化等に対応できる体制づくりをしておくようにします。

③ 宿泊を伴う行事については、生徒の病弱の状態、疲労等を考慮して無理のない計画を立てるようにします。その際、事故防止の対策について万全の配慮をし、不測の事態に対しても適切な処置をとることができるよう配慮します。この場合も担当の医師等との連携協力の下に行うようにします。

❏校外学習や修学旅行の実施にあたって留意している点

① 実施に当たっては、児童生徒の健康に十分配慮し安全の確保にも万全を期するようにする。また主治医や養護教諭の許可や助言を得ている。

② 実施の目標を明確にし、学習活動の必要性や注意点を児童生徒に理解させた上で、それに即した指導がなされるよう留意する。

❏中学部・高等部の修学旅行の実施例

①実施学年　　中学部・高等部とも3年
②目的地　　　生徒と相談し、調べ学習などを通して決定する。
③時期　　　　毎年9・10月ころ（適切な時期を選んで実施）
④期間　　　　中学部は1泊2日程度、高等部は2泊3日程度
⑤宿泊施設　　事前に十分な調査を実施し選定する。
⑥利用交通機関　JR線、私鉄線、貸し切りバス等

⑦経　　　　費　　保護者の負担過重とならないようにする。
　　　　　　　　　経費は就学奨励費の段階により後日支払われる。
⑧関　係　機　関　　事前に目的地の最寄りの病院及び消防署等の関係機関との連携
　　　　　　　　　連絡する。
⑨国内旅行障害保険に加入する。

❑訪問学級の校外学習の例

①本校の小・中学部の行事に一緒に参加する。
②児童生徒の病状により、活動時間に制限のある訪問学級では病院近くの場所で独自に実施している。
③実施当日は医師や看護婦の付き添いを依頼している。

❑校外学習の実施例

①見学先との連絡調整を行い、日程や内容などの確認をする。また必要があれば下見に行き、打ち合わせを行う。
②計画立案する。原則として全児童生徒が参加できるように計画するが、止むを得ず参加できない児童生徒がいる場合、その指導についても遺漏のないようにする。
③主治医へ連絡し許可をもらう。また、保護者へ実施概要を知らせ、理解協力を依頼し、参加の承諾を得る。
④見学先へ依頼状を送る。
⑤児童生徒に事前指導を行う。
⑥実施に際しては、天候または児童生徒の健康状態によって見学場所及びコースを変更または省略することもある。
⑦児童生徒に事後指導を行う。
⑧見学先へ礼状を送る。
⑨会計報告を行う。

小学部の校外学習の実施例（年間計画例）

学年	教科名	時期	場　所・方　面	学年	教科名	時期	場　所・方　面
2年	生　活	12月	町内郵便局	5年	社　会 〃 〃 〃	通年 7月 11月 1月	町内の農家 近隣市の焼き物業者 町内の宅配便会社 近隣市のNHK地方放送局
3年	社　会 〃 〃 〃 〃	5月 9月 10月 11月 12月	町内の図書館 町内のスーパーマーケット 近隣市の駅前商店街 近隣市のソフトめん工場 町内の歴史民俗資料館	6年	社　会 〃 〃 〃 〃	4月 4月 12月 1月 1月	町内の古墳 近隣市の貝塚や歴史博物館など 町内の図書館 町内の町議会議場 近隣市の地方裁判所
4年	社　会 〃 〃	6月 7月 2月	町内の消防署 県庁 町内の歴史民俗資料館				

Question 12

Answer

重複障害児の指導はどのように行われていますか。

■重複障害、実態把握、
自立活動

　重複障害児とは、障害を二つ以上併せ有している児童生徒をいいます。病弱養護学校では、隣接する国立療養所の重症心身障害児施設に入院している児童生徒の指導を行っています。

　重複障害児は障害が重いということに加えて、障害や発達の状態などに個人差が大きく、一人ひとりが異なる教育的ニーズを持っていると言えます。また、ほとんどの子どもがその障害の重さから学習の定着や発達に時間がかかり、学習に困難性を抱えています。

　重複障害児の指導では指導要領に示された「重複障害者等に関する特例」により自立活動を中心に指導を行うケースが多くなります。自立活動の指導によって一人ひとりが抱えている課題の改善を目指しつつ、必要に応じて領域・教科を合わせた指導を取り入れるなどして教育活動が展開されています。

　特に重複障害児の指導において、個別の指導計画を立て、それに基づいて指導することはそれぞれの子どもの教育的ニーズに応え教育効果を上げていく上で必要不可欠なことです。

　ここでは、個別の指導計画を作成し指導にあたることを前提に重複障害児の指導について概要を述べます。

❏実態の把握

　子どもにとってどのような指導が必要かを考えるためには、子どもの実態を十分理解しなければなりません。子どもの障害の状態を把握するためには内容や項目を参考に、盲・聾・養護学校学習指導要領の自立活動に示された内容も参考にすることができます。

　また、重複障害児指導に際しては、医療との連携を念頭に置いて医師、看護婦、理学療法士などから情報収集を行うことはとても大切なことです。また、保護者との連携を図り保護者から情報を収集し、教育に関する要望や成長への願いなどを理解しておくことも重要です。

　把握された実態についてそれぞれの間に関連性があるのかを検討します。例えば、情緒が不安定だという実態が睡眠のリズムが崩れているために起こる場合もありますし、言葉や身振りで上手く意思を伝えられないことから起こる場合もあります。それぞれの実態についてその関連性を考え、一側面だけでなく総合的に子どもをとらえることが必要です。

❏目標の設定と指導の内容

　子どもの実態が把握されたら、それをもとに指導目標を設定します。

　まず、子どもの2～3年後の将来像を想定して長期目標を掲げます。そして、長期目標に到達するまでのプロセスを考え、ステップを細かくし短期目標を設定します。

　短期目標を明確にした上で目標を達成させるためにどんな指導を行うのかを考えます。重複障害児の場合、その子どもによって障害や教育的ニーズが異なるので、個別に指導することが多くなると考えられます。

　具体的な指導方法は一人ひとりの子どもに合わせて見つけなければなりません。指導方法はたくさんありますが、より子どもに合った指導方法を見つけるため教師には日頃からの研鑽が求められます。

　重複障害児の指導にはもちろん集団学習を程良く取り入れていくことも必要です。子どもの生活経験を高めたり、個別指導で伸びてきた力を具体的な活動場面で活用させたりするために集団学習は効果的です。集団学習として展開されることの多い「遊びの指導」や「生活単元学習」などは、上手に時間と指導内容を設定することで教育的効果を望むことができます。

アザレア

【引用・参考文献】

1．『障害のある児童・生徒のための個別指導計画Q＆A（改訂版）』平成11(1999)年　東京都教育庁指導部心身障害教育指導課

2．西川公司『重複障害児の指導ハンドブック』　平成12(2000)年　社会福祉法人全国心身障害児福祉財団

3．『盲学校、聾学校及び養護学校学習指導要領（平成11年3月）解説－総則等編－』平成12(2000)年　文部省

Question 13
Q & A Answer

訪問教育の実際について説明してください。

■訪問教育、教育課程、
重複障害者等に関する特例

　訪問教育は「障害の状態が重度であるか又は重複しており、養護学校等に通学して教育を受けることが困難な児童生徒に対し、養護学校等の教員が家庭、児童福祉施設・医療機関等を訪問して行う教育」とされています。

　訪問教育は、当初、昭和43（1968）年から44（1969）年にかけていくつかの県や市において、就学猶予・免除者に対するいわゆる訪問指導として開始されました。その後、検討を経て昭和53（1978）年に文部省が訪問教育の趣旨、法的根拠、対象、教育課程について「訪問教育の概要（試案）」を発表し、小・中学部において昭和54（1979）年から、また高等部における訪問教育は平成9（1997）年度から試行的に実施され、翌平成10（1998）年度には全都道府県で実施されるようになりました。

　平成9年度の全国特殊学校長会調査によると、訪問教育を受けている児童生徒の内、知的発達遅滞を併せもつ肢体不自由児が68％、病弱虚弱児童生徒が15％となっています。

❏対象児童生徒

　訪問教育の対象となる児童生徒は、就学可能であるが心身の障害が重度であるかまたは重複しており、学校へ通学して教育を受けることが困難なものとなっています。

❏教育課程等

　平成4（1992）年度より訪問教育の学級定数改善（3人／学級）に伴い、授業は年間35週以上にわたって行うよう計画し、週当たり時数を6時間程度（週3日、2時間程度）を標準として実施し、児童生徒の負担過重とならないよう実情に応じた授業時数を適切に定めることとされています。

❏病弱養護学校における訪問教育

　病弱養護学校における訪問教育の形態は、在宅訪問教育と病院等への施設訪問教育の二つに分けられます。病院等への施設訪問の実施状況は訪問先の実情により様々です。
1. 在宅訪問
①指導形態
　在宅指導の他に行事などの機会を利用してスクーリングも行っているところが

あります。
　②指導内容
　　　児童生徒の実態に応じ、学年相応の教科指導を中心としている場合もあれば知的
　　障害養護学校の教科に代替した内容や自立活動を主とした取り組みなど様々です。
2．施設（病院）訪問
　①週当たりの指導回数及び1回の指導時間について
　　　分教室のように時間割（1単位時間45分）を設けて専用の教室で指導したり、
　　在宅訪問のように週3回・1回当たり120分ベッドサイドで指導する場合もあり
　　ます。
　②指導場所
　　　指導の場については、ベッドサイド、病棟内の空いている病室、訪問教育専用
　　室など訪問先の実情に応じ様々です。
　③指導形態
　　　個別指導だけではなく、集団での指導を取り入れているところもあります。
　④指導内容
　　　上述の1の②の在宅訪問と同様です。
3．訪問教育に関する特例
　　　学習指導要領では、訪問教育に関する特例として学習困難な児童生徒に関する特
　　例及び重複障害者等に関する特例を適用することができるとしています。

❑訪問教育の課題

　　　訪問教育を行う際の配慮事項としては、子どもの実態や健康状態を的確に把握す
　ることはもとより、在宅訪問では保護者とのコミュニケーションを、病院等への施
　設訪問では病院職員等との連携を深めていくことが重要です。また、課題として在
　宅訪問においては医療的ケア、病院等施設訪問においては児童生徒の転出入に伴う
　教員数の過不足等が挙げられます。

ラズベリー

【引用・参考文献】
1．『訪問教育の概要（試案）』季刊　特殊教育№.21　昭和53(1978)年　文部省初等中等教育局特殊教育課
2．『訪問指導の制度化について』平成9(1997)年3月　都道府県教育長協議会第3部会　全国特殊学校
　長会調査

Question Q&A 14 Answer

交流教育はどのように行うのですか。

■交流教育、マルチメディア、
Ｅメール、特別活動

　病弱養護学校の子どもたちは病気の治療のため、校外で人と触れ合う機会も少なくなりがちです。そこで子どもたちの経験を広めて積極的な態度を養い、社会性や豊かな人間性を育むため、小・中学校の子どもたちや地域の人々、さらにはマルチメディア等を活用して遠隔地の人々とも交流を行っています。

　こうした取り組みは子どもたちの思いやりの気持ちや病気に負けないたくましさを育んだり、交流した多くの人が「病気で入院しながら学ぶ」子どもたちやその教育について理解を深めたりする絶好の機会となっています。

【交流教育の内容（例）】

交流の形態	交流の内容	交流の意義	留意事項
通常の小・中・高等学校との交流	(1) 学校・学年行事 ●儀式的、学芸的、体育的行事 (2)児童生徒会活動 ●奉仕活動、レクリエーション (3) 学級活動 ●給食、レクリエーション	○同年代の友達と楽しいひとときを過ごすことで、豊かな心を育むとともに、前籍校への復帰に向けた意欲の向上にもつながります。	○児童生徒の健康面及び心理面に十分配慮した計画を立てる。 ○交流先との綿密な打ち合わせを行い、互いの共通理解のもとに計画を立てる。
病院や地域の人たちとの交流	(1) 学習発表会 (2) 収穫祭 (3) 運動会 (4) 施設訪問	○日頃お世話になっている病院や地域の人たちに、子どもたちの学習成果を見てもらったり、いっしょに活動したりすることで、感謝の気持ちを表すとともに、子どもたちの自信を育みます。	
マルチメディアを使った交流	(1) Ｅメール (2) テレビ会議システム ●前籍校 ●遠隔地の学校	○マルチメディアを活用することで、病院や学校にいながら交流の輪を広げるとともに、情報化社会の中で生き抜く力の育成にも力を入れています。	

【引用・参考文献】
1.『生きる力をはぐくむために−障害に配慮した教育−』　平成11(1999)年度　文部省
2.『季刊　特殊教育』No.95　平成11(1999)年　文部省初等中等教育局特殊教育課

病弱養護学校と地域の小・中学校と
の交流

マルチメディアを活用した前籍校等
との交流

Question 15

Answer

評価はどのように行っていますか。

■評価、指導と評価の一体化、個別の指導計画、
診断的評価、形成的評価、総括的評価、
自己評価、相互評価

　評価の機能はそれを指導実践に役立たせ、児童生徒の良さや可能性を伸ばすことにあることは通常の小・中学校と変わりません。病弱児の場合は学習空白や授業時数の制約のために学習の到達度に著しい個人差があったり、生活規制に伴う経験の不足や偏りなどのために学習意欲が乏しかったりする場合があるので、それらに対応した評価をすることが必要です。また、長所や得意な面を積極的に評価することで、生きがいや生きる喜びにつなげることも重要です。

❏指導と評価の一体化

　評価は指導と表裏一体の関係にあるので、実態把握→指導計画作成→指導実践→指導の評価→事後の評価という流れで行います。各単元や題材ごとに、また指導の段階ごとに評価を行います。

❏指導前の評価（診断的評価）

　学習内容についての児童生徒の実態を把握します。学習に対する興味・関心、意欲のほか、学習の遅れや学習空白がある場合、また経験の不足などがある場合もここで評価します。評価方法は学力検査や観察法、面談法等を用いますが、自立活動では独自に作成したテストや右のような評価基準表を用いる場合もあります。

❏指導過程での評価（形成的評価）

　実際の指導において児童生徒がどのように反応したかを把握し、その達成度を確かめ、次の指導に生かすための評価です。自主性や意欲等が乏しいと言われがちな病弱児には、こうした指導過程の評価を特に重視し、児童生徒が達成感や成就感を得られるよう励ましながら学習を続けられるようにします。評価方法は、児童生徒の行動を分析するためのチェックリストや作品等をもとに評価する方法、授業終了後に行うペーパーテスト等があります。

❏指導後の評価（総括的評価）

　各単元や題材の終了時など指導の節目や学期末・学年末など、一定期間の指導が終了した時点で行います。指導の成果を明らかにし、指導計画の見直しをもつために行います。ここでは児童生徒の取り組みに対する努力や意欲も評価するなどして達成感や次の学習への意欲を持てるようにします。評価方法は指導過程でなされた

評価を総合的に再検討したり、指導前に用いたテストを再実施して両者を比較して検討するなどします。

❏自己評価・相互評価の活用

　　児童生徒自身による自己評価は、フィードバック機能を高め学習意欲を向上させるのに有効であると言われます。自ら学ぶ意欲や主体性が乏しいといわれがちな病弱児の学習に積極的に自己評価を取り入れていくことは、自己理解や意欲の向上につながります。また、相互評価は、児童生徒が互いに相手の長所や優れた点を見出すことができるよう配慮して行うことで信頼関係が深まり、互いの経験を補い合って学ぼうとする態度が生まれます。また、発表会などで学級の構成員が少ない場合には異学年集団で評価し合うことも一つの方法です。評価方法は自己評価カード・相互評価カードの記入や話し合い・発表などによる評価等が挙げられます。

自立活動の評価基準表の例（腎臓疾患）　　　　　　　　　　　　　　　C～A段階まで　一部抜粋

	区分・内容	指導事項／段階	C	B
健康の保持　病弱の状態	自分の病気について	病名、病状	自分の病名が分かり、病状がおおよそつかめる	自分の病気の状況、治療の基本方針が
		腎臓病の概要	腎臓病には腎炎、ネフローゼがあることが分かる	三つの治療法が分かる（安静、食事、
		自分の身体	身体各部、心臓、肺など主な内臓器官の名称が分かる	心臓、肺、胃など主な内臓器官の名称
	腎臓について	腎臓の形態	腎臓の形、大きさ、個数、位置が言える	腎臓の形、大きさ、個数、位置が図示
		腎臓のしくみ	糸球体、尿細管の名称と位置が言える	糸球体、尿細管の名称と位置が分か…
		腎臓の働き	体内の老廃物が尿であることが分かる	り、腎臓も含めた血液の流れが分か…
	治療について	安静	運動時と安静時の身体の状態がわかり、安静にすると腎臓の負担が減り、体が休まることが分かる	り、尿安静の必要性（なぜ安静が腎臓の負担自分の安静度に応じた生活規制…
		食事	病院食は栄養のバランスが考えられており、残さず食べることが大切であることが分かる	がわか病院食はカロリー計算や栄養のバラン食事療養法の目的と主な制限、適量摂取…

【引用・参考文献】
1．『病弱教育の手引－教科指導編－』平成8（1996）年　文部省
2．『病弱教育における養護・訓練の手引き』　平成5（1993）年　文部省
3．『児童生徒の学習と教育課程の実施状況の評価の在り方について』平成12（2000）年　教育課程審議会

Question Q & A 1 Answer

教科指導上の配慮事項について説明してください。

■教科指導、配慮事項、指導計画、
基礎・基本、精選、教材・教具、
個別の指導計画、保健・安全

　教科指導上の配慮事項には、指導計画を作成する上での配慮事項と指導上の配慮事項の二つがあります。指導計画を作成する上での配慮事項には、実態把握、指導内容の精選と配列、病状の見通しを考慮した指導計画の作成、個別の指導計画の作成、他教科等との関連などがあります。指導上の配慮事項には集団構成の工夫、経験の不足や偏りへの対応、教材・教具の開発と活用、保健・安全への配慮といったものが考えられます。

❏指導計画作成上の配慮事項

1.実態把握

　　病弱の子どもたちには学習空白、学習の遅れ、身体活動の制限、経験の不足や偏りがあることが多いので、まずその実態について的確に把握する必要があります。

　　身体活動に制限がある場合、主治医等の許容する活動範囲を明確に把握します。また、経験の不足や偏りについては、学習内容に関係するような生活経験の有無や、当該学年で既に学習していなければならない社会的事象についての理解の程度等について調査し、その結果から子どもの実態に合わせて指導計画を作成します。

2.指導内容の精選と配列

　　授業時数に制約がある場合には指導内容の中から基礎的・基本的内容を重点的に取り上げて指導計画を作成します。

　　学習空白になっている部分が、授業を進める中で適宜埋めることでは補えないほど大きい場合には、基礎的・基本的な内容を精選し、必要であれば下学年の内容を取り入れるような指導計画の作成が必要です。

3.病状の見通しを考慮した指導計画の作成

　　病状の変化を見通して時間数の増減に対応できるように工夫することも大切です。病状が回復に向い、時間数が増加する場合には指導事項が発展的に広がっていくような計画を考慮し、健康の回復が望めず次第に授業時数が減少していく場合には、その児童生徒の生活に密着した実際的な内容を選定し、児童生徒が生活の中で生きがいを見出すことができるよう弾力的に扱います。

4.個別の指導計画の作成

　　指導計画の作成に当たっては、子どもの実態に即して病状の推移を予測しながら見通しを立て、個別の指導計画を作成します。

5. 他教科等との関連

　　それぞれの教科の指導内容は、他教科等との関連を図ることによりさらに補充、深化、統合することが可能となり、指導の効果を高めるようにします。

❏指導上の留意事項

1. 集団構成の工夫

　　学級の人数が少ない場合、内容によっては他の学級や学年と合併したり、病種別の集団を構成したりすることが必要です。また、多様な意見等が必要な場合には、他校の子どもたちの意見や作品を準備するなどして、小人数学習であっても集団学習と同じような効果を上げることができるように工夫します。

2. 経験の不足や偏りへの対応

　　経験に不足や偏りのある子どもたちの指導に当たっては、遠足や見学、その他の学校行事との関連を図り、可能な限り直接経験ができる機会を多くするように努めることが大切です。また、地域にある博物館、資料館等の公共施設、あるいは商店を利用するなどして学校の近辺にある地域資源を十分に活用するような配慮も必要です。

　　なお、病状により直接経験が困難な場合は、情報機器等を活用することによって間接経験の機会を増やすように配慮することが大切です。

3. 教材・教具の開発と活用

　　病弱の子どもたちは病気治療のため様々な規制を受けていたり、学習空白等のために学習意欲が低下していることがあります。子どもたちが指導内容に興味・関心を持つように、また、指導内容を理解しやすくしたり、指導の効果を高めるために教材・教具を工夫したり開発したりして指導するようにします。

　　身体活動の制限が著しく、ベッドサイドの指導が必要な場合にも教材・教具を工夫したり、活用することによって指導の効果を高めるように配慮することが大切です。

4. 保健・安全への配慮

　　病弱児の指導においては、一人ひとりの病状を理解して、疲労等により病状を悪化させることのないように注意します。また、授業の中で使用する材料や用具についても、その使用によって病状を悪化させたりけがをしたりすることのないように留意します。

【引用・参考文献】

1. 『病弱教育の手引き−教科指導編−』　平成8 (1996)年　文部省

Question

Q&A

Q2 Answer

進度や学習空白の把握の方法について説明してください。

■学習進度、学習空白、
　前籍校、連携、指導内容、
　転学、精選、実態把握

　病弱の子どもは一般に学習の空白や遅れがある場合が多く、小・中学校から転入学した子どもについては学習の進度等に差が見られます。
　また、近年は短期間の入院を繰り返す子どもや心身症の子どもが増える傾向にあり、学習の進度等についての的確な実態把握がますます大切になってきています。

❑実態把握の方法

　一人ひとりの子どもにアンケートや到達度テストをしたり、前籍校から情報を集めたりします。どの内容に遅れや空白があるのか正しく把握するとともに、遅れや空白を子どもや保護者がどう受け止めているかを知ることも大切です。

1.前籍校との連携

　転入学後のできるだけ早い時期に前籍校と文書や電話、あるいは直接訪問して連絡を取ります。
　どの内容に遅れや空白があるのか把握するために各教科の指導内容表を基にチェックリストを作るのも良い方法です。
　また、学習の遅れは学習空白によるものなのか、意欲の低下や病気にともなう学習上の困難によるものなのかを見極めることも必要です。

2.子どもや保護者の願い

　子どもや保護者の思いは、学習の遅れや空白に焦りを感じていたり、教師が考えているほど深刻に受け止めていなかったりと様々です。それぞれがどんな不安を感じどんな願いを持っているのかを知ることは指導の大切な手がかりになります。

❑実態把握にあたっての配慮事項

1.プライバシーへの配慮

　前籍校から情報を集める場合には、保護者の了解を得るなどプライバシーへの配慮が必要です。

2.子どもや保護者の心理状態

　転入学当初は、病気への不安や入院による生活環境の変化などから子どもも保護者も心理的に不安定になっていることがあります。できるだけ早い時期に情報を集めることは大切ですが、気持ちが動揺していて学習のことを考えられない場合もあることを心に留めておく必要があります。

❑実態に応じた指導の工夫

1. 指導内容の精選

　学習の遅れや空白の実態に応じて、指導内容を精選することが必要になります。その場合、"それぞれの教科として習得すべき事項という視点とともに、一人ひとりの実態に基づき個々の児童生徒にとって必要な事項という視点も十分考慮して行うことが大切"で、子どもや保護者の思いにも配慮する必要があります。

2. 指導計画の作成

　学習の遅れや空白が大きい場合、例えば下学年の内容を取り入れるような個別の指導計画を作成することも必要です。前出の各教科の指導内容表を参考に、内容の系統性や他教科等との関連性を図りながら指導内容を配列します。

3. 転学後を見通した指導

　病状が改善して退院・転学の見通しが立った場合には、転学後の学習が無理なく進められるように配慮することが大切です。前籍校等、転学先の学校と事前に連絡を取り、学習の進度等についての情報を参考にして指導計画を作成します。

　また、転入学の時だけではなく、日ごろから前籍校と連絡を取り合っていると前籍校への復帰がしやすくなります。病弱養護学校等での子どもの様子を定期的に報告したり、前籍校の様子が分かるような資料を送ってもらったりすることも大切です。

【引用・参考文献】

1. 『病弱教育の手引－教科指導編－』　平成8 (1996)年　文部省
2. 『盲学校、聾学校及び養護学校学習指導要領（平成11年3月）解説　－各教科、道徳及び特別活動編－』　平成12 (2000)年　文部省

※ コラム

各教科の指導（抄）

　個々の児童生徒の学習の空白やそれに伴う学習の遅れの状況を的確に把握して、それらを補完するような指導計画の作成と内容の取扱いをする必要がある。

　学習の遅れは、指導内容が系統的・段階的に配列されている国語や算数（数学）等の教科に比較的多く見られる。このため、例えば、小学部6年の算数の目標・内容による学習が困難な場合には、小学部5年以下の学習可能な学年の目標・内容に替えて指導するなどの配慮をすることが大切である。

　病弱の児童生徒の中には、生活規則として運動をはじめ各種の身体活動が制限されたり、運動・動作の障害のため、身体活動の制限を余儀なくされている場合がある。このため、特に体育（保健体育）をはじめとして実技や実習（実験）等を伴う授業では、指導内容の取扱いや教材・教具、指導法などを創意工夫する必要がある。

　例えば、体育実技の指導に当たっては、生活規制により禁止又は制限されている運動の種類、強度及び運動量、運動・動作の障害により困難な運動等について、児童生徒一人ひとりの実態を的確に把握する。これを基に、学習（実技）が可能な運動種目を中心に指導内容を選定し、運動の練習法や用具などを工夫して児童生徒が意欲的に学習に取り組めるよう配慮する。また、実技が困難な運動種目を指導する場合は、運動の内容について、ＶＴＲやスライド等の活用により、運動の練習法やルール、ゲームの進め方などについての基本的な知識（理解）が得られるようにする。

（「教育と医学」1995年7月　慶應通信）

Question Q&A 3 Answer

授業時間に制約がある場合の指導はどのようにするのですか。

■時間の制約、授業時数、
　弾力的、訪問教育、
　通信による教育

　病弱養護学校に在籍する児童生徒は、治療上の理由から授業時間の制約を受けることが多くあります。その制約の状況は病気の種類や病状、障害による発達段階の状態、または病棟での日課（訓練・入浴日等）や診察・治療等、個々において様々です。制約を受ける時間も、1日の1～2時間程度のものから長期の欠席に及ぶ場合などいろいろあります。授業時間の制約による学習空白は、児童生徒の学習の遅れのみならず、学習への興味・関心や意欲の低下につながることになるため、個々の実態や取り巻く状況を把握した上で適切な対応が必要となります。

❏年間の授業時数の取扱い

　小学部または中学部の各学年における総授業時数は、学校教育法施行規則（第1章第2節第6の1）に標準として示されている総授業時数に準ずることとされています。この場合、各教科等の適切な標準時数を定めるには、ただ簡単に同じ時間数にするというのではなく、学校において主体的な立場から弾力的な教育課程の編成を主眼として、学校や児童生徒の実態に即して行うよう留意することが必要です。

❏授業時数を弾力的に

　療養中の児童生徒へ教員を派遣して教育を行う場合については、各学年の総授業時数及び各教科等の年間の授業時数は、特に必要があれば各学校で適切に定めることができます。この場合は、児童生徒の実態を的確に把握するとともに医療上の規制や生活上の規制等も考慮して、どのような教育課程を編成するのが望ましいかについて総合的に検討する必要性があります。特に授業時数に著しい制約のある児童生徒については、一人ひとりの学習の進度等を考慮し、特定の教科に重点的に授業時数を配当したり、時間割の編成を工夫したりするなどの配慮が必要とされます。

❏時間割の弾力的な編成

　「各学校においては、地域や学校、児童生徒の実態、各教科等や学習活動の特質に応じて、創意工夫を生かし時間割を弾力的に編成することに配慮する」という、この規定は今回の学習指導要領の改訂において新たに示されたものです。

　このことは、学校や児童生徒の実態、各教科等や学習活動の特質に応じて指導方法の工夫をいっそう進める上で有効であると考えられます。

❑小学部の場合

「児童の授業時数の制約等の状況に応じて、指導内容を適切に精選し、基礎的・基本的な事項に重点を置くとともに、各教科等相互の関連を図るなどして効果的な学習ができるようにすること」や、教材・教具の工夫やコンピュータ等の情報機器の有効な活用を図るなどして、指導の効果を高めることも有効です。

❑高等部における療養中及び訪問教育の生徒の通信により教育を行う場合の特例

療養中の生徒及び障害のため通学して教育を受けることが困難な生徒について、各教科・科目の一部を通信により教育を行う場合の1単位当たりの添削指導及び面接指導の回数等については、生徒の実態に応じて適切に定めることができます。

❑個々の実態に応じた指導の工夫

日常的に医療を必要としながら、入院するまでもない児童生徒が増えてきています。健康が回復すると学習の希望、運動制限の解除など、子ども本人の要求が出てきますが、子どもの健康に関して、常に定期的に実態を把握して、適切な指導を行うことが大切です。

1. 自宅から通学してくる児童・生徒

1週間、連続して通学することが厳しい場合、決して無理をさせずに学習の空白、補充の工夫が必要です。有効な手段としてインターネットの利用があります。

休みになった日は学校における学習計画の内容を個別の学習課題に整理・精選して、プリント教材、映像教材にして児童生徒の家庭にインターネットを通じて送信して、学習した結果は送り返してもらう方法があります。

2. 長期休業中の工夫

入院して治療中の子どもは夏休みだからといって、家に帰るわけにはいきません。隣接する学校で、補充学習日、個別指導日などを設けて、学校の指導体制を話し合って、少しでも学習の空白や遅れを補っていくことも考えられます。

医療を優先して過ごしている児童生徒の生活や学習に制約がある場合、これまでの指導工夫に加え、情報手段の活用が大きな手だてにつながる期待があります。年間指導計画を基本にしながら、人的な条件、物的な条件を駆使して児童生徒に無理のない学習環境を設定して指導にあたることが重要になります。

・・

【引用・参考文献】

1. 『盲学校、聾学校及び養護学校学習指導要領（平成11年3月） 解説－総則等編－』 平成12(2000)年 文部省

2. 『盲学校、聾学校及び養護学校学習指導要領（平成11年3月） 解説－特別活動編－』 平成12(2000)年 文部省

3. 『病弱教育の手引き－教科指導編－』 平成8(1996)年 文部省

Question Q&A 4 Answer

体験的な活動や実技を伴う指導の工夫について教えてください。

■視聴覚教材、教育機器、教材・教具、
マルチメディア、ベッドサイド授業、
集団学習

　病弱教育対象児童生徒は病気療養上の理由により授業時数に制約を受けたり、病気、病状により身体活動や学習上の制約を受けたりしています。また、病状により学習場所が病室（無菌室を含む）に限定され、教師と１対１で学習することが多いのです。このような制約の中でより充実した学習ができるように、各教科・領域において教材・教具の開発や活用、情報機器の活用など指導法の工夫を行う必要があります。

❑理科における工夫

　視聴覚教材やパソコン等の教育機器の活用

　　病室では行えない実験（火気を使用したり、化学薬品を使用したりする場合等）は、教師が演示実験したものをビデオに撮り、病室でそれを見せながら補足説明を加えていくことで実験の代わりとすることも効果的です。

　　植物の栽培は、病院内の教室で学習できるときは、実際に手袋を使用して種をまいたり、観察したりしています。病室に植物を持ち込むことができない場合には、成長の様子を撮影したものを見ることで継続的に観察するような工夫も必要です。

　　「流れる水のはたらき」「季節と生きもの」などの学習では、市販の学習ソフトを活用し、観察や実験のシミュレーションを行うことで自然に対する興味・関心をもつようにすることもできます。

　　テレビ会議システムを使って学校と病院をつなぎ、同時に授業を行うこともできます。実験レポートを画面上で発表したりそれについての質問を受けたりすることで、より多くの情報収集ができたり、事象の本質に迫るためにも有効な方法です。

❑家庭科における工夫

　教材・教具の開発と工夫

　　児童生徒の病状を理解し、それに応じた題材を設定しています。

　　例えば、調理実習の指導では食材や調理方法を変えるなどの配慮も必要です。また、その際、主治医や栄養士などと連絡を密にし、必要に応じて助言を得ることも大切です。

❑図工における工夫

1.資料や視聴覚教材やパソコンなどの教育機器の活用

　　病室など限られた空間でも、想像力を膨らませて作品づくりに取り組めるように、

題材の導入部分で、図鑑を見せたり、ビデオやパソコンを使ったりすることも大切です。適切な資料を準備することで、児童生徒の創造性の高まりや豊かな造形的発想を育むことが大切です。

2. 鑑賞の場の設定

　病院内の教室や自校の作品を展示する場を設け、児童生徒がお互いの作品に触れ合ったり、お互いに評価したりすることができるようにすることも大切です。

❏ **音楽における工夫**

病気の種類や状態に応じて楽器を選択し、本来学習しておくべき時期に習得できなかった内容も含め、児童生徒の心身の発達に合わせ基礎的・基本的な内容を中心に学習を進めていきます。

1. 病棟での指導

　個別の指導とともに集団の中で個々が生かされる場面の設定も大切です。合奏等の表現活動では視聴覚機器（ＶＴＲ、ＣＤ、ラジカセ等）を活用し、友達との響き合いを感じ取りながら、楽しく学習に取り組めるようにします。また、負担過重にならない範囲で、演奏技能が段階的に高められるようにそれぞれの実態に合わせて、演奏しやすく編曲した楽譜等を準備し、活用しています。

2. 学習集団の構成

　少人数の学習集団であってもトラック別の多重録音（ＭＴＲの活用）により楽器編成を様々に変化させて合奏を試したり、自分で創作した旋律を合奏に加えたり、個々が意図した作品づくりに向けて深く追求していくことができます。また、行事の中に全学年の合奏を組み入れるなど、集団の大きさを必要に応じて変化させ、豊かな響き合いも経験できるようにしています。

キキョウ

【引用・参考文献】

1. 『病弱教育の手引き－教科指導編－』　平成8年(1996)年　文部省

Question Q&A 5 Answer

教科書の異なる転校生の指導について教えてください。

■教科書、採択、転学、
　無償配布

　病弱養護学校では通常の学校と同じように検定を経た教科書を使用することになっており、小・中学部においては、それぞれの学校で採択された教科書が年度当初、無償配布されます。前籍校と転校した学校とで使用している教科書がそれぞれ違う場合、転校生は転校した学校で採択している教科書を使用して学習をすることになります。退院や健康回復後、前籍校へ帰ることを含めて指導上の工夫が必要です。

❑教科書の採択と給付の手続き

　公立義務教育諸学校の教科書の採択と給付の手続きは「義務教育諸学校の教科用図書の無償措置に関する法律」で定められています。すなわち、都道府県教育委員会は教科用図書選定審議会を設置し、その意見を聞いて市町村教育委員会等の行う採択事務について指導、助言をします。そして採択地区を設定し国から送られてきた教科書目録から種目毎に採択するしくみになっています。

❑転校生への対応

1. 転校生が前籍校で使っていた教科書の実態把握

　転入に際しての事前説明会の際に前籍校で使っていた教科書を持ってくるように説明し、正式に転入してきたら速やかに前籍校と連絡をとり、それまで使っていた教科書受給の証明をもらいます。同時に転入生が使っていた教科書の進度状況を担任同士で連絡をとって把握します。

2. 転入先の学校で使用している教科書の受給

　前籍校での教科書受給証明に基づいて、手続きをとり、速やかに転入先の学校で使用している教科書を配布します。学校には必ず教科書受給に関する係が置かれており、責任を持って処理します。

❑指導上の配慮

　長期入院の場合は措置されている学校の教科書を使いますが、短期入院の場合や入院せずある期間寄宿舎に入って病弱養護学校で学ぶ場合はやがて前籍校に帰るのでその後の学習にスムーズについていけるように前籍校の教科書の内容、配列を指導者が確認して指導に生かすことが重要です。

　特に小学校の国語における漢字配列は違うので注意する必要があります。

Question Q&A 6 Answer

授業は病室でも行うのですか。

■授業の形態、ベッドサイド授業、
院内教室、テレビ会議システム

　病状が重いなどのために登校が困難な児童生徒については教師が病室等に出向いて授業（ベッドサイド授業）を行います。

　その際、「盲学校、聾学校及び養護学校小学部・中学部学習指導要領」の第1章第2節第6の4に基づき、学習活動が児童生徒の負担過重とならないよう、医療機関と連携を取りながら実情に応じて授業時数は定められます（高等部も同様）。

　また、病院内に分教室を設けて授業を行ったり、教室での授業の様子を映し出すテレビを活用して病室で授業を受ける（閉回路テレビによる授業）などの方法をとったりしているところもあります。

　学習内容については児童生徒のそれぞれの実態に応じて計画、実施されます。主な内容については次のとおりです。

❏教科指導が可能な児童生徒の授業内容

　病弱養護学校の児童生徒は病気療養などのために長期間欠席したことによる学習空白を伴っていることが多くあります。そのため、基礎的・基本的事項を重点的に取り上げて、必要に応じて下学年の内容を関連させた内容を学習し、前籍校に戻るときに備えて進度の遅れがないようにしています。

❏不登校状態である児童生徒の授業内容

　心身症などのために不登校状態にあった児童生徒には情緒の安定が図れるように考慮した活動（芸術的な教科や自立活動的な内容）を取り入れながら、学習空白の部分が補われるよう教科の学習をします。

❏重複障害のある児童生徒の授業内容

　生活リズムの安定や手指等の可動領域の拡大、コミュニケーションに関する内容など自立活動を主とした内容での授業をしています。

【引用・参考文献】
1．『病弱教育の手引－教科指導編－』 平成8（1996）年 文部省
2．『盲学校、聾学校及び養護学校小学部・中学部学習指導要領』 平成11（1999）年 文部省
3．『病弱虚弱教育』 第41号 平成13（2001）年 全国病弱虚弱教育研究連盟

Question 7

各教科の指導上の配慮事項について説明してください。

Q&A
Answer

　近年、病弱教育の対象児童生徒の障害の状態は大きく変化してきています。したがって、各学校で編成される教育課程も通常の小・中・高等学校に準ずるもの、下学年適用のもの、知的障害の養護学校の教育課程に代替するもの、自立活動を主とするものなど様々です。

　各教科の指導に際しては病弱という実態を踏まえ、授業形態や指導方法を工夫したり、児童生徒が意欲的に学習に取り組むよう動機づけに配慮したり、安全や保健管理に十分留意したりすることとともに次の点に配慮する必要があります。

❏授業形態や集団構成の工夫

　児童生徒の学習の進度（習熟度）や病気の状態、学級構成人員の少なさなどを考慮して、授業形態や集団の構成を工夫し学習活動が効果的に行われるような配慮が必要です。そのために児童生徒一人ひとりの学習の空白や進度（習熟度）に応じた個別指導を重視し、体育の実技等では必要に応じて複数の学年（学級）の合併や病気の種類別のグループ編成により指導を行うような配慮も必要です。

❏指導方法の工夫

　指導方法の工夫としては、教師と児童生徒の学習効果が上がりやすい位置関係を工夫したり、観察しやすいところに植物を置くなど、教材・教具の配列に留意したりなど学習しやすい条件整備を行うことが考えられます。

　また、必要に応じてチーム・ティーチングの方式を取り入れたり、教材・教具を創意工夫したりすることも大切です。

　身体活動に制限等がある児童生徒に対する配慮事項としては、特に実技や実習等を伴う学習の場合には、児童生徒の実態に即して指導方法を創意工夫し、学習活動が困難となったり、負担過重となったりしないよう留意する必要があります。指導方法の創意工夫とは、体育、保健体育を例にすれば、運動の実施方法、ゲーム（競技）のルール、使用する器具や用具等について創意工夫を加えることをいいます。

❏学習の動機づけ

　子どもたちが教科学習に自主的、積極的に取り組むようにするためには、次のような動機づけが必要です。

1. 学習の必要性や目的を自覚できるようにする

学習が自分の現在または将来の生活にとって必要であると感じていたり、学習の
　目的を明確に自覚している場合には、学習態度が意欲的、積極的になります。
２．学習の方法を習得できるようにする
　　効果的な学習の方法は教科ごとの特質に応じて異なり、また児童生徒一人ひとり
　の特性や学習経験等によって異なります。したがって個々の教科の特質や児童生徒
　の実態に応じた学習の方法を習得させることが大切です。
３．学習の楽しさを体験できるようにする
　　学習の楽しさ（おもしろさ）は教科の特質や学習内容によって異なり、また児童
　生徒の興味・関心の度合いによって異なります。したがって児童生徒の興味・関心
　の傾向を的確に把握し、教科の特質や学習内容を考慮しながら児童生徒が学習の楽
　しさを体験できるよう配慮することが大切です。
４．学習を通して成就感を得ることができるようにする
　　児童生徒の学習の習熟度（進度）等を考慮して、一人ひとりの実態に即した課題
　を与え、取り組んだ学習課題の解決（内容の理解や技能の習得など）を通して成就
　感を得させ、学習に対して自信をもつことができるようにすることが必要です。
　　これらのほか、児童生徒相互の競争や協力（援助）、児童生徒の努力に対する称
　賛や激励、段階的な到達目標を記した学習カードの利用も有効です。

❏保健、安全面の工夫

　　実技や実習・実験等の指導に当たっては、児童生徒の病気の種類や障害の状態等
　が多様であることを考慮して、一人ひとりの疾病の状態や体力等に即した学習活動
　や学習環境となるよう留意し、児童生徒の病状や健康状態の悪化を来すことのない
　ようにする必要があります。また感染防止や事故防止に努めることも必要です。具
　体的には次のようなことです。
①腎臓疾患や心臓疾患等の児童生徒の実技を伴う学習に際しては、活動量や活動時
　　間及び休憩の取り方を適切に定めることが大切です。
②喘息の児童生徒の実技等を伴う学習に際しては、屋内の環境を適正に管理するこ
　　とが大切です。例えば体育館内の環境管理や木工作業における粉じん処理などに
　　留意することも大切です。
③筋ジストロフィーや脳性まひ等のように運動・動作の障害がある児童生徒につい
　　ては、必要に応じて保護帽を装着させたり、衝突や転倒による骨折等の防止にも
　　留意する必要があります。

パンジー

Question 8
Q&A Answer
中学部の選択教科について説明してください。

■選択教科、必修教科、
授業時数

　中学部の選択教科については、従前は学年により開設できる教科の種類が制限されていましたが、今回の改訂により小学部・中学部学習指導要領第2章第2節に規定する全ての教科を全学年で開設することができるようになりました。また外国語科が必修教科として位置づけられたことから選択教科としての履修の扱いも他の教科との違いが無くなっています。

❏選択教科で扱える内容

　選択教科で扱える内容については、各学校の裁量が大幅に拡大されており、「課題学習、補充的な学習や発展的な学習など、生徒の障害の状態や特性等に応じた多様な学習活動が行えるよう各学校に置いて適切に定めること。」とあります。この趣旨は、中学部段階における生徒の特性等が多様化している事に対し生徒の主体的な学習活動を促進するためであるとされています。

❏履修数と授業時数

　履修数は「第2学年においては1以上、第3学年においては2以上とし」となっていますが「生徒の障害の状態、特性等を十分考慮して、それぞれの生徒に適した選択教科を履修させること。」と生徒の選択が基本であると示されています。
　授業時数については表のように幅を持って示されています。
　各選択教科の授業時数は、右の表のように、1学年は年間30単位時間、2・3学年は年間70単位時間の範囲内で必要な時数を適切に定めることとしてあります。準ずる教育の場合の参考になります。

第1学年	0 ～ 30
第2学年	50～ 85
第3学年	105～165

　生徒の個性の伸長を図る教育を進めるために、教育活動全体を見ながら選択教科の授業時数や内容を組み立てていく必要があります。

❏選択教科の決定までの例

- 必修教科、道徳、特別活動及び自立活動の授業時数をふまえて、総合的な学習の時間の授業時数と選択教科に当てる授業時数を決定し、日課表を組む。
- 生徒の発達段階を的確に把握し、障害の状況や興味関心のありようなどから幾つかの教科をリストアップする。
- 指導者の体制を考慮しつつ、多様な選択肢を用意する。

・オリエンテーションを実施し、生徒が選択教科の主旨を理解できるようにするとともに生徒の意見を求め、協議・調整をし決定する。

・・・

※ コラム

選択教科の内容等の取扱い (第2節第3)

今回の改訂においては、生徒の特性等の多様化に適切に対応する観点から、盲学校、聾学校、肢体不自由者又は病弱者を教育する養護学校の中学部における選択履修の幅を一層拡大することとし、次のように改善を図った。

また、知的障害者を教育する養護学校の中学部において、選択教科として新たに「外国語」を設けた。

ア 各選択教科の授業時数については、学校や生徒の実態を考慮し、必修教科や総合的な学習の時間などとの関連を図りつつ、各学校において適切に定めることとした。

イ 選択教科の内容については、課題学習、補充的な学習や発展的な学習など、生徒の特性等に応じた多様な学習活動が行えるよう各学校において適切に定めることとした。

ウ 生徒に選択させる選択教科の数は、第2学年においては1教科以上、第3学年においては2教科以上とし、生徒の特性等を十分考慮して、それぞれの生徒に適した選択教科を履修させることとした。

エ 選択教科の種類を拡大し、どの学年においても、「国語」「社会」「数学」「理科」「音楽」「美術」「保健体育」「技術・家庭」「外国語」「その他特に必要な教科」のすべての教科が開設できるようにした。

その内容は下の表のとおりである。

［選択教科の種類］

	(旧)		(新)
第1学年	第2学年	第3学年	第1・2・3学年
○音楽 ○美術 ○保健体育 ○技術・家庭 ○外国語 ○その他特に必要な教科	○音楽 ○美術 ○保健体育 ○技術・家庭 ○外国語 ○その他特に必要な教科	○国語 ○社会 ○数学 ○理科 ○音楽 ○美術 ○保健体育 ○技術・家庭 ○外国語 ○その他特に必要な教科	○国語 ○社会 ○数学 ○理科 ○音楽 ○美術 ○保健体育 ○技術・家庭 ○外国語 ○その他特に必要な教科

『盲学校、聾学校及び養護学校学習指導要領（平成11年3月）解説－総則等編－』平成12(2000)年　文部省

Question Q&A 9

Answer

高等部の職業教育はどのように考えたらよいのですか。

■高等部、職業教育、普通科、専門教育、
専門教科、体験的な学習、課題研究、
インターンシップ、就業体験

　高等部には、普通教育に関する教科・科目を中心とした普通科と専門教育に関する教科・科目を多く含む専門学科を置くことができます。専門学科については盲学校、聾学校及び養護学校高等部学習指導要領第1章第2節第2款第1の3で専門教育に関する各教科・科目が示されており、職業に関する教科として農業、工業、商業、水産、家庭、情報、福祉が示されています。特に、新学習指導要領では情報化や少子高齢化に対応する観点から、職業に関する教科として「情報」、「福祉」が新設されています。これは平成10(1998)年7月の理科教育及び産業教育審議会の答申を踏まえ、産業構造・就業構造の変化、科学技術の高度化、情報化、国際化、少子高齢化に対応するとともに、専門性の基礎的・基本的な知識や技術の確実な習得を図る観点から各教科の科目の構成を改めて示されたものです。

❑**職業教育に関連した規定**

　盲学校、聾学校及び養護学校高等部学習指導要領第1章第2節第4款4には職業教育に関して配慮すべき事項として
(1)　普通科における職業に関する各教科・科目の履修
(2)　職業学科における配慮事項
(3)　就業体験の機会の確保
(4)　職業に関する各教科・科目についての配慮事項の4点が述べられています。

　(1)の普通科における職業に関する教科・科目の履修については、「普通科においては、地域や学校の実態、生徒の特性、進路等を考慮し、必要に応じて、適切な職業に関する各教科・科目の履修の機会の確保について配慮するものとする。」とあり、解説の中ではさらに「生徒の実態に応じ、働くことの意義・喜び、楽しさや厳しさを学び職業生活を送るための基礎的な知識や技術・技能に関する学習の機会の充実に努める必要がある」「職業学科における専門教育と異なり自己の進路や職業についての理解を深め、将来の進路を主体的に選択決定できる能力の育成に主眼を置くことが大切である」と述べています。

　病弱養護学校では、地域の実態や生徒の病気や障害の状態に応じた教育課程の類型をいくつか用意し、生徒の興味・関心に基づいて選択できるようにするのが望ましいとされています。例えば商業科の「簿記」や「文書デザイン」「情報処理」などを選択履修し、検定試験等に挑戦することなどは社会に出て即戦力になる技術の習得につながるとともに、職業選択の幅を広げる結果となると思われます。

❏体験的な学習の指導

　盲学校、聾学校及び養護学校高等部学習指導要領第1章第2節第1款の5では、「学校においては、生徒の障害の状態、地域や学校の実態に応じて、就業やボランティアにかかわる体験的な学習の指導を適切に行うようにし、勤労の尊さや創造する喜びを体得させ、望ましい勤労観、職業観の育成や社会奉仕の精神の涵養に資するものとする。」とあります。解説ではさらに「このような体験的な学習は高等部段階の生徒にとって自分と社会のかかわりに対する理解と認識を深め自己の在り方、生き方を考える上でもきわめて重要になっている。」と述べ、就業体験（インターンシップ）の教育効果についても触れています。

　このような就業にかかわる体験的な学習の位置づけは次のように考えられます。
- 職業に関する教科の「課題研究」の中で行ったり、または「実習」に替えて行うことができます。
- 学校設定教科・科目を設けて就業体験を行うこともできます。第1章第2節第2款第1の5の(2)では、特に学校設定教科に関する科目として設けることができる「産業社会と人間」については、就業体験等を通じた指導に配慮すべき事としています。
- 特別活動でも勤労にかかわる体験的な学習の機会をできるだけ取り入れることを示しています。
- 総合的な学習の時間の学習活動の展開に当たっての配慮事項（第1章第2節第2款第3の5）にも「積極的に取り入れること」と述べられており、解説にあるように「自己の在り方生き方や進路について考察する学習活動もこの時間の活動の一つの柱になる」と考えられています。

　さらに学校教育法施行規則第73条の16の改正によりこれらの校外での活動に対して科目の履修とみなし、単位を与えることが可能となっています。

❏各教科・科目の中での指導

　高等部の生徒たちの中には病気や障害に伴う生活の規制により、社会生活に対する理解が狭いところで留まっている者も見られます。そこを補いながら職業に対する指導を進めていくために、各教科等の中で触れたほうがよいと考えられる内容を次に挙げます。

○自立について	・病気や障害に対する理解の啓発
・親からの自立	・敬語や言葉遣い
・仕事と生き甲斐	○福祉就労と福祉制度
○いろいろな仕事と職種	○余暇の活用
・家族の仕事	・趣味や友人
・身近な職種	・休日の過ごし方
・先輩達が就いた仕事	○労働基準法
・病気や障害と就労	○ボランティアの活用
・就いてみたい職種	○見学
・自分に適した職種	・市役所障害福祉課
○職場での生活	・市社会福祉協議会
・先輩の例	・ボランティアセンター

Question Q&A 10 Answer
情報技術（ＩＴ）教育をする際の留意事項はどのようなことですか。

■ＩＴ、情報教育、情報活用能力、
　コンピュータ、技術・家庭、
　総合的な学習の時間

　平成14(2002)年度から実施されている新しい学習指導要領では、今後の情報化社会に自主的に対応できるようにするため、すべての児童生徒に情報手段を適切に選択・活用できる能力（情報活用能力）を育成することを情報教育の目標としています。具体的には「総合的な学習の時間」においてコンピュータやインターネットの積極的な活用を明記、また中学校「技術・家庭科」の情報に関する内容を必修化するなど、情報教育の充実を新たに加えています。また、校内の整備も平成17(2005)年度末にはコンピュータ室には一人１台、各普通教室に２台の設置を進めています。それらのコンピュータを校内ＬＡＮで結ぶ計画等も進められています。

　このような急速な情報社会への対応と「生きる力」の育成に向け教職員の意識の改革も求められています。そのためには教職員の情報リテラシーが急務となっています。

　また、病弱教育においては児童生徒への負担（学習時間等）の軽減、施設使用の管理・運営（電磁波対策、病院との関係等）等、設置からに使用にあたっての細かな配慮が必要になります。

❏情報活用能力とは

　情報活用能力は「情報及び情報手段を主体的に選択していくための個人の基礎的な資質」であり、文部省の「情報化の進展に対応した初等中等教育における情報教育の推進に関する調査協力者会議」の１次報告（平成9(1997)年10月）では次の三つの能力に整理されています。

１.情報活用の実践力

　課題や目的に応じて情報手段を適切に活用することを含めて、必要な情報を主体的に収集・判断・表現・処理・創造し、受け手の状況などをふまえて発信・伝達できる能力。

２.情報の科学的な理解

　情報活用の基礎となる情報手段の特性の理解と、情報を適切に扱ったり自らの情報活用を評価・改善するための基礎的な論理や方法の理解。

３.情報社会に参画する態度

　社会生活の中で情報や情報技術が果たしている役割や及ぼしている影響を理解し、情報モラルの必要性や情報に対する責任について考え、望ましい情報社会の創造に参画する態度。

　したがって、情報活用能力とは児童生徒が誤った情報や不要な情報に惑わされる

ことなく、情報を集め、判断し、情報を見極める能力とも考えられます。そして、その力を児童生徒が活用できることでもあり、そのことが児童生徒が自ら学ぶ力、考える力の育成につながります。

❏ 教科における情報教育の留意点

　情報活用能力を高めるには学校全体の教育活動の中で能力の向上を図る必要があります。しかし、教科学習の中で情報活用能力ばかり行うのではなく、コンピュータを児童生徒の「道具」「手段」として活用する事に心がけなければなりません。これらのことをふまえ病弱教育における教科指導上での情報教育の留意点としては次のことが考えられます。

1．目的を明確にする

　学習空白の長期化、入院時など時間的制約のある場合、無目的にインターネットでの検索を行うのではなく、各教科の指導計画の中にキーワード的なものを用意し、児童生徒にとって意義のある情報を得やすくすることを考える必要があります。

2．学習活動の「道具」「手段」に

　教科学習においては、児童生徒同士がふれあい、子どもと教員がじかに会話し学ぶことが大切です。特に病弱教育において疑似体験を行うためにインターネット等を多く使用しますが、基本は児童生徒と教員との直接的な授業です。

3．ソフトウエアの特性を把握する

　パソコンはソフトウエアがあって初めて機能します。そのソフトウエアの特性、特に機能の内容（なにができるのか）をあらかじめ知っていなければなりません。また、児童生徒が使用するにあたって、思わぬトラブルが発生することがあります。それらに対応できるように、教員自らの技術の向上と専門的な指導技術者への相談体制（各地域の情報センター的なもの）を整えることも大切です。特に病院等の他施設との共同使用の場合、思わぬトラブルが生じた場合の対応も考えなければなりません。また不正なコピーの使用は犯罪です。

4．内容の適時性、情報の正確さ

　インターネット上には様々な情報があふれています。病弱の児童生徒の中には生活規制上、実体験、新聞、テレビなどからの情報が少ない場合があります。一つの見方・考え方に偏っていないか、またいつ情報が作成されたか（時間的な問題）など教科学習での資料としての正確さを確かめなくてはなりません。

5．情報の発信者としての責任

　入院中の児童生徒によっては前籍校とのメール交換を行う場合があります。その場合、お互いのプライバシーの保護に留意しなければなりません。特にメールを発信する本人以外の個人情報をどこまで許可するか、事前に運営管理に関する規定の中に明記していく必要があります。また。法律上の問題として著作権、知的所有権、肖像権等について留意しながら、教材としての選択、使用を考える必要があります。

Question Q&A 1 Answer

道徳教育の全体計画と年間指導計画の作成について説明してください。

■道徳教育、全体計画、
　年間指導計画

　病弱教育における道徳の目標、内容等についても、基本的には小・中学校における道徳の目標、内容と同様ですが、指導計画の作成と内容の取扱いについては、盲学校、聾学校及び養護学校に独自な事項が二つ示されています。

　第一は、障害に基づく種々の困難を改善・克服して、強く生きようとする意欲を高めることにより、明るい生活態度を養うとともに、健全な人生観の育成を図ることの必要性です。健全な人生観の育成とは、道徳教育の目標である道徳性の育成を指すものといえます。盲学校、聾学校及び養護学校に在籍する児童生徒の中には、障害があるからということで、自己の生き方について悩んだり、時には自信を失ったりして、何ごとに対しても消極的な態度になりがちな者もみられます。こうしたことから、道徳の時間を含め、学校の教育活動全体を通じ、日常の様々な機会を通して、児童生徒が自己の障害についての認識を深め、自ら進んで種々の困難を改善・克服して、強く生きようとする意欲を高めるよう留意して指導する必要があります。このことにより、明るい生活態度や健全な人生観が育成され、人間としての生き方についての自覚が深まり、道徳的実践力の育成にもつながるのです。

　第二は、経験の拡充を図ることによって、豊かな道徳的心情を育て、広い視野に立って道徳的判断力や道徳的実践力が身につくように指導することの必要性です。盲学校、聾学校及び養護学校に在籍する児童生徒については、道徳的心情や判断力等を育成する上で、個々の障害の状態により、結果として様々な経験の不足が課題となることがあることから、道徳の時間における指導においても、各教科、特別活動、自立活動及び総合的な学習の時間の指導との関連を密にしながら、経験の拡充を図ることについて特に留意する必要があります。

❏全体計画の作成

　道徳教育の全体計画は、学校における道徳教育の基本的な方針を示すとともに、学校の教育活動全体を通して、道徳教育の目標を達成するための方策を総合的に示した教育計画です。

　学校における道徳教育は、全教育活動が有機的に関連し合って進められなければなりませんが、その中軸となるのは、学校が設定する道徳教育の基本方針です。全体計画は、その基本方針を具現化する上で、学校として特に工夫し、留意すべき事は何か、各教育活動がどのような役割を分担するのか、家庭や地域社会との連携をどう図っていくのかなどについて総合的に示すものでなければなりません。

❏全体計画の意義

道徳教育の全体計画には次のような重要な意義があります。

① 豊かな人格形成の中核として各学校の特色や実態及び課題に即した道徳教育が展開できる。

② 道徳の目標や内容に示される道徳的諸価値を、具体的な教育活動や日常生活の中で、児童生徒が身につけ発展させていくための指導を行う基盤となる。

③ 学校全体で行う道徳教育のかなめとして、道徳の時間の役割が明確となり、教育活動相互の有機的な関連が図ることができるようになる。

④ 全教師による一貫性のある道徳教育が組織的に展開できる。

⑤ 学校、家庭、地域社会の果たす役割が明確になり、保護者や地域の人々の積極的な参加や協力が具体化される。

❏年間指導計画

道徳教育の全体計画に基づいて行われる道徳の時間の指導が、児童生徒の発達に即して、各教科、特別活動、自立活動及び総合的な時間との関連を考慮しながら、計画的、発展的に行われ、効果が上がるようにするためには、あらかじめ組織された全学年を見通した各学年毎の年間指導計画が必要です。それが道徳の時間の年間指導計画です。

道徳の時間の年間指導計画は、各学年毎に道徳の時間に指導しようとする内容について、主題を構成し、それを年間を見通して適切に配列するとともに、展開の大要等を示したものです。

❏年間指導計画の意義

道徳教育の年間指導計画には次のような重要な意義があります。

① 道徳の時間における道徳性の育成について、児童生徒、学校及び地域の実態に応じて年間にわたり、また卒業までの期間を見通した重点的な指導や内容項目間の関連を密にした計画的、発展的な指導を可能にする。

② 個々の学校において、道徳の時間の指導を行う際に立案する学習指導案を作成するよりどころとなる。

【引用・参考文献】

1.『特殊教育諸学校学習指導要領解説 －養護学校（病弱教育）編－』平成4（1992）年　文部省

2.『盲学校、聾学校及び養護学校学習指導要領（平成11年3月）解説－各教科、道徳及び特別活動編－』平成12（2000）年　文部省

Question Q&A 2 Answer

道徳の時間における指導と各教科、特別活動、自立活動及び総合的な学習の時間との関連について説明してください。

■学校教育全体、道徳性、
　経験の拡充

　道徳の時間における指導においては、各教科、特別活動、自立活動及び総合的な学習の時間との関連を密にしながら、経験の拡充を図り、豊かな道徳的心情を育て、広い視野に立って道徳的判断や行動ができるように指導する必要があります。

❏道徳について

　これからの学校教育は、「児童生徒に生きる力を育むことを目指し、特色ある教育活動を展開する」ことを基本とし、豊かな人間性や社会性を育むことが求められています。人間として、社会の一員として自ら学び自ら考えるための資質や能力を高め、豊かな道徳性の育成を図らなければなりません。道徳性の育成を計画的、発展的に図るのが道徳教育です。

　次代を担う児童生徒が、人間尊重の精神と生命に対する畏敬の念を具体的な生活の中で生かし、豊かな心をもち、個性豊かな文化の創造等未来を拓く主体性のある日本人となるよう育むことが求められており道徳教育のねらいもそこにあります。

❏道徳教育の目標と各教科等の目標との関連

　道徳の目標は、学習指導要領第1章総則の第1の2に示されているように、学校の教育活動全体を通じて、道徳的な心情、判断力、実践意欲などの道徳性を養うこととされています。これは、学校の全教育活動を通じて行う道徳教育の目標であり、道徳教育のかなめの時間である道徳の時間の目標もこれに基づくとともに、各教科、特別活動、自立活動及び総合的な学習の時間などの指導を通じて行う道徳教育も、常にこの目標の実現を目指して行わなければなりません。つまり、各教科、特別活動、自立活動及び総合的な学習の時がそれぞれの固有の目標やねらいの実現を目指しながら、それぞれの特質に応じて適時適切な指導を行い道徳性の育成を図ることが大切になります。

❏道徳の時間と目標と各教科等の時間との関連

　道徳の時間と目標は、小学校学習指導要領（中学校学習指導要領）第3章道徳第1目標の後段に、「道徳の時間においては、以上の道徳教育と密接な関連を図りながら、計画的、発展的な指導によってこれを補充、深化、統合し、道徳的価値及び人間としての生き方についての自覚を深め、道徳的実践力を育成する。」と示されています。

道徳の時間は、学校における道徳教育のいわば扇のかなめとなる重要な時間であるが、道徳の時間のみで道徳教育のすべてが行われるわけではありません。学校の教育活動全体を通じてそれぞれの教育活動の特質に応じて行われる道徳教育とそれらを補充、深化、統合する道徳の時間における指導とがうまく機能することによってその効果が期待できるのです。したがって、道徳教育の目標がより効果的に実現されるには、道徳の時間において各教科、特別活動、自立活動及び総合的な学習の時間における道徳教育と密接に関連を図りながら計画的、発展的に指導を行うことが必要となります。

❏豊かな体験を通した道徳性の育成

　学習指導要領第1章総則第2節第1の2の後段においては、「道徳教育を進めるに当たっては、教師と児童生徒及び児童生徒相互の人間関係を深めるとともに、豊かな体験を通して児童生徒の内面に根ざした道徳性の育成が図られるように配慮しなければならない。」と示されています。

　日常生活における道徳的実践を促すためには、家庭や地域社会との連携が不可欠であり、保護者や地域の人々の協力による道徳教育が充実できるよう連携を十分図っていく必要があります。

　さらに、社会の一員であるという自覚と互いが支え合う社会の仕組みを考え、自分自身をも高めるためのボランテイア活動、自然や動植物を愛し大切にする心や感動する心などを育てるための自然体験活動など、学校教育全体において各教育活動の特質や児童生徒の興味・関心を考慮し広い意味での豊かな体験をさせることを通して自然な形で児童生徒の内面に根ざした道徳性が育成されるようにすることが大切です。

　病弱の児童生徒の場合は、学習の空白、授業時数の制約、経験の不足や偏り、身体活動の制限などのため、自主性が乏しかったりするので、そうした点を十分配慮しながら体験的な学習等をすすめる必要があります。

バラ

【引用・参考文献】
1.『盲学校、聾学校及び養護学校学習指導要領』平成11(1999)年3月　文部省
2.『盲学校、聾学校及び養護学校学習指導要領解説－各教科、道徳及び特別活動編－』平成12(2000)年　文部省
3.『小学校学習指導要領解説－総則編－』平成11(1999)年　文部省
4.『中学校学習指導要領解説－総則編－』平成11(1999)年　文部省

Question Q&A 3 Answer

道徳の指導内容の工夫について教えてください。

■道徳、人間関係、道徳性

　道徳教育の目標は、学校の教育活動全体を通じて、道徳的な心情、判断力、実践意欲と態度などの道徳性を養うこととされています。その内容については四つの視点に分け、小学校低学年では15項目、中学年で18項目、高学年で22項目、中学校で23項目が示されています。さらに盲・聾・養護学校では独自な事項が二つ示されています。

❏指導内容の四つの視点
　1．主として自分自身に関すること。
　2．主として他の人とのかかわりに関すること。
　3．主として自然や崇高なものとのかかわりに関すること。
　4．主として集団や社会とのかかわりに関すること。
　　この四つの視点は相互に深い関連を持っているので、この関連を考慮しながら、四つの視点に含まれるすべての内容項目について適切に指導する必要があります。

❏独自な事項
　①障害に基づく種々の困難を改善・克服して強く生きようとする意欲を高めることにより、明るい生活態度を養うとともに、健全な人生観の育成を図ること。
　②経験の拡充を図ることによって、豊かな道徳的心情を育て、広い視野に立って道徳的判断力や道徳的実践力が身につくように指導すること。
　　病気であるということで、自己の生き方について悩んだり、時には自信を失ったりして、消極的な態度になる場合もあります。児童生徒が自分の病気についての認識を深め、自ら進んで困難を改善・克服して、強く生きようとする意欲を高める必要があるのです。
　　また、病気のため経験の不足が課題となっていることがあることから、他の教科・領域等と関連を密にしながら、経験の拡充を図る必要があります。

❏指導内容の工夫の観点
1.児童が自己への問いかけを深め、未来に夢や希望がもてるようにすること
　　病気という状況では、自ずと自己への問いかけを深めるようになり、絵画や言葉などで様々な表出をすることがあるので、その機会をとらえて指導と結びつけたいものです。単に同情するのではなく、共感的に生きる姿勢を示すことが重要であり、このことは病弱教育においては一貫して配慮を要することです。

2.児童の発達や個に応じた指導を工夫する

　　自立活動に限らず、個別の指導計画を立てていきながら、さらに個に応じた指導をするのはこれから先重要といえます。

3.道徳的価値の自覚を深めるかなめとなる工夫

　　特に『体験を生かす工夫』が重要です。入院体験から深い道徳的価値を獲得することがあります。その体験を分かち合い、道徳的な価値の獲得に参加する機会にできます。

❏指導内容と指導上の工夫

　　病弱養護学校の特徴から重点化した指導上の工夫を例示します。

1.主として集団や社会とのかかわりに関すること

・小学部低学年『物を大切に、約束を守る』

　　公共物を大切にしたり、約束を守るという社会の規律を体験的に身につけさせたいものです。病院や同室の友達の物を大切にするという生きた場面があるものです。

・小学部中学年『社会の決まり、公徳心』『協力、楽しい学級』

　　この時期は、仲間意識だけではなく、もっと広い社会性の育つ時期です。学級、病院、地域、さらには他の教科等とも関連した指導をする工夫を要します。

・小学部高学年『働くことの意義を理解し、社会に奉仕する喜びを知って公共のために役に立つことを知る』

　　入院中であれば、自分に合った方向を選ぶには時間がかかりますので、この内容は大事にしたいものです。病院で働く人々や卒業生に話を聞くなど実際の場面が活用できます。

2.主として自然や崇高なものとのかかわりに関すること

・小学部低学年『生きることを喜び、生命を大切にする心をもつ』

　　病院の関係者や、教職員、保護者によって大きな支援を受けているということに気づき楽しい学校生活を送ることができれば、生きていることの喜びを実感できることでしょう。周囲の人々との心の交流を作文や劇、あるいは絵画等で表現する活動に工夫を要します。

・中学部　『人間には弱さや醜さを克服する強さや気高さがあることを信じて…』

　　病気のために希望が持てない状況にあっても、周囲が子どもの苦しみを分かち合おうとすることで、生きる喜びを見い出したり、病気を改善・克服しようとする強さを培うことができます。

・・・

【引用・参考文献】

1.『盲学校、聾学校及び養護学校学習指導要領（平成11年3月）解説 －各教科、道徳及び特別活動編－』
　平成12（2000）年　文部省

Question Q&A 4 Answer

知的障害のある高等部生の道徳は実施するのですか。

■学校教育全体、道徳性、
知的障害

　高等部の道徳の目標、内容は高等部学習指導要領第1章総則第2節第1款の2に示してあり、知的障害養護学校の場合、同じ指導要領の第3章において、小学部、中学部の目標や内容を基盤とすることについて示していることに留意することが大切です。
　また、知的障害養護学校の高等部には養護学校中学部や特殊学級からの進学者がおり、障害の程度、生活体験、興味・関心などが多様化しています。中学部または中学校との連携を図るなどして、一環した道徳教育を進めることも配慮する必要があります。

❑知的障害養護学校高等部における道徳教育

　高等部における道徳教育の考え方として示されているのが、人間としての在り方生き方に関する教育です。道徳やホームルーム活動を中心に、各教科等の特質に応じ学校の教育活動全体を通じて、生徒が人間としての在り方生き方を主体的に探求し、豊かな自己形成ができるよう適切な指導を行うものとしています。
　また、高等部における道徳教育は「生きる力」の育成を基本的なねらいとしています。「生きる力」とは、変化の激しい社会においていかなる場面でも他人と協調しつつ自立的に社会生活が送れるようになるために必要な、人間としての実践的な力のことであり、それは豊かな人間性を重要な要素とするとされています。そしてこのような力を育てるのが心の教育であり、道徳教育そのものなのです。

❑指導計画の作成と内容の取扱い上の主な配慮事項

・生徒、学校及び地域の実態を十分考慮し、指導の一貫性を図ること。
・目標を明確にし、指導内容の具体化を図ること。
・体験的な活動を取り入れるなど、指導の工夫を図ること
・一人ひとりの生活経験、興味・関心など多様なので、個々のニーズに即し、生活に結びついた指導内容と計画化を図ること。
・家庭や地域社会との協力と連携を図る。
・生活年齢や青年期の心理発達等の状態等を十分考慮する。

❑実際の指導にあたって

　高等部の生徒の実態から、生活に結びついた内容を実際的な場面で具体的活動を通じて指導することが効果的であり、視聴覚機器を活用したり、生徒の興味・関心

を大切にした取り組みが重要です。

　高等部では、道徳の時間を中心にしながら教科やホームルームなどの時間、機会を活用することが有効です。

　また、教科指導を通して、共感や感動することにより、生きる意欲につなげることが大切です。教科指導において道徳的な力を培う工夫も大事な観点です。

　中学校における道徳の資料も大いに参考になるので利用することも大切です。

　今回の指導要領の改訂で総合的な学習の時間ができました。道徳でうたっている「人間としての在り方生き方」の点では接点があり、体験活動は指導する絶好の機会です。体験活動のあと、活動だけに終わらず、作文にしたり、体験を持ち寄って話し合ったり、発表したりすることにより、心に問いかけることができます。

　日々の学校生活、家庭生活で明るい生活態度を養い、健全な人生観の育成を図り、多くの経験を積んで、広い視野に立った道徳的判断、実践力を高めて、社会に適応できる力を身につけることが大切です。

【引用・参考文献】
1．『盲学校、聾学校及び養護学校学習指導要領』平成11(1999)年　文部省
2．『盲学校、聾学校及び養護学校学習指導要領（平成11年3月）解説－総則等編－』平成12(2000)年　文部省
3．『盲学校、聾学校及び養護学校学習指導要領（平成12年3月）解説－各教科、道徳及び特別活動編－』平成12(2000)年　文部省

❉ コラム

病弱・身体虚弱児教育の特殊性

■通常の学校教育を目ざして

（前略）病弱・身体虚弱の教育は、健康状態のよくない児童・生徒に、なるべく普通の教育を受ける機会を与えようとすることを目的としています。

　盲、聾、精神薄弱の教育も、もちろん、普通の教育とは全然違う教育を行うわけではありませんが、これらの障害自体は、大部分の場合、改善が望めないので、そのような障害をもったまま、なんとか社会の一員として幸福な生活ができるように育てあげようという努力も、特殊教育によって行うわけです。したがって、一般的な目標は普通教育とは異ならないが、具体的な教育の方法や内容には多かれ少なかれ独自なものをもっています。（中略）これらの特殊教育に比べると、病弱・身体虚弱の教育は、いっそう普通の教育に近いものだといえましょう。

　病弱・身体虚弱の児童・生徒は、医学の進歩によって、大部分は健康の改善がじゅうぶん期待できるものです。元気よく、普通学級に復帰できる

日を予想して教育することができるのです。その日の一日もすみやかであることを目ざし、その目的のためには、教育もこれに従属することをやむをえないという性質のものです。教育は、原学級復帰に際してひどい遅れがないように、健康回復の許すかぎりの時間内で行われるのです。

　要するに、盲、聾、精神薄弱、肢体不自由等の教育では、障害が残ったまま社会に出てゆくことを予想して、社会生活に適応できるパーソナリティの育成とともに、特に職業教育が大きな比重をもって高学年の教育課程の中に位置づけられますが、病弱・身体虚弱の教育ではむしろなるべく通常の学校教育どおりに、ということが目ざされるのです。

　このあたりに、病弱・身体虚弱教育の、特殊教育における特殊性があるというべきでありましょう。

広報資料No.18　我が国の特殊教育　昭和36(1961)年3月　文部省

Question Q&A 1 Answer 児童生徒会活動は行われているのですか。

■児童生徒会、特別活動、学級活動、
　ＨＲ活動

　児童生徒会活動は児童生徒の自発的、自治的な実践活動を特質とする教育活動です。病弱の児童生徒に対する具体的な活動の指導では、内容、方法、時間などについてあらかじめ一般的なことを定めておき、個々の児童生徒の病気の状態等に即して適切に弾力的な対応ができるようにするとともに、すべての子どもが喜んで積極的に参加できるようにすることが大切です。この場合、個々の児童生徒の負担過重にならないようにします。

❏小・中・高等部が置かれている学校の例
　小・中・高等部が置かれている学校では次のように組織され、活動が展開されています。
　1.児童生徒会組織図

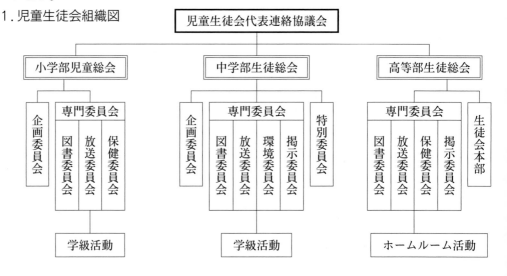

　学級活動及びホームルーム活動を基本とし、各学部で必要な専門委員会等を作り、計画的に活動を行っています。また、各学部の代表者による連絡協議会が置かれています。
　2.活動の様子
　学校生活をより良く充実したものにするために、児童生徒が意見を出し合い、専門委員会を中心として主体的に活動に取り組んでいます。日常活動の他に毎月専門委員会が行われ、これまでの活動を反省したり、次のような活動計画を立てたりします。

❏各学部が協力・連携して取り組む活動

　　小学部や中学部、高等部が置かれている学校では、様々な機会を生かして各学部間の協力・連携を進めています。児童生徒会活動においても年に数回はいっしょに取り組める活動を計画し、各学部の特色を生かしながら楽しく取り組んでいます。

1．ベルマーク、リングプル、グリーンマーク収集

　　各学部ごとに何を収集するかを決め、他学部と協力しながら年間を通して収集活動を行います。教室や廊下に収集箱を設置し、ポスターを掲示したり、学級や全校朝会でＰＲしたりするなど、豊かなアイディアを発揮して取り組んでいます。

2．合同レクリエーション

　　半日または１日を使い、全校児童生徒でゲームや会食、ステージ発表などのレクリエーションを楽しみます。計画、準備、当日の運営にいたるまで、児童生徒は自分のできることを見つけ役割を自覚し熱心に取り組みます。

❏障害の状態に配慮し、誰もが主体的に参加できる工夫

　　病気の治療しながら学校生活を送っているため、児童生徒会活動においても全員が同じように活動できる場合は多くありません。児童生徒は自分の病状に合わせて活動するとともに、友だちの病状にも気を遣い、助け合いながら活動に取り組んでいます。

　　様々な制限があっても、どうすればできるようになるかを児童生徒が互いに考え、活動内容や方法を工夫することで誰もが主体的に参加しています。

フクシア

【引用・参考文献】

1．『盲学校、聾学校及び養護学校学習指導要領（平成11年３月）解説－各教科、道徳及び特別活動編－』
　平成12(2000)年　文部省

Question Q&A 2 Answer

学校行事はどのように行っていますか。

■入学式、卒業式、始業式、終業式、
文化祭、運動会、修学旅行、校外学習、
学校行事、奉仕活動、特別活動

　学校行事は、学校生活に秩序と変化を与え、集団への所属感を深め、学校生活の充実と発展に資する体験的な活動です。実施内容や方法は各学校や地域、児童生徒の障害等の実態によってかなり違っています。
　ここでは医療施設と併設の病弱養護学校を中心に実際をとおして説明します。

❏入学式、卒業式、始業式、終業式

　入学式や卒業式は学校生活に有意義な変化や折り目をつけ、厳粛で清新な気分を味わい、新しい生活の展開への動機づけとなるような活動です。
　基本的には各学校とも通常の小・中学校や高等学校で行われているような内容で実施している学校が多いようです。しかし、学校規模や児童生徒数などによって、各学部ごとに実施の場合と全校一斉に行っている場合など様々です。
　始業式や終業式などは通常の小・中学校や高等学校で行われているような内容で実施している学校が多いようです。また、方法については、入学式や卒業式を学部別に実施していても、始業式や終業式などは全校で実施しているといった学校もあります。

配慮事項

　会場は児童生徒の病状や体調を考慮し、夏冬の冷暖房など生活環境を整備しておくことが重要です。また、内容を精選してできるだけ時間短縮を図ることが大切で、時間を十分に取って児童生徒の身体的・精神的な負担過重とならないような配慮が必要です。
　校長講話のほか児童生徒の体験発表や生徒会活動の様子などを加え、変化と緊張が加味された学校行事となるように工夫しています。

❏文化祭

　文化祭は平素の学習活動の成果を総合的に生かし、向上意欲をいっそう高めるような活動で、どの学校でも意欲的に取り組んでいる学校行事の一つです。
　小・中学校や高等学校で行われている内容や方法で実施している学校が多く、内容的には、絵画や書道作品、工作や家庭科作品等の展示のほか、劇や歌、演奏等の発表も行っている学校が多いようです。

配慮事項

　障害の状況などを考慮しながら一人ひとりの個性や才能を引き出し、伸ばすよう

に十分な時間を確保します。

　文化祭が近づくにつれて、よりよいものを、もっと上手に、こんな工夫もしてみたいなどと気持ちがエスカレートしていきます。より質の高い作品を追及することは大切なことですが、児童生徒の身体的・精神的な負担過重とならないよう気をつけなければなりません。

　病院併設の養護学校であれば病院とのかかわりも考慮しなければなりません。児童生徒が消灯時間後も作品作りをやっていたり、放課後、無断で学校にきて演奏の練習をしたりなどということのないよう十分な注意が必要です。

　児童生徒から申出があったり学校で必要となった場合には病院に理由を話し、事前に了解をとっておくことが大切です。

　学校と病院との連携は大事なことです。病院併設の養護学校の場合には病院職員の作品出品や演奏などをお願いするなどの工夫も大切です。

　ある病弱養護学校では、文化祭で「学病定期演奏会」と題して毎年、双方職員の合同演奏をして好評を博しています。また、病院職員の絵画や書道などの作品出品をとおして共通の話題ができ、児童生徒の病状連絡などもスムースにできるようになったという報告もみられます。

❏その他の学校行事（運動会、校外学習、修学旅行、クリスマス会、七夕祭り、奉仕活動など）

　病院と学校生活だけではとかく単調な毎日となりがちですが、僅かな時間と創意工夫で生活に変化と憩いが生まれます。クリスマス会や七夕祭り、雛祭りや夏祭りなど、各学校ともいくつかの季節の行事を実施しています。学部ごとで行ったり病棟職員と合同で行ったりとそれぞれ工夫を凝らしているようです。

　ボランティア活動などの社会奉仕の精神を涵養する体験が得られるような活動は大切です。

　障害の関係で活動にも制限がありますが、近くの福祉施設などの訪問など、児童生徒の負担とならない程度の内容や方法を工夫し、息の長い活動への取り組みが望まれます。

病棟での入学式

Question Q&A 3 Answer クラブ活動と部活動について説明してください。

　新学習指導要領では特別活動の内容構成の見直しを行い、小学校においては同好の児童が所属する集団の生活を楽しく豊かにしようとする意図のもとに、共通の興味・関心を追究する活動を自発的、自治的に行なうことによって自主性と社会性を養い、個性を伸ばす重要なものとして位置づけています。一方、中学校・高等学校においては、それとほぼ同じ特質や意義を持つ放課後の部活動や地域の青少年団体・スポーツクラブに参加し活動する生徒が増加している実態をふまえ、クラブ活動は廃止されることになりました。また、他の障害を併せ持つ場合も児童生徒の少人数からくる制約を解消し活発な集団活動が行なわれるよう、障害の状態や特性を考慮して活動の種類や時期、実施方法などを適切に定めるよう改訂されています。

❏小学部の場合

　病弱養護学校で児童が主体的に学ぶ喜びを感じることは、病気と闘ったり、病気を克服したりするのに非常に効果が期待できます。また、学級の枠をはずして、共通の興味・関心を追究する活動を中心に、豊かな集団活動を伸び伸びと自発的に展開できる場としてクラブ活動は重要な役割を果たしてくれます。
　活動の内容は
①教師の意図ではなく、児童自らの話し合いによって活動の内容、役割分担などを決める活動。
②共通の興味・関心を相互の創意工夫を生かしながら協力して追究していく活動。
③クラブの成果を発表する活動など。
　深く追究して行く楽しさや成功したときの満足感はより充実した新たな活動への動機づけとなり、児童が自分の個性を発見したり自己理解を深めて、抱えている諸問題を解決する大きな力となることが期待できる活動です。

❏中学部・高等部の場合

　中学校・高等学校では部活動や社会体育、スポーツクラブ等現実社会の情況を考慮して「クラブ活動」が廃止され、学習における選択や進路の選択のために生徒一人ひとりが目的意識を持ち、主体的に選択して行くための指導・援助が重視されるようになりました。しかし、病弱養護学校の規模や入院生活等の理由からクラブ活動に代わる活動に参加できる機会を与えられていないのが現状です。
　部活動についても学習指導要領には示されていないので、学校の管理下で計画し

実施する活動として工夫と配慮が必要です。病弱養護学校という特性をふまえ、クラブ活動の良さをふまえた上で学校外活動、自立活動、総合的な学習の時間等との関連をはかりながら、生徒が楽しく興味を持ってより自主的・主体的に活動し自己理解を深めていけるような活動を組織していくことが重要となります。

❏クラブ活動の組織上の留意事項

　　児童の興味・関心が多様化している中で、ねらいを効果的に達成するためには個々のクラブが教育的に意義深いものであるとともに、児童の興味・関心に基づいて組織されたものでなければなりません。そのために次のような配慮が必要です。

①学校の実態や児童の特性などに応じ、児童の興味・関心を生かすよう配慮する必要があります。適切な時期をとらえて児童の希望を調査するなどして、児童の興味・関心ができるだけ生かされる組織となるよう工夫していくことが大切です。児童が前向きにやってみようという気持ちになるまでの過程を大事に育んでいくことが大切となります。

②クラブ活動は各教科と関連のある場合が多いので、ねらいから考えて教科的な色彩の濃い組織にならないような配慮が必要です。

③児童の希望するクラブの設置に努め、必要に応じて社会教育施設や学校外にも活動の場を求めることも考えられます。また指導を充実するために地域の人々をはじめ専門的な外部講師などに協力を依頼することも大切です。さらに時代を反映した奉仕活動としての手話クラブ、コンピュータクラブ、伝統芸能クラブ、英会話クラブなどを設けることも考えられます。

パソコンクラブ

【引用・参考文献】

1.『特殊教育諸学校学習指導要領解説－養護学校（病弱教育）編－』　平成4(1992)年　文部省

2.『小学校指導要領解説－特別活動編－』　平成11(1999)年　文部省

3.『中学校指導要領解説－特別活動編－』　平成11(1999)年　文部省

4.『高等学校指導要領解説－特別活動編－』　平成11(1999)年　文部省

Question Q&A 4 Answer

学級（HR）活動はどのように行われているのですか。

■学級活動、HR活動、
特別活動

　学級活動（ホームルーム活動）の目標、内容等は小・中・高等学校の学習指導要領に示されているものと同じですが、指導計画の作成と内容の取扱いについては独自の事項が示されています。それは集団の構成に当たっての配慮です。

　特別活動では望ましい集団の構成と活発な活動が最も重要です。1学級の児童生徒数が少ない盲・聾・養護学校では他の学級や学年と合併するなどして、少人数からくる制約を解消するように努めることが大切です。

❏小学部の場合

　病弱養護学校の学級活動は通常の小学校の学級活動に準じて実施しています。

　活動の内容としては、学級生活の充実と向上を目指して学級の問題を児童自らが見いだし、自主的に取り上げて解決していく活動をすることであり、具体的には学級の係を決めたり、学校行事に主体的に取り組むための計画作りをしたり、学級で集会のプランを立て自分たちの手で実施する時間です。また、自分への気づきや自己決定を促すための適切な情報・資料を提供するガイダンス機能の場と心の健康と健全な人間関係を醸成する場とすることをねらいとしています。基本的な生活習慣の形成、意欲的な学習態度を培うことや給食、図書館・情報の活用、性教育など多岐の内容にわたって学習します。

　通常の小学校と異なるのは、病気や障害のある子どもたちですから、健康に関することや自分の病状と向き合い克服していこうという意欲や態度を形成していくことについて多くの時間を割り当てています。

　また、重複学級については領域・教科を合わせた指導としての「日常生活の指導」や「自立活動」の時間の学習と関連づけながら学級活動を行っています。

❏中学部の場合

　少人数での学級活動ですがそれぞれが役割を持ち積極的に活動しています。前籍校では役割を持たなくても誰かが代わりにやってくれたことも養護学校では学級の係、学級当番など責任をもってやらなければなりません。始めは消極的な取り組みですが、毎日の積み重ねにより慣れてくるとそれぞれが進んで活動することができるようになります。

　前籍校へ復帰しても、また社会に出ても集団の中で適応できるようにと少人数の中で自分の意見、考えがはっきりいえる（表現できる）ように学級通信に各自の学

校での様子などを毎回掲載しています。パソコンを利用して作りますが、それぞれがいろいろなアイデアを出し合い学級通信を作っています。放課後もパソコン室で編集している姿をよく見かけます。

　自分の病状を認識し、克服・改善に努め前籍校復帰を目標に学校生活を送る生徒、焦らずじっくりと治療し、社会に出たときに戸惑うことのないように長期的に将来を見据えて養護学校での生活を送る生徒など、それぞれの実態に即して目標を持って活動をしています。

❏**高等部の場合**

　朝の会、終わりの会と呼ばれるＳＨＲと教育課程上確保されている週１時間のＨＲを中心に学級活動に取り組んでいます。生徒たちはそれぞれが様々な病気を抱えていますが、病気そのものによる弊害よりも、病弱のために生活体験や社会経験が不足し、それが成長や自立、対人関係への弊害を生み出している傾向が強いことです。そうした生徒の実態を踏まえ、ＨＲでは特に「様々な活動を通じて経験を積み重ねること」また、「自らが主体的に考える姿勢を養うこと」に主眼として取り組んでいます。主な活動は次のようなものです。

【ＳＨＲ】「１分間スピーチ」
　　　　　自分の思いや考え、その日の出来事等をクラスの友達の前で発表する。

【行事関係】文化祭や３年生を送る会等の練習、準備
　　　　　生徒自らが行事に積極的、主体的に参加できるようその練習等もＨＲの時間を利用しています。

【進路相談】調べ学習　進路観養成指導等の事前・事後指導
　　　　　本校では１年時から自己の進路に向けた取り組みを集中的に行う進路観養成指導を年２回実施しています。また、必要に応じて進路についての個別相談を実施し、一方で他の生徒は自分の進路について調べる機会としています。

【生活体験】空き缶つぶし　郵便局の利用　身障者手帳の利用　調理実習　買い物学習
　　　　　働くことの大切さやお金の大切さを実際の活動を通じて学ぶことをねらいとしています。郵便局で自分の口座を作り、ＡＴＭを用いて自分でお金を引き出すことも行っています。

【そ の 他】性教育　レクリエーション等
　　　　　性に関する興味・関心や知識については、必ずしも本人の生活能力の実態と比例せず、極端に豊富である場合や間違った認識、片寄った知識を備えている場合も少なくありません。したがって正しい知識をきちんと学ぶことの大切さを課題として取り組んでいます。

Question Q&A 5 Answer

進路指導のポイントについて教えてください。

■ノーマライゼイション、自立、社会参加、
　進路指導、職業教育、福祉、労働、
　進路個人カルテ、インターンシップ、就業体験

　病弱養護学校において児童生徒は病院や寄宿舎に入って学校生活を送っており、病状が回復、改善すると前籍校に復帰しますが、養護学校にいる間に子ども自身が自分の健康について十分理解し、今後の学校生活、将来の生活に対処していくことができるよう、また、自ら適切な進路を選択することができるよう学校全体で組織的に取り組み指導することが重要です。

❏進路指導上のポイント

①「ノーマライゼイション」の理念の実現

　　「ノーマライゼイション」の理念の実現に向け、「完全参加と平等」をめざし、地域の中で障害者も健常者も共に生活できることや、いかなる障害者も一人の人間として自立し社会参加できることをめざした進路指導が大切です。

②「生きる力」を育む指導計画・方法の確立

　　「出口の指導」、「職業指導」「進学指導」等としてだけではなく、「生き方の指導」としての視点を基本にすることが重要です。

③各学部の連携を密にした一貫指導

　　将来を見通しながら、幼稚部、小学部段階から発達段階に応じた計画的・組織的指導が大切です。

④進路個人カルテなどを活用した個別の進路指導計画の作成

　　障害の重度・重複化や多様化に対応するため、一人ひとりの障害の状態や発達段階に応じたきめ細かな進路指導の計画が必要です。

⑤児童生徒・保護者・学校とのインフォームドコンセントを尊重した進路指導

　　三者の十分な意志疎通と納得を重視した指導が大切です。

⑥福祉・労働・医療等の関係機関との連携

　　各機関の専門的助言を生かすとともに、連携を通して進路指導の担当者が各種制度等の知識を吸収し活用することが大切です。

⑦常に医療的ケアが必要な児童・生徒への対応

　　医療機関との連携を密にするとともに、「生きがい」を見つける進路指導が大切です。

❏進路指導上の留意点

①自己理解を深めさせる

・自己の病状がどのように推移するかを理解させる。

・習得している知識や技能及び病状から、自己の職業適性を把握する。

②健康管理の態度を身につけさせる

・健康を自己管理できる態度・習慣を身につけさせる。

・病状の変化にいたずらに動揺しない強い心を育てる。

③進路意識の教科を図る

・健康状態や特性に応じた進路情報を提供し、希望や夢をもたせる。

・先輩等の体験談を聞かせ、進路に対する意欲の向上を図る。

（その他）

・計画的、継続的に進路指導を行うに当たり、生徒の病類や病状によっては、集団場面の指導ではなく、個別の場面による指導を必要とする生徒もいることに留意しなければならない。

❑就業体験の機会の推進

職業教育の充実の観点から、盲・聾・養護学校では従来から実習を実施して一人ひとりの進路先の具体化を図って、職業自立の道を開いています。

多くの養護学校では校内実習の他に企業や作業所における実習（就業体験）を行っています。校外学習は実際的な知識や技術・技能に触れることができると同時に生徒自身が自分の職業適性や将来設計について考える機会となり、主体的に進路選択の力や職業に対する育成が図られるなど非常に効果的な教育活動を含んでいます。

病弱養護学校でこの就業体験を進めるにあたっては進路先の開拓、企業における病弱教育の理解などを、今まで以上に推進する必要があります。これまで医療的ケアが中心となり、進路に関する指導、支援、特に実際の体験が少なかったといえます。今日、学校教育活動の充実の中で、生徒一人ひとりが在学中に幅広く就業体験を行うことをインターンシップとして奨励し、勤労、職業への意識を高めていくことが重要視されてきています。

実施にあたっては学校が中心に行っていく形態と企業等が主体的に行う形とが考えられます。学校が主体的に行う際は教科における課題学習、特別活動、総合的な学習の時間等の一環として進めることが考えられます。企業が行う場合は一定のプログラムがあり、そこに生徒が参加することになることが予想されます。いずれの場合も実施にあたっては相手（企業他）と意見交換を事前に十分に行い、教育活動の一環として安全で事故のない対策を立てていくことが必要です。

・・

【引用・参考文献】

1．『進路指導の手引き－病弱・肢体不自由編－』平成10(1998)年3月　宮崎県教育委員会

Question Q&A 1 Answer

自立活動や自立の意味について説明してください。

■自立活動、養護・訓練、
学習指導要領、指導領域

　自立活動は障害に基づく種々の困難を改善・克服することを目標とし、盲学校、聾学校及び養護学校に設けられている特色ある領域です。
　盲学校、聾学校及び養護学校において学ぶ子どもたちが自分の障害をみつめ、認知して、将来円滑な社会生活を送ることができる基盤を培うため、教科・道徳・特別活動、総合的な学習の時間とは別に設けられた領域です。

❏自立活動とは

　昭和46（1971）年の学習指導要領の改訂において新たに「養護・訓練」という領域が四つの柱の基に12の項目で示され、その後、平成元（1989）年の学習指導要領の改訂において、「養護・訓練」の内容の示し方が抽象的で分かりにくいという指摘や、児童生徒の障害の多様化に対応する観点から、それまでの実施の経緯を踏まえ五つの柱の基に18の項目に改められました。
　そしてこの度の改訂で、障害のある人々を取り巻く社会環境や障害についての考え方、幼児児童生徒の障害の重度・重複化、多様化など実態が大きく変化してきていることを踏まえ、教育課程審議会の答申を受けて、名称を従前の「養護・訓練」から「自立活動」に、内容については区分（従前の「柱」）の名称に分かりやすい表現を用いるとともに22の項目に改めました。

❏自立とは

　「自立活動」でいう「自立」とは、幼児児童生徒がそれぞれの障害の状態や発達段階等に応じて、主体的に自己の力を限りなく発揮しよりよく生きていこうとすることを意味しています。
　盲・聾・養護学校においては職業的自立と身辺処理の自立がよく挙げられるように、社会生活を送っていくためにまわりの援助を受けることが多い中でも、できるだけ自分のことは自分で行う姿勢や態度を培っていくことが大切です。したがって、何かができるようになることはもちろん大切なことですが、障害がどんなに重度でも自己の力を限りなく発揮してよりよく生きていこうとすることが重要になります。

❏病弱教育における自立とは

　病弱教育における自立活動の指導は対象児童生徒の病気の種類や回復の程度によってその内容について違いが求められています。具体的には、運動に制限が必要な病

気、塩分やカロリーなど食物の制限が必要な病気、また同じ病気でも急性期と慢性期によってもその対応は異なりますが、自分で自分の病気の回復を図るように管理できる力をつけることや、病気のためにそのままではできないことをできるように工夫したりすることが自立につながると考えます。

【引用・参考文献】
『盲学校、聾学校及び養護学校学習指導要領（平成11(1999)年３月解説－自立活動編－』平成12(2000)年 文部省

※ コラム

養護・訓練の内容の変遷

○～昭和45年度の「障害を改善・克服するための指導」

・盲学校における歩行訓練は「体育」、感覚訓練は「理科」において指導
・聾学校における聴能訓練は「国語」と「律唱」、言語訓練は「国語」において指導
・肢体不自由養護学校小学部の「体育・機能訓練」（中学部は「保健体育・機能訓練」）において指導
・病弱養護学校小学部の「養護・体育」（中学部は「養護・保健体育」）において指導

○昭和45年10月　教育課程審議会答申

「心身に障害を有する児童生徒の教育において、……特別の訓練等の指導がきわめて重要である。これら訓練等の指導は、一人一人の児童生徒の障害の種類・程度や発達の状態等に応じて、学校の教育活動全体を通して配慮する必要があるが、さらになお、それぞれに必要とする内容を、個別的、計画的かつ継続的に指導すべきものであるから、各教科、道徳および特別活動とは別に、これを「養護・訓練」とし、時間を特設して指導する必要がある。」

○昭和46年度　新たな領域として「養護・訓練」が新設

・「心身の適応」、「感覚機能の向上」、「運動機能の向上」、「意思の伝達」の四つの柱の基に12の項目
・養護・訓練の内容は、心身の発達の諸側面と、各障害の状態を改善し、または克服するための固有の指導内容という二つの観点から構成された。
・養護・訓練の目標と内容は、小学部・中学部共通に示された。
・指導計画の作成と内容の取扱いは、障害の状態に即応するため学校種別ごとに独自に示された。

○昭和54年度の改訂　指導計画の作成と内容の取扱いの改訂

・指導計画の作成と内容の取扱いについても共通に示された。

○平成元年の改訂　内容の示し方を改訂

・「心身の健康」、「心理的適応」、「環境の認知」、「運動・動作」、「意思の伝達」の五つの柱の基に18の項目

『盲学校、聾学校及び養護学校学習指導要領解説－自立活動編－（幼稚部・小学部・中学部・高等部）』平成12(2000)年　文部省

Question Q&A 2 Answer

病弱教育における自立活動について教えてください。

■医療機関との連携、
　相互に関連づけての指導、
　個別の指導計画

　近年、病弱教育の対象となる児童生徒の病気の種類は多様化の傾向にあります。また、腎臓病や心臓病、呼吸器系の病気など慢性疾患の場合、長期にわたって自分の病気を自分で管理（自己管理）できる力が求められています。そのため病弱教育では医療機関と連携し、自立活動の時間を中心に病気回復や再発しないための生活様式の理解、心理的な安定を図ることなどについて具体的に自己管理能力の育成を目指した教育を行っています。

❏障害の分類と自立活動の可能性

　障害の概念を捉えるのに参考になるのがWHO（世界保健機構）の国際障害分類です。下表のように気管支喘息をもとに説明します。インペアメントは気管支喘息という病気の結果もたらされた呼吸の困難（喘息発作）であり、医療の対象となります。ディスアビリティは、呼吸の困難（喘息発作）のために生じた運動の制限や「いつ発作が起きるだろうか」という不安感等です。これらは病気の自己管理能力の育成を目指した教育によって改善・克服することが期待されるものです。つまり、自立活動の指導をとおして、児童生徒が病気の状態を理解し、健康状態を維持・管理できる方法を身につけたりすることによってインペアメント自体を軽減する可能性をもっています。

	インペアメント	ディスアビリティ	ハンディキャップ
気管支喘息	喘息発作 （呼吸の困難）	運動制限 不　安　感	就学、就職の制限 社会参加への制限
自立活動	（医　　療）	適切な運動 不安感の軽減	（福　　祉）

❏病弱教育における自立活動

　自立活動の内容は、人間としての基本的な行動を遂行するために必要な要素と障害に基づく種々の困難を改善・克服するために必要な要素を五つに分類・整理したものです。また、その内容は各区分ごとに4～5項目ずつ22項目あります。これらの項目は各区分ごとや各項目ごとに指導することを意図したものではなく、五つの区分ごとに示された内容の中から一人ひとりの児童生徒に必要とする項目を選定し、それらを相互に関連づけて具体的に指導内容を設定する必要があります。

したがって、病弱教育においては特に「健康の保持」の⑵病気の状態の理解と生活管理に関することや⑶損傷の理解と養護に関すること、⑷健康状態の維持・改善に関することを中心とした内容で展開する必要はありません。児童生徒の実態から指導の目標を明確に設定し、その目標を達成するために必要な項目を選定することが大切です。

　具体的には、進行性筋ジストロフィーの児童生徒が年齢が上がるにつれて歩行が困難になり、その後、車いすや電動車いすの活用を考えなければならなくなったり、また、同じ病棟内の友人の病状の進行を見ていることから自分の病状を認識している場合も見られます。こうした状況にある児童生徒の場合でも、疲労を覚えない程度の範囲で体を使い筋力の維持を図る運動を取り入れた指導を展開したり、できたことを褒めて学習意欲の向上を図ったり生きがいを感じることができるよう工夫し、少しでも困難を改善・克服しようとする意欲の向上を図る指導が大切です。

【引用・参考文献】
1．『盲学校、聾学校及び養護学校学習指導要領（平成11年3月）解説－自立活動編－』　平成12(2000)年　文部省
2．香川邦生・藤田和弘編『自立活動の指導』平成12(2000)年　教育出版

資　料

内容の素案

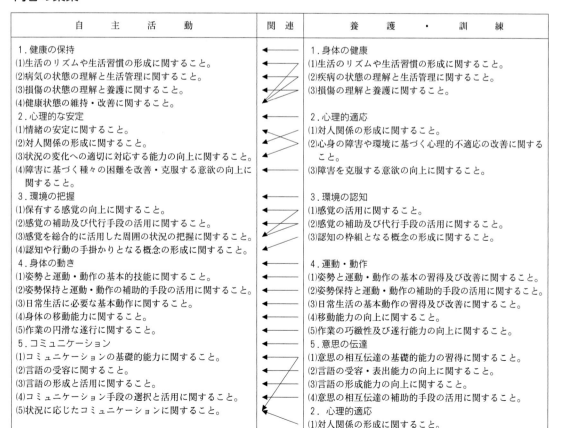

自　主　活　動	関　連	養　護　・　訓　練
１．健康の保持 (1)生活のリズムや生活習慣の形成に関すること。 (2)病気の状態の理解と生活管理に関すること。 (3)損傷の状態の理解と養護に関すること。 (4)健康状態の維持・改善に関すること。 ２．心理的な安定 (1)情緒の安定に関すること。 (2)対人関係の形成に関すること。 (3)状況の変化への適切に対応する能力の向上に関すること。 (4)障害に基づく種々の困難を改善・克服する意欲の向上に関すること。 ３．環境の把握 (1)保有する感覚の向上に関すること。 (2)感覚の補助及び代行手段の活用に関すること。 (3)感覚を総合的に活用した周囲の状況の把握に関すること。 (4)認知や行動の手掛かりとなる概念の形成に関すること。 ４．身体の動き (1)姿勢と運動・動作の基本的技能に関すること。 (2)姿勢保持と運動・動作の補助的手段の活用に関すること。 (3)日常生活に必要な基本動作に関すること。 (4)身体の移動能力に関すること。 (5)作業の円滑な遂行に関すること。 ５．コミュニケーション (1)コミュニケーションの基礎的能力に関すること。 (2)言語の受容に関すること。 (3)言語の形成と活用に関すること。 (4)コミュニケーション手段の選択と活用に関すること。 (5)状況に応じたコミュニケーションに関すること。		１．身体の健康 (1)生活のリズムや生活習慣の形成に関すること。 (2)疾病の状態の理解と生活管理に関すること。 (3)損傷の理解と養護に関すること。 ２．心理的適応 (1)対人関係の形成に関すること。 (2)心身の障害や環境に基づく心理的不適応の改善に関すること。 (3)障害を克服する意欲の向上に関すること。 ３．環境の認知 (1)感覚の活用に関すること。 (2)感覚の補助及び代行手段の活用に関すること。 (3)認知の枠組となる概念の形成に関すること。 ４．運動・動作 (1)姿勢と運動・動作の基本の習得及び改善に関すること。 (2)姿勢保持と運動・動作の補助的手段の活用に関すること。 (3)日常生活の基本動作の習得及び改善に関すること。 (4)移動能力の向上に関すること。 (5)作業の巧緻性及び遂行能力の向上に関すること。 ５．意思の伝達 (1)意思の相互伝達の基礎的能力の習得に関すること。 (2)言語の受容・表出能力の向上に関すること。 (3)言語の形成能力の向上に関すること。 (4)意思の相互伝達の補助的手段の活用に関すること。 ２．心理的適応 (1)対人関係の形成に関すること。

Question Q&Answer 3 個別の指導計画はどのように作成するのですか。

■自立活動、個別の指導計画、
実態把握、指導の目標、指導内容、
指導の項目の選定

❏個別の指導計画作成の手順

　自立活動は学校の教育活動全体を通じて適切に行われるものです。特に、自立活動の時間における指導は各教科、道徳、特別活動及び総合的な学習の時間と密接な関連を保ち、個々の児童生徒の障害の状態や発達段階を的確に把握して、適切な指導計画の下に行うものです。

　個別の指導計画は、自立活動担当者が中心になり学級担任を含む数人で編成されたチームなどが年度当初に作成します。

　学習指導要領の解説には個別の指導計画の作成の手順について記されています。

> ①　個々の児童生徒の実態（障害の状態、発達や経験の程度、生育歴等）を的確に把握する。
> ②　個々の実態に即した指導の目標を明確に把握する。
> ③　小学部・中学部学習指導要領第5章第2（高等部においては、第5章第2款）の内容の中から、個々の指導の目標を達成させるために必要な項目を選定する。
> ④　選定した項目を相互に関連付けて具体的な指導内容を設定する。
> 　なお、自立活動の内容は、人間としての基本的な行動を遂行するために必要な要素と障害に基づく種々の困難を改善・克服するために必要な要素をあげ、それを分類・整理したものである。自立活動の五つの区分は、実際の指導を行う際の「指導内容のまとまり」を意味しているわけではない。つまり、「健康の保持」、「心理的な安定」、「環境の把握」、「身体の動き」又は「コミュニケーション」のそれぞれの区分や項目に従って指導計画が作成されることを意図しているわけではないので、この点に留意する必要がある。

　実際に、個別の指導計画の作成に当たっては次の三つのステップが考えられます。

第1ステップ：事前に主治医や保護者などから得た児童生徒の病状や障害についての詳しい情報をもとに、また個々の児童生徒の学校生活における様子を注意深く観察することで、より的確な実態把握を行います。

第2ステップ：実態把握をもとに、個々の児童生徒が自立を目指し、病気や障害に基づく種々の困難を改善・克服するための指導の目標を設定します。まず始めに個々の児童生徒の発達段階、病気の種類、病状等を考慮しながら、児童生徒の将来を視野に入れた長期的な観点に立った指

導の目標（長期目標）を設定します。その上でさらに長期的な指導の目標にいたる道程をいくつかの段階に区切り、それぞれの段階に応じた短期的な観点に立った指導の目標（短期目標）を設定します。

第3ステップ：その後、設定された指導目標を達成するために必要な指導内容についての検討をします。自立活動の時間における指導内容や、教科や道徳、特別活動、総合的な学習の時間における自立活動の指導内容がここで決定されます。その検討過程においては児童生徒の運動や食事の制限、服薬などの医療的要素、児童生徒の興味・関心や学習意欲などの教育的要素に十分配慮した指導計画が作成されます。

　作成された個別の指導計画の下に自立活動の指導がなされますが、指導に当たっては常に個々の児童生徒の様子を観察しながら病院と緊密な連携を保ち、病状に応じた指導を行うとともに、全教師の協力の下に児童生徒の実態把握と可能性を追求したきめ細かいステップを踏んだ指導を心がける必要があります。また指導内容ごとにフィードバックを行い、そのつど指導計画に反映させていくことが大切です。次に、実際の計画の様式を例示します。

個別の指導計画表（参考例）　平成　　年度

氏名		部　年　組	記　載　者	
病名				
実態				
配慮事項			運動制限　有・無（　　　　　） 食事制限　有・無（　　　　　） 服　薬　有・無（　　　　　） 外部医　有・無（　　　　　）	

目標	長期	
	短期	

題　材　名	指　導　内　容	配　時
今年度の状況		

Question Q4
Q & A Answer

実態把握の項目について教えてください。

■自立活動、実態把握、
　実態把握の項目、
　実態把握の方法

　児童生徒の実態把握は効果的な教育活動を展開するために必要なことですが、特に自立活動は、一人ひとり異なっている障害に基づく種々の困難を改善・克服を目標にする領域であることから、必然的に一人ひとりの指導内容や指導方法も異なってくるものであり、そのため、幼児児童生徒の実態の的確な把握が求められています。これが実態把握の目的であり、実態把握の内容やその項目は指導の目標に応じて明確に整理されなければなりません。

❏実態把握の項目

　効果的な教育活動を展開するために必要な実態把握の項目として、一般的には学習上の配慮事項や学力、基本的な生活習慣、特別な施設・設備や教育機器の必要性、興味・関心、人やものとのかかわり、心理的な安定の状態、コミュニケーションの状態、対人関係や社会性の発達、身体機能、視機能、聴機能、知的発達の程度、身体発育の状態、病気の有無、生育歴、障害の自覚に関すること、進路、家庭や地域の環境などが考えられます。

　病弱教育対象児童生徒の多くは慢性疾患であるため、特に生活習慣の形成、病気の理解と生活管理、健康の維持管理や情緒の安定、状況変化の対応、障害による困難の改善・克服への意欲などの項目が考えられます。これは慢性疾患の児童生徒が病気の自己管理能力の育成と病気による心理的な困難への対処といった個々の児童生徒に援助すべき内容を考え合わせて設定した項目です。

　また、発達の状態が把握される場合もありますが、何歳何月レベルという数値を算出するのではありません。個々の児童生徒の発達の実態を把握するということは指導上の課題を知るということです。指導上で何が必要か、何が重視されなければならないかを知ることが大切です

❏実態把握の方法

　実態把握をする方法としては観察法、面接法、検査法などの直接的な把握の方法が考えられますが、それぞれの方法の特徴を十分に踏まえながら目的に即した方法を用いることが大切です。また教育的な立場や心理的な立場、医学的な立場からの情報、保護者等第三者からの情報による実態把握も貴重です。特に病弱養護学校における自立活動では医療機関との連携が前提となります。

　また、近年病弱養護学校で増加傾向にある障害の程度が重度で機能上の制約が大

きい場合や、病状変化が激しくその原因が複雑である場合の実態把握は心理測定では必ずしも明らかにされるとは限りません。実態を把握するためにはまず教師が個々の児童生徒と共感的にかかわってみなければなりません。共感関係の高まりに対応して、教師はより詳しく個々の児童生徒の現実を把握でき、その把握が指導の適切さへと導くことになります。

❏ 実態把握に際しての配慮事項

　児童生徒の実態把握が十分に行われないと個別の指導計画が作成できないというわけではありません。また、情報が多ければ多いほどよいわけでもありません。有効な指導計画を立てるために必要な情報が必要なだけあればよいのです。そのためにはどのような情報が必要かについて十分に吟味されていることが大切です。

　個別の指導計画は、その時点で収集した実態把握に基づいて作成し、それに基づく指導を通してさらに必要な情報を補い、個別の指導計画を修正していくという柔軟な対応も大切です。したがって、4月当初には前年度からの引き継がれた情報をもとに個別の指導計画を作成し、実際に指導しながら得られた実態についての情報を加えていくことも考えられます。

　実態把握はそれぞれの項目で個別的に把握されるとともに、丸ごとの個人が具有するものとして統合された理解が必要です。つまり、部分だけでなく全体をも考え合わせるということです。児童生徒の諸側面を心理測定的に部分に分解したまま指導計画を立案すると、その指導は児童生徒の弱点を治療的に回復させるだけに終始してしまうことになってしまいます。

❏ 個人情報の保護

　実態把握に当たっては、保護者等との連携に十分配慮する必要があります。また、収集した情報は、実際の指導に生かすことが前提であり、個別の指導計画を作成するために必要な内容に限定するとともに、その情報の適切な管理についても個人情報の保護に十分留意する必要があります。

　病弱教育の場合、特に病名や治療方法、配慮事項などについて、指導計画を作成するためには欠くことのできない情報であっても、その入手方法や情報の保護に十分留意することが大切です。

・・・

【引用・参考文献】
1．『盲学校、聾学校及び養護学校学習指導要領（平成11年3月）解説－自立活動編－』平成12(2000)年　文部省
2．清水貞夫　他『障害児教育の教育課程・方法』平成9 (1997)年　培風館
3．菅井邦明　他　2000『障害児教育の相談室』平成12(2000)年　ミネルヴァ書房

Question Q&A 5 Answer

指導の目標はどのように設定するのですか。

■自立活動、指導の目標
　長期的な目標、
　　短期的な目標

　自立活動指導の目標設定に当たっては、個々の児童生徒の実態に基づき、小学部・中学部・高等部各学部の在籍期間、学年などの長期的な観点に立った目標と、当面の短期的な観点に立った目標とを定めることが必要です。さらに実践したことを評価し、指導の目標を見直していくことが必要です。

❏指導の目標設定の流れ

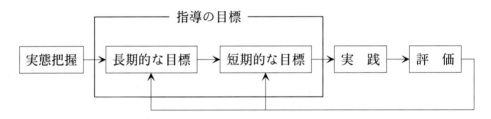

目標の設定に際して次の事項に配慮します。
①　個々の児童生徒の障害の状態等は変化しうるものなので、特に長期的な目標は見通しを予測しながら適切に変更できるよう弾力的に対応することが必要です。
②　段階的に達成可能な短期的な目標を設定し、それがやがては長期的な指導の目標の達成につながるという展望が必要です。

具体例

	指　導　目　標
長　期	・自信を持っていろいろな活動に取り組むことができる。 ・病状を理解し、自分で考え体調に応じた行動をとることができる。
短　期 （1学期）	・自分の考えを大きな声ではっきり言うことができる。 ・病気についての知識を深め、不調の時は自分から訴えることができる。
（2学期）	・自分の考えを大きな声ではっきり言うことができる。 ・体調維持の大切さを認識できる。
（3学期）	・自分の考えで行動することができる。 ・体調について自己管理できる。

③　指導の目標の設定については、児童生徒が主体的に取り組めるよう理解しやすい具体的内容であることが必要です。

④　保護者に説明し、理解や協力を得ることが必要です。

⑤　児童生徒の長所（個人内差として強いところや発達しているところ）に目を向けることが大切です。

⑥　可能なかぎり児童生徒の参加のもとに行います。

❏自立活動を中心とした児童生徒の指導目標の留意点

　　今回の改訂では、「心身の障害に基づく……」を「障害に基づく……」に改めて指導することに注目したいと思います。

　　特に自立活動を中心としている児童生徒については障害の概念（ＷＨＯの国際障害分類‥インペアメント、デイスアビリテイ、ハンデイキャップ）を参考にするとよいと思います。

　　病弱教育では、障害のうちでも身体の器質的損傷、機能不全による疾病等の結果もたらされた、医療の対象である障害の改善をする児童生徒が多いのです。

　　学校では障害からくる日常生活や学習上の様々な困難の改善・克服のために医療と連携し指導の目標を検討することが重要です。

　　特に自立活動を中心とする指導にあたっては、各教科、道徳、特別活動等の目標、内容の一部、各教科、もしくは総合的な学習の時間に替えて行うことができるので、児童・生徒の実態に応じた全人的な発達を促すために必要な基本的内容を盛り込んだ個人目標を教育、医療の観点を整理して設定することが大切です。

　　そのためには指導の中心となり自立活動全体の計画立案者となる教師が幅広く研修を行い、自己研修を深め、専門性を高めていくことが不可欠となります。

かたくり

【引用・参考文献】

1.『盲学校、聾学校及び養護学校学習指導要領（平成11年3月）解説－自立活動編－』平成12（2000）年　文部省

2.香川邦生他　編『自立活動の指導　新しい障害児教育への取り組み』　平成12（2000）年　教育出版

Question Q&A 6 Answer

自立活動の指導内容はどのように設定するのですか。

■自立活動、指導内容
自立活動の内容

　「自立活動」は個々の子どもが自立を目指し、障害や病気を主体的に改善・克服するための教育活動です。一人ひとりの子どもの障害や病状、発達段階に応じた指導が系統的に行われるためには、「個別の指導計画」を作成し指導の目標や指導内容を明確にすることが大切です。ここでは指導内容の設定について「個別の指導計画」の作成の手順に従って述べます。

❑指導内容作成の手順

　個々の児童生徒の実態を的確に把握し、実態に即した指導目標を明確に設定します。指導内容は目標達成のため自立活動の項目の中から選定し、相互に関連づけて具体的な指導内容を設定します。

❑具体的な指導内容の作成

　具体的な指導内容はこれまでの実践から病気の種類別に想定されます（表1）。表2に実践例を示しますが、個々の課題に応じて、個別や小集団での指導形態をもち、課題克服に向けて興味・関心のもてる活動が望ましいと思われます。さらに題材については、主体的、個別的、計画的、継続的に取り組める題材を利用することで充実感、達成感、成就感を味わえるようになり、病気を克服しようとする意欲を育てることにもつながります。

表1　病気の種類別の課題（例）

喘　息	持久力・筋力の向上、心肺機能の向上、腹式呼吸の体得、発作のコントロール（発作の予知と対応）、病状・体調に合わせた活動への取り組み、情緒の安定（心因性の誘発） 生活管理（アレルゲン回避、服、薄着の習慣、薬など）などの自己コントロール　など
腎臓病	生活管理（安静、保温、塩分制限、服薬など）などの自己コントロール、病状・体調に合わせた活動への取組み、運動制限の厳守、軽運動の必要性、運動時の留意事項 情緒の安定（制限からくるストレス）など
肥満症	体重減少、運動量の確保、運動の習慣化、食生活の自己コントロール、目標達成のための強い意志、情緒の安定（食生活へのストレス）など
心身症	情緒の安定、自己表現、対人関係の育成、ストレス発散、感情のコントロール　など

表2 実践例

	目標	主な病種	主な指導内容 一学期	二学期	三学期	行事等
トレーニング班	●体力、精神力の向上 ●心肺機能の向上 ●各種活動による成就感の体得と自信の獲得	喘息 心身症	持久的トレーニング ───→ サーキット なわとび 筋力トレーニング ──────→ 集団運動ゲーム ─────→ 剣道（中高） 水泳 病気の勉強 ───────→		持久走 ペース走 健康の森での活動	剣道合同練習会
スポーツ班	●運動の習慣化 ●ストレスの発散 ●コミュニケーション能力の向上 ●各種活動による成就感の体得と自信の獲得	肥満症 心身症 糖尿病 腎疾患 てんかん	各種スポーツ ──────→ ミニサッカー キックベース グランドホッケー 健康の森での活動 ───→ 5分間トレーニング ──→ ジョギング 筋力トレーニング 一輪車（小） ─────→ 病気の勉強 ───────→		持久走 ペース走	水泳訓練 持久走会
カルチャー班	●各種活動によるストレスの発散 ●コミュニケーション能力の向上 ●各種活動による成就感の体得と自信の獲得	腎疾患 リウマチ 心疾患 膠原病	全体活動 ────────→ ゲーム エンカウンター グループ活動 ─────→ コンピュータ レクリエーション スポーツ 音楽、美術、手芸 共同製作 病気の勉強 ───────→	グループ活動 希望に応じて講座を開設		作品展示会での発表
ライフ班	●情緒の安定 ●生活習慣の育成 ●運動・感覚機能の向上 ●知的能力の発達促進	神経症 知的障害・肢体不自由を併せもつ病弱者	カウンセリング 遊戯療法 作業学習 日常生活動作 機能訓練 病気の勉強	個の実態に応じた活動 （実態によっては他班へ合流）		
けんこう班	●健康の保持増進 ●生活習慣の育成 ●運動・感覚機能の向上 ●コミュニケーション能力の向上	障害を二つ以上併せもつ者（脳性まひ・その他）	機能訓練 リラクゼーション 立位訓練 歩行訓練 コミュニケーション 口唇マッサージ 摂食機能訓練	個の実態に応じた活動		

表3 自立活動の内容

1.健康の保持
(1) 生活のリズムや生活習慣の形成に関すること。
(2) 病気の状態の理解と生活管理に関すること。
(3) 損傷の状態の理解と養護に関すること。
(4) 健康状態の維持・改善に関すること。

2.心理的な安定
(1) 情緒の安定に関すること。
(2) 対人関係の形成の基礎に関すること。
(3) 状況の変化への適切な対応に関すること。
(4) 障害に基づく種々の困難を改善・克服する意欲の向上に関すること。

3.環境の把握
(1) 保有する感覚の活用に関すること。
(2) 感覚の補助及び代行手段の活用に関すること。
(3) 感覚を総合的に活用した周囲の状況の把握に関すること。
(4) 認知や行動の手掛かりとなる概念の形成に関すること。

4.身体の動き
(1) 姿勢と運動・動作の基本的技能に関すること。
(2) 姿勢保持と運動・動作の補助的手段の活用に関すること。
(3) 日常生活に必要な基本動作に関すること。
(4) 身体の移動能力に関すること。
(5) 作業の円滑な遂行に関すること。

5.コミュニケーション
(1) コミュニケーションの基礎的能力に関すること。
(2) 言語の受容と表出に関すること。
(3) 言語の形成と活用に関すること。
(4) コミュニケーション手段の選択と活用に関すること。
(5) 状況に応じたコミュニケーションに関すること。

Question Q 7 Q&A Answer

自立活動の指導はどのように展開するのですか。

■自立活動、指導の展開、
連携、工夫

　病弱教育対象児童生徒に対して「身に付けさせたい力」には病状や発達段階によってさまざまなものがあります。自立活動は自ら障害に基づく種々の困難を軽減し、改善・克服する力を身につけることを目標に展開されますが、より効果的に指導を展開するためには様々な方法が考えられます。

❏自立活動の指導

　自立活動の指導は学校生活全体の活動で、心身の調和的な発達を願い、QOLの向上を目指して行います。個別で行う場合と集団で行う場合とがありますが、いずれの場合でも子どもの全体像をとらえ作成された個別の指導計画をもとに展開されます。

❏他領域との関連をもって

　自立活動の指導の効果を高めるためには、児童生徒が興味をもって主体的に活動し、しかも成就感を味わうことができるようにすることや指導内容が児童生徒にとって解決可能で取り組みやすいものにすること、興味・関心をもって取り組もうとする内容にすること、目標を自覚し、意欲的に取り組んだことが成功に結びついたということを実感させる内容、遅れている側面を補う内容にすることなどが大切です。

　実際の展開に当たっては、各教科、道徳、特別活動及び総合的な学習の時間と自立活動の指導内容との関連を図り、両者が相補い合って効果的な指導が行われるようにすることが大切です。

　なお、各教科、道徳、特別活動及び総合的な学習の時間にはそれぞれ独自の目標（ねらい）があるので、各教科等における自立活動の指導に当たってはそれらの目標の達成を著しく損なったり、目標から逸脱したりすることのないよう留意しながら自立活動の具体的な指導内容との関連を図るよう工夫するなど、組織的、計画的に指導が行われるようにする必要があります。

　例えば、音楽科における表現活動（歌唱、笛の演奏等）を通じて喘息児に対する自立活動の一つとして、「腹式呼吸法の習得・改善」を意図した指導を行うことは重要ですが、この場合、音楽科本来の目標達成に支障をきたしたり、子どもの音楽の学習への興味や意欲を低下させたりすることのないよう十分留意する必要があります。

❏指導方法の工夫

　　自立活動の指導の効果を高めるためには、児童生徒が積極的な態度で意欲的な学習活動を展開することが必要です。このためには個々の児童生徒の実態に応じた具体的な方法を創意工夫することが大切です。この場合、指導内容として取り上げる方法が指導の目標の達成に有効なものであるよう留意する必要があります。

1. 個々の児童または生徒の実態に応じた指導方法

　　児童生徒の実態をみると、慢性疾患や身体虚弱の者、視覚や聴覚等の感覚に障害のある者、知的障害がある者、身体の動きに障害のある者、言語や情緒に障害のある者、障害が重度である者などきわめて多様です。また、障害の状態の個人差も大きくみられます。このため、個別の指導計画を立てることが不可欠であると同時に、指導方法も児童生徒一人ひとりに適したものでなければなりません。したがって、特定の方法をすべての児童生徒に機械的に当てはめるのではなく、児童生徒の実態に適合した方法を創意工夫することが必要となります。

2. 意欲的な活動を促す指導方法

　　児童生徒の反応や行動（活動）を意欲的なものにするためには、児童生徒が興味をもって主体的に取り組み、成就感を味わうことのできるような指導方法を工夫することが大切です。この場合、少なくとも、教師からの一方的な働きかけに終始する方法や画一的な方法にならないよう留意する必要があります。

❏無理のない方法

　　自立活動の指導に適用できると思われる方法または方法の裏づけとなっている理論がいくつか想定されます。それらには、例えば、心理療法、感覚訓練、動作の訓練、運動療法、理学療法、作業療法、言語療法などがありますが、これらの理論・方法は、いずれも自立活動の指導という観点から成り立っているわけではありません。これらについては、実際の臨床においてそれなりの効果があるからといっても、それらはそれぞれの理論的な立場から問題の把握及びその解決を追求しているものであることを忘れてはなりません。したがって、その方法がどのように優れていたとしても、それをそのまま自立活動の指導に適用しようとすると当然無理を生じることをあらかじめ知っておくことが必要です。

　　これらの点を十分に踏まえて、特定の指導に有効であると思われる方法を選択し、それを自立活動の指導に適合するように工夫して応用することが大切です。

【引用・参考文献】

1.『盲学校、聾学校及び養護学校学習指導要領（平成11年3月）解説－自立活動編－』平成12(2000)年　文部省

Question Q&A 8 Answer

自立活動の指導体制はどのようにするのですか。

■自立活動、指導体制、
連携、指導の全体計画

　各学校はその環境や教職員の構成、施設・設備などがそれぞれ異なっているので、それらに応じて、最も効果的な指導体制を工夫し、組織体としての総合的な力を発揮していくことが大切です。専門的な知識や技能を有する教師を中心として、自立活動の指導の全体計画を作成し、学校全体が共通理解のもとに協力して教育活動を進めていくことが必要です。

❑ 指導体制の工夫

　教師一人ひとりにも得意の分野など様々な特性があるのでそれを生かしたり、学習形態によっては教師が協力して指導したり、指導体制を工夫することにより指導の効果を高めるようにします。

　自立活動の指導計画は児童生徒一人ひとりの実態に即して個別に作成することになるので、授業形態も教師と児童生徒の1対1の個別指導が基本となります。しかし指導を効果的に行うために、また児童生徒の症状、学級の実状等から、個別指導のほかに学級や学年単位の指導、障害度（病気の種類、障害の状態、発達段階等）別グループの編成による指導を取り入れるなど、授業形態等を工夫する必要があります。

　ただし、複数の児童生徒を対象に指導する場合でも、指導の過程では一人ひとりに対する個別の配慮が必要であり、定期的に一人ひとりの指導効果と病状等の変化を確かめ、内容や方法のチェックは欠かせません。その上でグループ編成が適正であったかどうかを検討し、再編成の必要があれば弾力的に行うようにします。

❑ 学校内における連携

　自立活動の専任教師は自分が担当する児童生徒の日常の学習や生活の様子などについて学級担任等から情報や資料を提供してもらい、それを自立活動の指導に活用します。

　学級担任は自立活動の専任教師から情報や資料の提供を受け、自立活動の時間における指導の様子や成果を把握し、学習指導などに生かします。また、定期的に情報交換の場を設定し、連携協力を密にするようにします。

❑ 関係機関等との連携

　児童生徒の障害の状態は多様であり、その実態の的確な把握に基づいた指導が必

要とされ、時には教師以外の専門家の指導助言を得ることが必要な場合もあります。したがって、教師は日頃から医師、看護婦、理学療法士、作業療法士、臨床心理士など関連のある専門家と連携のとれる体制を整えておくことが大切です。

　また、増加している病気の種類についての基礎的な知識を得るための機会を設けるなど研修活動を行うことも大切です。

　家庭との連携についても連絡を密にし、家庭での様子などの情報の収集に努めるとともに必要な時に必要な協力を得ることができる関係を整えておくことが重要です。

自立活動の指導体制（例）

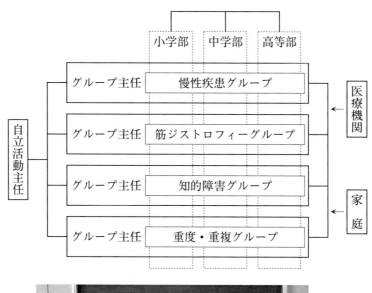

自立活動

【引用・参考文献】

1．『盲学校、聾学校及び養護学校学習指導要領（平成11年３月）解説－自立活動編－』平成12(2000)年　文部省

2．『病弱教育における養護・訓練の手引』　平成５(1993)年　文部省

3．『病弱教育の手引－指導編－』　昭和60(1985)年　文部省

4．『研究集録』　平成12(2000)年度　岐阜県立長良養護学校

Question Q 9

&

Answer

自立活動の評価はどのようにするのですか。

■自立活動、評価

　評価とはそれまでの取り組みの状況や現在の状態を反省し、それがよりいっそう望ましい方向へと導かれるように目標に照らして価値判断をすることです。

❏評価の対象

　評価とは設定された目標をより効果的に達成するための営みで、評価の対象はすべての段階にわたります。すなわち、評価は指導と表裏一体の関係にあり、事前、事中、事後の評価という一連の系としてとらえられます。

❏評価の手順

1.指導計画の評価

　学習指導要領に「自立活動の指導に当たっては、個々の児童又は生徒の障害の状態や発達段階等の的確な把握に基づき、指導の目標及び指導内容を明確にし、個別の指導計画を作成するものとする。」とも記されていますが、それを待つまでもなく自立活動は個別の指導計画から始まります。児童生徒の実態から指導の目標の設定が児童生徒の発達段階等に対応したものになっているか、その計画の展開に無理はないか、児童生徒の障害への配慮がなされているか等、それぞれが適切な内容になっているかを予め評価することが大切です。

2.活動の展開とその過程の評価

　個別の指導計画に基づいて展開されている教育活動が効果的に行われているかどうかを評価するものです。活動の途中において、児童生徒が興味・関心を持って取り組んでいるか、困難を克服しようとする意欲を高める活動になっているか等、現状の活動を評価し、その結果によってはその後の活動計画を見直したり修正したりする必要があります。

3.児童生徒の状態とその発達の評価

　目標として設定したものがどれほど達成されたかを評価し、よりいっそう望ましい方向を見出すための評価です。しかし、その結果のみを評価するのではなく、その活動過程における児童生徒の関心や意欲を含めた様々な発達にも目を向け、幅広い評価を行うことによって今後の指導に役立つものとすることが大切です。

❏評価の方法

　評価については、指導要録の自立活動の記録を参考にすることもできます。

小学校児童指導要録、中学校生徒指導要録、高等学校生徒指導要録、中等教育学校生徒指導要録並びに
盲学校、聾学校及び養護学校の小学部児童指導要録、中学部生徒指導要録及び高等部生徒指導要録の改
善等について（通知）

13文科初第193号　平成13年4月27日

4．盲学校、聾学校及び養護学校の指導要録について

　児童生徒の障害の状態等に応じた指導の目標の実現状況の評価や個人内評価を重視することとし、「自立活動」の欄の設定、個別の指導計画を踏まえた評価の推進、教育課程や学習指導の状況及び障害の重度・重複化や多様化等に応じた適切な記録の充実などの改善を図る。

〇指導に関する記録

〔各教科・特別活動・自立活動の記録〕

　各教科、特別活動、自立活動について、盲学校、聾学校及び養護学校小学部・中学部学習指導要領（平成11年文部省告示第61号）（以下「小学部・中学部学習指導要領」という）に示す中学部の各教科等の目標、内容に照らし、具体的に設定した指導内容、到達の程度、習得の状況などを、教育課程や実際の学習状況を考慮して適宜区分して記入する。

　自立活動については、個別の指導計画を踏まえ、指導の目標、指導内容、指導の結果、障害の状態等の変化、検査を行った場合の検査結果に関することなどを記入する。

> **別紙第4−①**
> 〔盲学校、聾学校、肢体不自由養護学校及び病弱養護学校〕
> **小学部児童指導要録に記載する事項等**

〔自立活動の記録〕

　個別の指導計画を踏まえ、以下のような事項を記入する。

①指導の目標、指導内容、指導の結果の概要に関すること
②障害の状態等に変化が見られた場合、その状況に関すること
③障害の状態を把握するため又は自立活動の成果を評価するために検査を行った場合、その検査結果に関すること

> **別紙第4−②**
> 〔盲学校、聾学校、肢体不自由養護学校及び病弱養護学校〕
> **中学部生徒指導要録に記載する事項等**

（自立活動の記録）

　個別の指導計画を踏まえ、以下のような事項を記入する。

①指導の目標、指導内容、指導の結果の概要に関すること
②障害の状態等に変化が見られた場合、その状況に関すること
③障害の状態を把握するため又は自立活動の成果を評価するために検査を行った場合、その検査結果に関すること

> **別紙第4−③**
> 〔盲学校、聾学校、肢体不自由養護学校及び病弱養護学校〕
> **高等部生徒指導要録に記載する事項等**

〇指導に関する記録

1．各教科・特別活動・自立活動の記録

　各教科、特別活動、自立活動について、盲学校、聾学校及び養護学校高等部学習指導要領（平成11年文部省告示第62号）（以下「高等部学習指導要領」という）に示す高等部の各教科等の目標、内容に照らし、具体的に設定した指導内容、到達の程度、習得の状況などを、教育課程や実際の学習状況を考慮して適宜区分して記入する。総授業時数については年間の出席総時数を記入する。

　自立活動については、個別の指導計画を踏まえ、指導の目標、指導内容、指導の結果、障害の状態等の変化、検査を行った場合の検査結果に関することなどを記入する。

4．自立活動の記録

　個別の指導計画を踏まえ、以下のような事項を記入する。

①指導の目標、指導内容、指導の結果の概要に関すること
②障害の状態等に変化が見られた場合、その状況に関すること
③障害の状態を把握するため又は自立活動の成果を評価するために検査を行った場合、その検査結果に関すること
④高等部学習指導要領第1章第2節第5款第1の2の括弧書きの規定により、自立活動の授業時数を単位数に換算した場合の単位数

Question Q&A 10 Answer

自立活動の指導にあたって医療との連携はどのようにするのですか。

■自立活動、医療との連携

　　自立活動は病弱養護学校で学ぶ児童生徒の重要な学習活動であり、特に健康面に関する実態把握に始まり、健康の自己管理ができることを目指したものです。したがって医療との連携は欠かすことはできません。

　　入院している病院から通う子ども、寄宿舎から通う子ども、自宅から通う子どもなど病弱養護学校で学ぶ児童生徒に対していろいろな方法で教育が展開されていますが、実際の指導に際しては医療からの最新情報を得て指導にあたることが肝要です。

❏専門の医師等との連携協力

　　自立活動の指導計画の作成や実際の指導に当たっては、専門の医師及びその他の専門家との連携協力を図り、適切な指導ができるようにする必要があります。

　　児童生徒の障害の状態は多様であり、その実態の的確な把握に基づいた指導が必要とされていることから、専門の医師を始め、理学療法士、作業療法士、言語聴覚士、心理学の専門家など各分野の専門家と連携協力し、必要に応じて指導・助言を求めたりすることが重要です。

　　このような専門家からの指導・助言を得ることの必要性の有無を判断するのは、当然、自立活動の指導に当たる教師です。したがって、教師は日頃から自立活動に関する専門的な知識や技能を幅広く身につけておくとともに、関連のある専門家と連携のとれる体制を整えておくことが大切です。

❏医療との連携の実際

1. 指導にかかわって

　① 指導の効果を上げるため、児童の病状・実態を正しく把握します。
　　具体的には担当医、担当看護婦と直接会って、詳しく病状等を把握します。その際、疑問点はどんどん質問していくことが大切です。

　② 個別の指導計画を作成して一人ひとりの病状、環境を考慮に入れて指導目標を立てます。特に医学的知識については病棟スタッフに応援を頼むことも大切です。

　③ 病棟で行なわれている医療や訓練の場面に立ち合わさせてもらうことも大切です。その方法や結果について、学校で行う運動検定、キャンプ、学習会などの企画にも活用することが大切です。

　④ 医療との連携は、常日頃から「学校便り」、「学級便り」などを通して学校や子どもたち一人ひとりの様子についてお知らせするといった積み重ねが大切です。

２．連携の心構え
① 職種や立場の違いがあることを前提に、互いに相手の立場を尊重しつつよりよい人間関係を築くような心構えが大切です。
② 受持ちの子どもの病気のことなど、分からないことは積極的に医師や看護婦に尋ねることが大切です。その際、相手が忙しいだろうと遠慮するのでなく、時間を予約したり、直接病棟へ出向いて相談することも大切です。
③ 学校での研修会等について、事前にその実施内容について知らせておき、テーマによっては講師や助言者を依頼することも大切です。
　　また、逆に病棟の学習会やケースカンファレンスなどへの出席依頼があった場合には、十分に準備をした上で参加することが大切です。

ひまわり

【引用・参考文献】
1．『盲学校、聾学校及び養護学校学習指導要領（平成11年３月）解説－自立活動編－』平成12（2000）年
　文部省

✻ コラム

医療機関との連携

(1) 連携の必要性
　病弱養護学校においては、児童生徒の大半が医療機関に入院療養中の者であるので、養護・訓練の指導に当たっては、当該医療機関の医師等との連絡を密にし、児童生徒一人一人の病状や治療方針等を理解しておく必要がある。また、養護・訓練の指導効果を高めるには、養護・訓練の指導計画の作成及び実際の指導において医療機関との連携を図り、医療関係者との相互理解を深め、協力体制を整えることが極めて重要である。
(2) 連携の内容と方法
① 連携の内容
　具体的な内容としては、次のようなものが考え

られる。
　ア．病気についての正しい知識を得る。
　イ．個々の児童生徒の病状と生活状況（食事制限、運動規制及び適切な運動量などを含む）についての情報を得る。
　ウ．個々の児童生徒の病棟での生活態度について知る。
　エ．医療機関での訓練やカウンセリング等の内容を知る。
　オ．養護・訓練の指導計画について連絡する。

「病弱教育における養護・訓練の手引」平成5（1993）年　文部省

Question 11

どのような子どもにも自立活動が必要なのですか。

■自立活動、受容

Answer

　病弱教育では幼稚園・小学校・中学校または高等学校に準ずる教育を行っていますが、小学校・中学校等にない領域として、障害に基づく種々の困難を改善・克服し、自立して社会参加する資質を養うため「自立活動」という領域を特別に設けています。

　したがって、病弱養護学校に在籍する児童生徒には盲学校、聾学校、知的障害養護学校、肢体不自由養護学校と同様に必ず自立活動の指導が行われます。

❏どのような子どもに必要か

　病弱養護学校の児童生徒は、新１年生として就学してくる子ども、年度途中に幼稚園・小学校・中学校、高等学校、盲学校、聾学校、養護学校から転入してくる子どもなど様々です。

　病弱養護学校ではこうした児童生徒に対し、その病状に応じて自立活動を展開します。

❏自立活動の担当者に必要なもの

　病弱教育における自立活動担当者は、自立活動が児童生徒一人ひとりに対応した活動であることや自立を目指した主体的な取り組みを促す教育活動であることを明確に把握している必要があります。また、様々な病気の子どもの指導であることからそれに相応した専門性を身につけなければなりません。

　そのためには、専門の医師をはじめ心理学の専門家、言語聴覚士、理学療法士、作業療法士など各分野の専門家の指導・助言を積極的に求めることが大切です。具体的には、自立活動の指導の中心となる教師はリハビリ室に行って訓練などの様子を見たり、配慮事項について助言を得ることも大切です。医師等との連携に際してはＥメール等の活用も有効と考えられます。

　発達障害をもつ子どもに対しては作業療法士といっしょに考えることも大切です。子どもの適応反応のレベル（感覚・知覚・認知のレベル）に応じた指導と学校での指導内容についての連携も大切です。

❏自立活動の必要性

　病弱教育における自立活動は、病気になった子どもはもちろん二次的に体力が弱くなることを防ぐ指導についても考慮しています。

　指導計画は子どもたちが自分の良さに気づき、自分に自信をもてるようになるこ

とを目標に立てています。

　病気の状態によっては、感覚・知覚・認知のレベルに応じた指導により環境の把握ができるようにしたり、運動・動作の基本的技能の指導をしたり、コンピュータ等の機器などの活用によりコミュニケーション活動が活発に行え、積極的な社会参加が可能になるようにしたりします。

　このようなことから、どのような子どもにもその子どもに合った自立活動の指導を展開しています。

❏**自立活動の指導の時間**

　自立活動の時間における指導は、各教科、道徳、特別活動及び総合的な学習の時間と密接な関係を保ちながら「個別の指導計画」を作成して行われます。　さらに、自己の持つ能力や可能性を最大限に伸ばし、自立し社会参加するための基盤となる「生きる力」を培うためには、死期を迎えている子どもの教育についても取り組まなければならないこともあります。

キク

【引用・参考文献】
1．『盲学校、聾学校及び養護学校学習指導要領（平成11年3月）解説－自立活動編－』　平成12(2000)年　文部省
2．『日常生活指導の中で適応反応を導くために～感覚－知覚－認知の発達を促す関わり～』滋賀県立小児保健医療センターリハビリテーション科作業療法士　東條美恵　平成10(1998)年11月講演資料

🔆 コラム

健康状態の回復、改善の意欲を高め、障害を克服しようとする習慣、態度の育成

　健康状態の回復、改善の意欲を高め、障害を克服しようとする習慣、態度を育成するに当たっては、養護・訓練の時間の指導はもちろん、各教科、道徳、特別活動及びその他の教育活動、更には、家庭や社会一般における望ましい生活を通して成果を上げ得るものである。指導の基本としては、障害があるための精神的負債をなくし、精神的資産を高めるようにすることである。精神的資産を高めるには、第一に、本人の諸活動の能力を正しく評価し、能力に合った適切な指導を行い、能力向上の結果が本人に正当に認められ、自身が得ら

れるようにすること、第二に、好意的な人間関係の改善が図られ、集団参加が積極的に行われるようにしながら、自己と他人との理解関係を深め、許容的な人間関係が確立されるような指導が大切である。このような基盤の上に、自己の人生の課題を見出し、その課題を解決する方法と努力を重ね、楽天的、建設的に能力を発揮できるようになったときに、初めて障害を克服する意欲が本物となるであろう。

（双書　養護・訓練「5　健康」　明治図書　P18）

Question 12

自立活動の時間数はどのように決めるのですか。

Answer

Q & A

■自立活動、指導時間

　昭和46(1971)年に新たに設定された養護・訓練の指導時数は、当初から「小学部または中学部の各学年の養護・訓練に充てる授業時数は、年間105を標準とするが、児童または生徒の心身の障害の状態に応じて適切に定めること。」とし、その授業時数を年間105単位時間を標準として示してきました。

　しかし、近年特に児童生徒の障害が重複化、多様化してきていることから、個々の児童生徒の実態に応じて、授業時数を標準より多く設定する必要がある場合もあるなど、弾力的な運用が求められてきたところです。そこで、平成11(1999)年3月に改訂された学習指導要領では、障害に基づく種々の困難の改善・克服を図る自立活動に充てる授業時数を一律に示さず、各学校が実態に応じたより適切な指導を行うことができるように示されました。

❏自立活動の時間に充てる授業時数

①　小学部・中学部学習指導要領においては、「小学部又は中学部の各学年の自立活動の時間に充てる授業時数は、児童又は生徒の障害の状態に応じて、適切に定めるものとする。」とされており、標準時数は示されておりません。

②　高等部学習指導要領においては、「各学年における自立活動の時間に充てる授業時数は、生徒の障害の状態に応じて、適切に定めるものとする。」とされており、従前、小学部・中学部では年間105単位時間（高等部では週当たり3単位時間）を標準として示されていましたが、障害が重度・重複化、多様化してきていることから弾力化され、個々の児童生徒の障害の実態に応じて適切な指導ができるように改善されています。

❏標準時数を示されていないということ

　自立活動に充てる授業時数が標準授業時数として示されていないからといって、自立活動の時間を確保しなくてもよいというわけではありません。

　具体的には、児童生徒の実態に応じて適切な授業時数を確保する必要はあります。特に病気が軽度であるとか回復してきているといったことから自立活動は必要ないのではないかといった意見を聞くことがありますが、自立活動の指導が必要のない児童生徒は病弱養護学校において教育を受ける必要のない児童生徒であるといっても過言ではないのです。

　また、重複障害者のうち学習が著しく困難な児童生徒については、各教科、道徳

もしくは特別活動の目標及び内容に関する事項の一部または各教科もしくは総合的な学習の時間に替えて自立活動を主として指導を行うことができます。その場合にも個々の児童生徒の実態を的確に把握し、個別の指導計画を作成する必要があります。

❏自立活動の時間数設定の手順

　自立活動に充てる授業時数は各学校で決定されますが、一般には次のような手順で行われていると思われます。

① 　個々の児童生徒の実態（心身の障害の状態、発達段階、経験の程度、成育暦等）を的確に把握します。

② 　個々の実態に則した指導の目標を明確に設定します。

③ 　自立活動の内容の中から個々の指導の目標を達成させるために必要な項目を設定します。

④ 　設定した項目を相互に関連づけて具体的な指導内容を設定します。

⑤ 　各教科、道徳、特別活動及び総合的な学習の時間の指導と密接な関連を保ちつつ、実際の時数を設定します。

　なお、各学校において編成された教育課程のもとで、より効果的に指導するためには指導計画を立てて展開する必要があります。その際、年間を通して毎週同じ時間数の指導を計画するばかりでなく、必要に応じ一時期に集中することによって効果的な指導が期待できる場合にはそうした計画を立てることもできます。

プリムラポリアンサ

【引用・参考文献】

1. 『盲学校、聾学校及び養護学校学習指導要領（平成11年3月）　解説－総則等編－』　平成12（2000）年　文部省

2. 『盲学校、聾学校及び養護学校学習指導要領（平成11年3月）　解説－自立活動編－』　平成12（2000）年　文部省

3. 『病弱教育における養護・訓練の手引き』　平成5（1993）年　文部省

Question 13
Q&A Answer

各教科における自立活動の指導はどのようにするのですか。

■各教科の指導、
自立活動の指導

　病弱養護学校に在籍する児童生徒の障害等の実態は様々です。そのため自立活動で指導する内容も一人ひとりの実態に応じて様々ですが、いずれにしても子どもたちの学校生活や家庭生活、病棟での生活あるいは将来の生活で必要となる行動や多種多様にわたる病気の特性とも密接に関連していると思われます。実際の指導は自立活動の時間における指導、各教科、道徳、特別活動及び総合的な学習の時間と密接な関連をもって展開されるので、自立活動の時間における指導と相補い合い、指導の効果を高めるためには、次の観点から各教科における自立活動の指導の展開が必要となります。

❏自立活動の学習成果を活用する

　自立活動の時間における学習の成果を各教科などの授業の過程で活用したり、応用したりする学習活動をできるだけ取り入れるようにします。

　例えば、進行性筋ジストロフィーの児童生徒の病状の進行や脳性まひの児童生徒の上肢や手指の緊張などが原因で鉛筆やペンでの筆記が困難な状態にあることがあります。そこで自立活動の時間にフェルトペンを持って線や円を描く練習をしている場合であれば、国語や算数（数学）、図工（美術）、英語などの時間に可能な程度でフェルトペンを持って文字や数字を書く活動を取り入れ、書くことへの意欲を高めるようにすることができます。

　また、言語の障害から発音や発語の練習を個別にしている児童生徒については国語や英語の時間に教科書の音読や意見発表の機会をできるだけ与え、話すことに自信や意欲を持つことができるように配慮するといったことが考えられます。

❏自立活動の指導内容との関連を考慮する

　各教科等の目標、内容等のうち、自立活動の内容と関連する事項については、自立活動の時間における指導内容との関連を考慮し、五つの区分の「健康の保持」や「心理的な安定」、「身体の動き」、「コミュニケーション」などの観点も含めて取り扱うようにします。

　例えば、国語科は言語を通して相手とのコミュニケーションを図ることに特色があるので、自立活動の「コミュニケーション」との関連を図りやすいと考えられます。現代社会及び倫理（高等部）は社会の中で自己の生き方を問う科目であり、「心理的な安定」との関連を図りやすいでしょう。理科では健康状態の改善等との関係が深い内容を取り扱うことが多いので、「健康の保持」との関連が深く、一方

生活科は自己概念の形成をねらいの一つとする教科なので、「心理的な安定」との関連を図りやすいと考えられます。また家庭科の授業で栄養素のはたらきや食品の選択などの内容を取り上げる場合、自立活動の時間に扱う指導内容を考慮しながら健康状態の維持・改善等に必要な食事のしかたについても併せて指導することができます。体育や保健体育では、「健康の保持」、「心理的な安定」、「身体の動き」との関連が考えられます。図画工作（美術）では絵画や彫刻などの表現活動を通して豊かな情操を培うことをねらっているので、「心理的な安定」との関連が深くなってきます。音楽科においても歌唱などの表現活動や鑑賞活動を通して豊かな情操を養うことをねらいにしているので、「心理的な安定」との関連、また楽器の演奏では指の使い方動かし方、呼吸のしかたなどの観点から「身体の動き」との関連が考えられます。

　また道徳では自立活動の目標である「……種々の困難を改善・克服するために必要な知識、技能、態度及び習慣を養うこと。」との関連が深く、「健康の保持」や「身体の動き」とかかわらせて指導しやすいと考えられます。また病気からくる苦痛や消極的態度を克服するために、集団活動を通して自主的・実践的な態度を育てる特別活動と自立活動の「健康の保持」や「心理的な安定」との関連も大切になると考えられます。このように、各教科等の授業においても個々の児童生徒の実態に応じて自立活動のねらいと結びつけた指導が大切になると思われます。

❏各教科独自の目標から逸脱しないよう留意する

　各教科等にはそれぞれの教科ごとに独自の目標があるので、自立活動の指導計画の作成に当たってはそれらの独自の目標の達成を著しく損なったり、目標から逸脱したりすることがないように留意しながら、自立活動の具体的な指導事項との関連を図るように工夫する必要があります。

　例えば、音楽の授業において歌唱や笛の演奏等を指導する場合、これらの表現活動を通じて、気管支喘息や進行性筋ジストロフィーの児童生徒に対する自立活動の指導事項の一つである「腹式呼吸の習得・改善」を意図した指導は重要であり、各学校でも多く実施されていることでしょう。この場合、音楽科本来の目標達成を図ることが主眼であり、腹式呼吸法の習得・改善はあくまで副次的なねらいとすべきです。すなわち、音楽科本来の目標達成に支障をきたしたり、児童生徒が音楽の表現活動に対して興味や意欲を低下したりすることがないように留意しながら、自立活動に関する指導を取り入れることが大切だと思います。

【引用・参考文献】
1．『盲学校、聾学校及び養護学校学習指導要領（平成11年3月）解説－自立活動編－』　平成12（2000）年　文部省
2．『病弱教育における養護・訓練の手引き』　平成5（1993）年　文部省
3．『肢体不自由児の養護・訓練の指導』　平成6（1994）年　文部省

$\underset{\text{uestion}}{Q}$ $\underset{\&}{Q}$ $\underset{\text{nswer}}{A}$ 14

隣接の病院のPT、OT、看護士、医師に指導・助言してもらうことはできますか。

■自立活動、連携、医師、理学療法士、
作業療法士、言語聴覚士、
専門家との連携

　自立活動の指導計画の作成や実際の指導にあたっては一人ひとりの児童生徒の病弱・身体虚弱などの状態の的確な把握に基づいて行うことが大切です。その場合、必要に応じて自立活動の関連する分野の医師やその他の専門家から指導・助言を受けるようにすれば自立活動の指導で必要な配慮がより明確になり、児童生徒自らが主体的に課題を成し遂げやすい状況や支援の手立てを準備することができるなど指導の改善・充実のヒントを得ることができます。

❏自立活動の指導における専門家との連携

　自立活動では病気に対する回復意欲の向上を図ったり、病気の状態を理解し病気の進行を防止したりするのに必要な生活様式を身につけたり、病気の状態や環境に基づく心理的不適応の改善を図ったりします。どの場合も必要に応じて医師や看護士、場合によっては臨床心理士などの専門家の助言を求めて、指導上の具体的な配慮事項や支援の手立てを明確にした上で、自立活動の指導に当たることが必要です。

　重複障害者のうち学習が著しく困難な児童生徒は、盲・聾・養護学校学習指導要領の重複障害者等に関する特例により自立活動を主として指導を行っています。これらの児童生徒は発達が初期の段階にあり、食物の咀嚼や嚥下、呼吸や体温調節等の機能の障害があります。また自分で体を動かすことが困難で常時同じ姿勢でいることが多いため、脊柱の側彎、胸部の変形、股関節脱臼、足首・手首の屈曲性変形などが見られます。これらの児童生徒一人ひとりの障害に基づく種々の困難を的確に把握し、自立活動の指導を適切に計画し実施するには専門の医師及びその他の専門家との密接な協力連携が不可欠です。その他の専門家とは看護士、理学療法士（PT）、作業療法士（OT）、言語聴覚士、病院指導員などが考えられます。

　自立活動の指導計画の作成や実際の指導に当たっては、これら専門の医師及びその他の専門家の助言を求め連絡を密にするなどして、児童生徒にとって最も適切な自立活動の指導が行われるようにすることが大切です。

❏医師や看護士及びその他の専門家からの指導助言を生かすために

　医師や看護士及びその他の専門家から受けた指導助言を自立活動の指導に真に生かすためには、互いの役割や専門性を尊重しつつ、自立活動の指導にあたる教師自身がそれらの必要性や有効性を病弱教育の専門機関の教員としての教育的見地から判断し適用しなければなりません。例えば、自立活動の指導に適用できそうな理学

療法、作業療法、心理療法等の理論・方法に基づく指導助言が想定されますが、それらの理論・方法は自立活動の指導という観点から成り立っているわけではありません。したがって、それらをそのまま自立活動の指導に持ちこもうとすると無理を生じてしまうので、教育的見地から咀嚼して、自立活動の指導に適合するように工夫し、教育上必要な配慮を適切に行うように留意することが大切です。

　また、自立活動の指導の中で児童生徒がいろいろな面で変容を見せることがあります。それらの変容の情報を医師や看護士及びその他の専門家に伝えることで治療や訓練の参考にしてもらえます。学校と医療機関との協力連携がうまくとれるようになると互いの指導や治療等のプラスになり、児童生徒にとってより良い教育と医療とが展開されることになるのです。

❏ 専門的知識や技能を持つ社会人の養護学校教育への参画

　『21世紀の特殊教育の在り方について——一人ひとりのニーズに応じた特別な支援の在り方について—』（最終報告）で示されたように、特殊教育の在り方が変わります。障害の種類や程度に基づく教育から特別なニーズへの教育的対応（特別支援教育）へと転換を図らなければなりません。

　特別なニーズには教育的ニーズだけでなく医療的ニーズや福祉的ニーズもあります。学校教育は専ら教育的ニーズに対応し、医療的ニーズや福祉的ニーズは医療機関や福祉機関が対応するのが原則ですが、そのようには分かちがたい境界的なニーズがあります。個々の児童生徒が自立をめざし、障害に基づく種々の困難を主体的に改善・克服しようとする取組みを促す自立活動は、まさに境界的なニーズに対応する支援的な教育活動とならなければなりません。児童生徒一人ひとりの多様化するニーズに対応するためには、医療機関等との協力連携をいっそう強化することは勿論ですが、さらに理学療法士、作業療法士、看護士などの専門的知識や技能を持つ人たちの養護学校教育への参画を進めることが必要と思われます。

　また、児童生徒の障害の重度・重複化や多様化への具体的対応として、都道府県独自で、福祉・医療と連携して理学療法士、作業療法士、看護士等を特別非常勤講師として雇用したり他機関から派遣を受けたりしている人材活用例についても言及されています。

【引用・参考文献】
1．『盲学校・聾学校及び養護学校学習指導要領』　平成11(1999)年　文部省
2．『21世紀の特殊教育の在り方について』（最終報告）平成13(2001)年　21世紀の特殊教育の在り方に関する調査研究協力者会議

Question Q&A 15 Answer

病気理解の指導はどのようにするのですか。

■自立活動、病気理解

　養護学校に在籍する児童生徒の自立活動は、一人ひとりの実態に応じて様々な指導内容で展開されています。特に病弱養護学校では自分の病気の状態を理解し、その改善を図り、病気の進行の防止に必要な生活様式についての理解を深め、それに基づく生活の自己管理ができるようにすることが大切です。

　例えば、近年、生活習慣病の一つとして増加の傾向がみられる若年性の糖尿病の場合、自己の病気の状態を理解し、自ら毎日の血糖値を測定し、適度な食生活や運動を取り入れることによって病気の進行を防止する力を身につけることは将来の生活習慣に結びつくものです。

❏病気理解を図るための指導

　児童生徒が病気をどのように理解しているかについては、一人ひとりの児童生徒の発達や生活経験の程度、保護者の病気理解の程度などに大きく左右されます。また、主治医からどのような説明を受け、どのように理解しているかについてもしっかり把握していなければなりません。実際の指導に際しては、必要以上におびえさせてしまったり、重大なことを理解していなかったためにしてもよいことを禁止したり、してはいけないことをさせてしまって病状を悪化させたりすることがあってはなりません。したがって、正確な知識を提供することだけで解決できることではなく、理解することで生きる力が湧いてくるような教育活動の一環として取り組むことが大切です。

❏進行性の病気（筋ジストロフィー）の理解の指導

　進行性筋ジストロフィーのように進行する病気の場合、自分の病気について知ることは、児童生徒自身が直接自分自身の死を考えたり、これを受容するための心の葛藤を生むこともあります。しかし、自分の病気に対して前向きに臨み、生きることに対して意欲をもつことができるようにするためにも、病気理解の指導は避けて通ることのできないものです。

　こうした病気の理解を図る指導に際しては、医師等により病名の告知と治療方法や予後についての説明・理解（インフォームドコンセント）が行われていることが前提となります。医師等が告知をしていない場合、学校が独断で指導してはいけません。また、保護者が児童生徒に対して告知を希望しない場合も同様です。

　ある病弱養護学校では、児童生徒の重複化が進む中で将来の豊かな生活を実現で

きるようにするためには、児童生徒が自分の病気や身体について見つめ直す機会を積極的にまた、必要に応じて作っていく必要があると考えています。同じ筋ジストロフィーといっても、一人ひとりその病型や進行状況に大きな差があり、集団での指導では個々の児童生徒のプライバシーの侵害となることも考えられるので、基本的には個別指導が望ましいと思われます。

　実際には、児童生徒自身に病気に向き合う心構えができ、お互いに病気について語り合う機会を作っていくようにすることが大切です。個々の児童生徒の指導においては、教えたり分からせようとするのではなく、不安や悩みを十分に聞き、教師が児童生徒と共に考えていく姿勢が大切となってきます。特に発達に遅れのある児童生徒の場合は児童生徒に理解できる表現を用いてより時間をかけて指導することが大切です。

❏服薬や検査を継続しなければならない病気（てんかん等）の理解の指導

　てんかんなど、服薬を継続しなければならない病気の児童生徒は薬の調整のために短期入院をします。ほとんどの児童生徒と保護者はその際に主治医から病気についての説明を受け、自分の病気についてある程度理解している場合が多いと考えます。しかし、小学部低学年や知的発達に遅れのある児童生徒など理解が困難な場合も見られます。特に薬の調整の効果を見るために定期的に行われる血中濃度の採血検査は直接的な痛みを伴うため、児童生徒の中にはいやがる場合もあります。こうした場合には採血の必要性について理解を図る指導も大切になります。

　てんかんの場合も筋ジストロフィーと同様に病状等についての個人差が大きいため個別の指導を基本とすることが大切です。また、日頃から医師や保護者との連絡を密にして児童生徒の実態にあった指導に気をつけることが大切です。

　てんかんを負い目に感じている児童生徒もおり、心情的な面も十分に理解した指導が大切であることはいうまでもありません。また、薬の調整が済むと前籍校へ戻るということを踏まえた指導や、外見上、健康な児童生徒と変わらないために病気が理解されにくく、いじめや不登校に発展する場合もあることに留意した指導も必要です。

【引用・参考文献】
1．『特殊教育諸学校学習指導要領解説－養護学校（病弱教育）編－』平成4（1992）年　文部省
2．『盲学校、聾学校及び養護学校学習指導要領（平成11年3月）解説－自主活動編－』平成12（2000）年　文部省

Question 16

病弱児にとって「社会参加」とはどのようなことですか。

■自立活動、自己管理能力、社会参加、進路指導、生きがい

Q&A
nswer

　病弱教育対象児童生徒の病気の種類は非常に多くその症状も様々です。病気の種類を多い順からみると「心身症など行動障害」や「筋ジストロフィーなどの神経系疾患」、「喘息などの呼吸器系の疾患」、「重度・重複など」、「腫瘍など新生物」「腎炎など腎臓疾患」、「二分脊椎など先天性疾患」となっています。このように病気の種類が多種多様な病弱児にとっての「社会参加」とは、それぞれが自分の病気を自己管理しながら自分の良さや長所を生かした進路や趣味をもち、長期に入院していても生きがいを持って社会に貢献していくことです。具体的に何かができるといった点にのみとらわれるのではなく、自らの意思表示を含めてよく生きる"Well being"といったこともその中に含めることができると考えます。

❑病弱児の「社会参加」を促す自立活動のあり方

　自立活動の内容は「健康の保持」、「心理的な安定」、「環境の把握」、「身体の動き」、「コミュニケーション」の五つの区分ごとに4〜5項目ずつ22の項目で構成されています。この内容の中から必要な項目を選定し、それらを相互に関連づけて具体的に指導内容を設定することが重要です。

　病気の多様化に対応していくためには自立活動の内容から必要な項目を選定し、それを基に具体的な指導内容を明らかにしていく方法が有効です。特に病弱教育の場合には病気の種類別や食事・運動等の制限の程度別も参考にする必要があります。その内容は、病弱であるから「健康の保持」を重視するといった取り組みを意図しているわけではなく、児童生徒一人ひとりの実態から必要な内容を選定しなければなりません。社会参加に直接関連するものとしては次のような内容が考えられます。

1．健康状態の維持・改善に関すること
　① 自己の病気の状態の理解
　② 健康状態の維持・改善に必要な生活様式の理解と生活習慣の確立
　③ 健康状態の維持・改善
2．心理的な安定や病気の状態を改善・克服する意欲の向上に関すること
　① 病気の状態や入院等の環境に基づく心理的不適応の改善
　　・カウンセリングや心理療法的活動、交換日記などによる不安の軽減
　　・安心して参加できる集団構成や活動などの工夫による不安の軽減
　② 諸活動（体育・音楽・造形・創作的活動など）による情緒の安定
　③ 病気の状態を克服する意欲の向上（医療と教育の連携が重要）

・各種身体活動や造形的活動、持続的作業等による意欲、積極性、忍耐力、集中力の向上、成就感の体得と自信の獲得（自己効力感の発揮）

3．自己管理能力を育成するための支援

① 無気力になりがちな子どもたちへのソーシャルサポート（社会的支援）
・病気のために無力感に陥りがちな子どもたちの不安を軽減し、自己や他者への信頼感を高めながら成就感、達成感等を体験できる環境作り

② 自己管理能力と主観的健康統制感
・自分の努力で健康を維持できると思っているほど、自己管理能力が高い。

③ 自己効力感の効用（自己効力感を高めるポイントの活用）
・遂行行動の達成（パソコン等の活用による成功体験の累積）
・代理的経験（社会自立している卒業生の体験談を聞くなど）
・言語的説得（専門性に優れた魅力的な人に評価してもらう）
・生理的情動的状態（課題遂行時の良好な反応を自覚すること）

❏「社会参加」を促す進路指導事例

　A病弱養護学校高等部では進路指導を総合的な学習の時間に取り組んできました。３Ｃ（チェンジ／チャレンジ／クリエイト）を合言葉に全学年の生徒による産業現場等での実習（校内実習も含む）、生徒自身で運営した実習報告会、社会自立している卒業生〔司法書士Ｃ氏：本校小・中・高等部を卒業し、Ｄ大学法学部入学、大学院を修了、アメリカ合衆国に研修派遣され自立生活を体験、司法書士資格を取り会社内で開業、電動車いすを使いＪＲとバスで自力通勤中〕を招いての進路学習会等を実施しました。

　こうした取組みの結果、Ａ養護学校高等部生が自分の進路を具体的に考えるようになり、結果として大学進学、作業所や厚生施設への通所など自ら選択できる力がついてきたと思われます。

❏病弱教育における「社会参加」の指導のポイント

　病弱教育における「社会参加」はその病気の予後等を十分に考慮して行われなければなりません。適切で優れた施設・設備の整備や情報技術の開発・導入といったことも十分に踏まえ、入院等のために限られている生活空間を拡大し、社会とのかかわりをもつことができるようにすることも大切です。今後はインターネットなどを活用することによって、入院を継続しながらの就労やパソコン等を活用して作曲・出版などその世界はどんどん広がることも予想されます。こういった意味では入院中であっても医療に専念する必要のない時間の有効活用の方法とそのための技術面の教育が求められているところです。

【引用・参考文献】

1．『全国病弱教育施設一覧　全国病類調査表』平成11(1999)年　全国病弱虚弱教育研究連盟・全国病弱養護学校長会・全国病弱虚弱教育学校ＰＴＡ連合会編

Question Q&A 17 Answer

病院での昼食の時間の指導は、「自立活動」として設定してもよいのですか。

■自立活動、授業時数、
　医療・家庭・教育の連携、
　昼食

　近年、病弱養護学校の児童生徒には病気の種類の多様化や障害の重複化、心身症の増加等がみられます。したがって、教師が病院での昼食時間に食事指導をするといってもその意味について一様には考えられません。

❏自立活動の時間

　従前の「養護・訓練に関する指導」という言葉からは病院内での昼食の時間の指導も「関する指導」のようにとらえられていましたが、今回の改訂では「自立活動の指導」と改められ、病院の管理下で行われる食事の指導は「自立活動」とは設定できません。

　なお、学校の教育活動全体を通じて行う「自立活動の指導」の一部に当たる「自立活動の時間における指導」は、「各教科、道徳、特別活動及び総合的な学習の時間と密接な関連を保ち」と示されています。自立活動の指導に充てる授業時数は、これまで一律に年間105時間（高等部は週当たり3時間）の標準時間が示されていましたが、今回の改訂では各学校がより実態に応じた適切な指導時間を確保することになっています。

❏重複障害者の昼食指導と自立活動

　重複学級では各教科、道徳、特別活動の目標及び内容の一部を取り扱わず、自立活動の指導を主として行うことができます。

　実際には教師が病院へ出向いて摂食指導を行う場合もありますが、これを自立活動としてカウントするかどうかは摂食指導が自立活動の指導の目標に含まれており、指導計画に予め位置づけられているかどうかで変わってきます。教育は目的があり計画的に実施されるものです。したがって昼食指導においてもその目的や指導計画の上にたって十分に検討する必要があります。

❏昼食指導と生活管理

　病弱児にとって自分の病気の理解をすることで健康状態の維持・改善を図ることができ、日常生活における健康の自己管理ができるようになることは大事なことです。特に腎臓疾患の場合は、医師の判断で食塩や蛋白質等の適量が示され、栄養指導が病院内で行われますが、自立活動の時間における指導では児童生徒の発達段階に応じた指導、より自己管理ができるように児童生徒の自己評価の場を設けるなど

工夫された指導も必要となります。

　したがって、病院の許可を得た上で食事の時間の児童生徒の摂食の様子を知るために病院に出向くこともあります。実際の摂食状況がその後の指導に大いに参考となります。しかしこの病院内での観察は自立活動としてカウントするものではありません。

　また、病状や精神的な状況によっては食事に関する指導にまで関与できない場合もありますので、主治医と連携を図りながら取り組むことが大切です。

❏医療・家庭との連携に基づいた自立活動

　自立活動の指導は個々の児童生徒の実態の的確な把握に基づいた「個別の指導計画」の作成から始まります。そして、その実態把握には医学的な側面からの実態把握や子どもを取り巻く生活環境の実態把握も併せて行う必要があります。

　病院内での食事はそれまでの家庭での食べ慣れた味付けや家族団らんの食事と違って子どもにとっては特別なものです。

　特に腎臓疾患の場合は病状によって刻々と食事に関する留意点が変化しますので、指導には注意が必要です。それには常に医療と家庭からの情報を網羅した実態把握を基に「個別の指導計画」の修正がなされるべきでしょう。そのため「個別の指導計画」は折に触れて見直し、指導内容の変更も必要となります。

【引用・参考文献】
1．『自立活動の指導－新しい障害児教育への取り組み－』　平成12(2000)年　教育出版
2．『病弱虚弱教育』全病連機関誌第41号　平成13(2001)年　全国病弱虚弱教育研究連盟

※ コラム

確実に発達している

　よく聞くおかあさんの言葉に、「先生、この子は家では鶏肉しか食べないんです」「牛乳は一切飲まないんです」等ということがあります。

　ところが、そのような評価を受けていた子どもの多くが、学校の給食ではすぐに順応して食べ始めたりします。これは、介助者の問題とか環境作りの問題とか様々な要因があって一概には言えませんが、往々にして子どもの能力を押さえていたか、または○○であろうという一方的な解釈をしているのではないかということが言えます。子どもたちの動きやまなざし、表情などのサインに気づいてあげることが食事指導を進める上で重要なポイントになります。

　機能的には劣っていても、子どもの歴年齢は確実に発達していることを認識することが何よりも大切なことです。

　障害のあるお子さんに妹さんが産まれた時のことです。それまでは、この子は私でなければ食事もとれないので、入院中の世話について困ると話していたお母さんに私は「○○ちゃんはお母さんの手助けをしてくれるから心配ないですよ」「この子のためにも是非、お子さんを産んでね」と言って励ましていたのです。いざ出産入院をすると、なんと今までお母さんとしか食べられなかったと思われていた子どもがお父さんと食べ、しっかりと留守番をしたのです。

　このように子どもは、自分の置かれている状況をとらえて、できる限りの協力ができるということを理解してほしいのです。

（ＳＡＫＵＴＡ『摂食コミュニケーション』）

Question 1
Q&A Answer

病弱教育における「総合的な学習の時間」のねらいはどのようなことですか

■総合的な学習の時間、
　体験的な学習、
　課題解決学習

「総合的な学習の時間」は「[ゆとり]の中で生きる力を育む」新学習指導要領の趣旨に則り、小学校（第1学年・第2学年を除く）、中学校、高等学校、盲学校、聾学校及び養護学校（小学部第1・2学年、知的障害養護学校小学部等を除く）のすべての校種に新設されることになりました。

❏「総合的な学習の時間」のねらい

> 総合的な学習の時間においては、次のようなねらいをもって指導を行うものとする。
> (1) 自ら課題を見付け、自ら学び、自ら考え、主体的に判断し、よりよく問題を解決する資質や能力を育てること。
> (2) 学び方やものの考え方を身に付け、問題の解決や探求活動に主体的、創造的に取り組む態度を育て、自己の生き方を考えることができるようにすること。　　　　　　　　　　　　──『学習指導要領』第1章第2節第4の2（小・中）

各教科、道徳、特別活動及び自立活動にはそれぞれ固有の目標があり、その実現をねらいとして教育活動が展開されます。それぞれの教科等の学習をとおして身につけた知識や技能、資質や能力は本来一体となって子どもが「今」と「将来」をより豊かに生きるための力となるべきものです。しかし、社会の急激な変化や価値観の多様化など、子どもを取り巻く環境が大きく変わる中、学校で学んだことを自分の生活の中での「生きる知恵」として生かしがたい現状があります。子どもの生きる力を育むためには、各教科等で得た知識や技能等がそれぞれの子どもの生活において生き、総合的にはたらくようにする機会を意図的・計画的に設ける必要があります。「総合的な学習の時間」のねらいはこの点にあります。

❏病弱教育における「総合的な学習の時間」のとらえ方

病弱児は病気の種類や入院期間、予後、将来に向けて、一人ひとりが多様なニーズを持っています。学校で学んだことや自分の興味・関心を手がかりにして、自分の生活に主体的に取り組み、新しいことや苦手なことにも挑戦していく意欲、したいことを実現するために何が必要なのかを考えて目標の達成に向かって自ら取り組む意欲を育んでいくことが大切です。長期にわたる入院生活を過ごしている子どもは活動制限を受けていることが多くあります。病気に起因する子どもの悩みや苦し

みへの深い理解に立ち、病気と向き合う子どもに共感し、将来への希望を育む「総合的な学習の時間」でありたいものです。

❏主体的で達成感、成就感のもてるような活動を

　その具体的な取り組みは子どもによって違います。学校で学んだことを生活場面でどのように生かすかをより具体的なイメージとして描きながら、「これをする」というねらいをはっきりさせて取り組む必要があります。

　子どもの主体的な活動を支える教師には、一人ひとりの子どもの個性を大切にし、子どもの目線に立って共に活動する姿勢がなくてはなりません。これはすべての教育活動の基本であり、さらに「総合的な学習の時間」において一人ひとりの子どもが自ら課題に取り組み主体的に生きる力を育む上で、ことに大切にされなければなりません。

　病気等により、将来展望を持てず閉塞感を抱きがちですが、自分の良さに気づき、自己肯定感を抱くことにより徐々に取り除かれていくものなので、「やってみよう」と自分の生活の中で具体的な目標を立て、その達成のために何をするのかが分かって取り組むとき子どもは活気を取り戻します。そして「できた！やった！」という成就感を味わうことによって輝きを増します。すべての子どもは「大切なかけがえのない存在」です。自分の良さは他者から評価を受けることで確かな気づきとなります。「できた。すごいね。」と喜びを共感する人がいることによって達成感は新たな活動に取り組む自信や意欲となっていきます。

❏体験的な学習を大切に

　病弱児にとって地域社会等における体験的な学習は特に大切にしたいものです。体験活動が難しい場合はそれに代わり得るものを準備する必要があります。子どもたちが得たいと思う情報、子どもたちに必要と考えられる情報はインターネット等マルチメディアを活用することによって得られます。自分の生活を広げ、自ら学び、自ら考えてよいと思うことを選んで主体的に生きる力を育む一方法として、マルチメディアの有効活用は今後さらに探られる必要があるでしょう。

　「人」との出会いもまた子どもたちの世界を広げます。出かけるのが無理なら来てもらう。「達人」を招いていっしょに活動することで、「おもしろい、できた、もっとやりたい、次はこんなことを教えてほしい」と興味・関心の幅を広げていくことができます。子ども理解を深めながら、様々な活動内容を考えて授業を創造する柔軟な発想と実践力を高めたいものです。

　子どもたちが「してもらう、させられる生活」でなく、必要な支援を受けながら人とのかかわりの中で「自らする」生活に向かう。そのために一人ひとりの子どものニーズに応じて「総合的な学習の時間」を活用するのだという発想が大切です。

・・・

【引用・参考文献】
1.『盲学校、聾学校及び養護学校学習指導要領（平成11年3月）解説 –総則等編– 』　平成12(2000)年　文部省

Question Q&A 2 Answer

課題を設定する際のポイントについて教えてください。

■総合的な学習の時間、
　課題設定

「総合的な学習の時間」の課題を設定するポイントは、小・中・高等学校で行われている「総合的な学習の時間」における課題設定の考え方に病弱教育におけるねらいを踏まえたものであり、一人ひとりの病状や実態を考慮しつつ行動制限からくる体験活動をいかに補っていくかにあります。

❏総合的な学習の時間の「課題」

学習指導要領では、学習活動を構成する課題の例として次の3点が示されており、それぞれ学校の実態に応じて学習活動を行ってよいとされています。
(1) 国際理解、情報、環境、福祉・健康などの横断的・総合的な課題
(2) 児童または生徒の興味・関心に基づく課題
(3) 地域や学校の特色に応じた課題（高等部は省略）
(1)の各課題の例示ですが、それぞれのテーマを単独で取り扱うのではなく、できれば課題内容を多くの切り口から多面的に捉え、関連させて取り扱う方が発展性があると思われます。
(2)及び(3)の課題についても、(1)でどのような課題を設定したとしても必然的に(2)や(3)の課題が関連づけられるものと思われます。例えば、福祉・健康を取り上げた場合、自分の病気について子どもは重大な興味・関心を持つでしょうし、地域の福祉施設や病院等についての専門性や特色などを調べるなど、様々にかかわって展開させるほうがより深化できるのではないかと考えられます。

❏児童生徒の意欲を引き出す課題設定

具体的に課題を設定する際、「国際理解、環境など」の大枠の課題は指導者が決めてもよいと思います。次に、児童生徒が自らの課題を見つける作業に入ります。例えば、身近にいる留学生と交流したり、病院やゴミ処理施設を見学したりして、学ぶ対象に興味・関心を持たせることが必要になります。
実体験をもとにして学級等で話し合いをして、自らの課題を発見させ、グループを作るなどして意識の共同体をつくり論議を深めていきます。次に研究の道筋を決めて各種の情報収集活動に入り、この後、中間報告等を経ながらまとめに向かっていけばよいと思います。
病弱の児童生徒については、これまでの生活体験の中で心身共に様々な辛さを体験している場合が多く、精神面でのサポートが必要です。

❏病弱養護学校としての実践の在り方及び留意点

- 障害の状態及び発達段階や特性等を十分考慮しながら、学校として年間を通した課題設定をします。

- 学年在籍数が著しく少なくなるなることもあります。その際は学年の枠をはずした集団を形成するなどして、児童生徒の意見交換等が十分できやすい状況を設定することも大切です。

- 病弱教育を受ける児童生徒の場合は転入時期が不確定です。当該児童生徒にとって前籍校での教育を一時期中断し新しい学校での教育を受けることとになるので、不安とともに戸惑いも大きいものがあると考えられます。この点を十分配慮し、学校は前籍校での本時間の取り組みを把握しつつ、養護学校における課題研究に早くなじませるようにします。

- 病院においてはベッドサイドやカンファレンスルーム等で学習する場合もあります。医療スタッフと十分連携を取りながら、教科学習とともに可能な限り総合的な学習の時間が確保できるよう努力する必要があります。

- 退院に際しては、児童生徒がスムーズに前籍校に戻れるよう配慮が必要です。この場合、児童生徒が養護学校における総合的な学習の時間で得た学習過程や成果が充実したものであったという成就感を持たせることが大切です。また、前籍校に対しても養護学校での課題の取組みの状況を伝える必要があります。

【引用・参考文献】
1. 『盲学校、聾学校及び養護学校学習指導要領』 平成11(1999)年 文部省
2. 『こんなときどうする新教育課程』No.1 小学校「総合的な学習の時間」 平成12(2000)年 教育開発研究所

❈ コラム

横断的・総合的な学習の推進

　子供たちに［生きる力］を育くんでいくためには、言うまでもなく、各教科、道徳、特別活動などのそれぞれの指導に当たって様々な工夫をこらした活動を展開したり、各教科等の間の連携を図った指導を行うなど様々な試みを進めることが重要であるが、［生きる力］が全人的な力であるということを踏まえると、横断的・総合的な指導を一層推進し得るような新たな手だてを講じて、豊かに学習活動を展開していくことが極めて有効であると考えられる。

　今日、国際理解教育、情報教育、環境教育などを行う社会的要請が強まってきているが、これらはいずれの教科等にもかかわる内容を持った教育であり、そうした観点からも、横断的・総合的な指導を推進していく必要性は高まっていると言える。

　このため、各教科の教育内容を厳選することにより時間を生み出し、一定のまとまった時間（以下、「総合的な学習の時間」と称する）を設けて横断的・総合的な指導を行うことを提言したい。

　この時間における学習活動としては、国際理解、情報、環境のほか、ボランティア、自然体験などについての総合的な学習や課題学習、体験的な学習等が考えられるが、その具体的な扱いについては、子供たちの発達段階や学校段階、学校や地域の実態等に応じて、各学校の判断により、その創意工夫を生かして展開される必要がある。

（中央教育審議会 「21世紀を展望した我が国の教育の在り方について」 第一次答申）

Question Q&A 3 Answer

「総合的な学習の時間」は教育課程上、「領域」として位置づけられるのですか。

■総合的な学習の時間、
　教育課程、教科・領域、
　ねらい、時間枠

　　総合的な学習の時間は、学習指導要領において目的や内容が規定されている領域ではなく、各教科・領域にわたる共通的な事項を定めている総則に位置づけられています。総合的な学習の時間は、各学校が地域や学校の実態、児童生徒の障害の状態や発達段階等に応じて、横断的・総合的な学習など創意工夫を生かした教育活動を行う時間として創設されました。この時間については、各学校が創意工夫を生かした教育活動を行う時間であることから、各教科や道徳、特別活動及び自立活動の領域のように、学習指導要領の第2章以下に目標や内容を示さず、第1章総則においてねらいや学習活動、配慮事項等の取扱いについて示されています。

❏総合的な学習の時間の教育課程上の位置づけ

　　学校教育法施行規則第73条の7には小学部が、同じく第73条の8には中学部、同じく高等部は73条の9において次のようのに教育課程上の定めが示されています。

> 　盲学校、聾学校及び養護学校の小学部の教育課程は、各教科、道徳、特別活動、自立活動及び総合的な学習の時間によって編成するものとする。（一部省略）

❏盲学校、聾学校及び養護学校学習指導要領における位置づけ

> 第1章　総　　則 ── 各学校における教育課程の編成、実施について各教科等にわたる共通な事項を定めている。
> 　　　　　　　　　　総合的な学習の時間（ねらい、学習活動、配慮事項等を示している）
> 第2章　各 教 科 ┐
> 第3章　道　　徳 │
> 第4章　特別活動 ├── 各教科・各領域（目標と内容を規定している）
> 第5章　自立活動 ┘

【引用・参考文献】
1．『盲学校、聾学校及び養護学校学習指導要領（平成11年3月）解説－総則等編－』 平成12(2000)年3月　文部省
2．『盲学校、聾学校及び養護学校学習指導要領』 平成11(1999)年　文部省

Question Q&A 4 Answer

教科の枠を越えた内容を取り扱う際の留意事項について説明してください。

■総合的な学習の時間、体験学習、
　問題解決学習、学習形態、
　指導体制、国際理解

　総合的な学習の時間は各教科等で身につけた知識や技能を相互に関連づけ総合的に働くようにするため、意図的・計画的に機会を設け、学校で学ぶ知識と生活との結びつき、知の総合化の視点を重視した学習活動により、知識や技能が実生活に生かされるようにすることが大切です。

❏総合的な学習の時間の学習活動の展開にあたっての配慮事項

1．体験的な学習、問題解決的な学習の重視

　　自然体験やボランティア活動・就業体験などの社会体験、観察・実習、見学や調査、発表や討論、ものづくりや生産活動、交流活動など、児童生徒が直接体験したり問題解決に取り組む学習を積極的に取り入れることが大切です。

　　小学校、中学校、高等学校と盲学校、聾学校及び養護学校との交流活動は、総合的な学習における特色ある活動の一つになるものと考えられます。

2．学習形態、指導体制、地域の教材や学習環境の積極的な活用などの工夫

　　グループ学習や異年齢集団による学習などの多様な学習形態、地域の人々の協力も得つつ全教師が一体となって指導に当たるなどの指導体制、地域の教材や学習環境の積極的な活用などについて工夫することが大切です。

　　小学校、中学校の特殊学級設置校においては、特殊学級の児童生徒を含めたグループ学習、異年齢集団による学習を工夫することにより特色ある教育、特色ある学校づくりが可能になります。

3．小学部における外国語会話等の取扱いの工夫

　　児童が外国語に触れたり、外国の生活や文化などに慣れ親しんだりするなど小学部段階にふさわしい体験的な学習を行うようにすることが大切です。

4．授業時数の弾力的な配当の工夫

　　盲学校、聾学校、養護学校高等部においては、総合的な学習の時間における学習活動をあらかじめ計画して学期の区分に応じて単位ごとに分割して指導することができます。

・・・

【引用・参考文献】

1．大南英明『学習指導要領早わかり解説　盲・聾・養護学校教育基本用語辞典』　平成12(2000)年　明治図書

2．『盲学校、聾学校及び養護学校学習指導要領（平成11年3月）解説－総則等編－』　平成12(2000)年3月　文部省

Question Q&A 5 Answer

運動等の制限を受けている子どもの体験的な学習はどのようにするのですか。

■総合的な学習の時間、
　体験学習、運動制限、
　ねらい

　例えば、安静を必要とするネフローゼ等の腎疾患児や化学療法等の関係で感染しやすい状態にある悪性新生物疾患児などでは、運動や外出が制限される児童も少なくありません。そのため総合的な学習の時間の指導においても体験的な学習を行う場合は特別な工夫が必要となってきます。

❏総合的な学習のねらい

　新学習指導要領では「生きる力」が強調されており、とりわけ「総合的な学習」の時間において、①自ら課題を見付け、自ら学び、自ら考え、主体的に判断し、よりよく問題を解決する資質や能力を育成すること②学び方やものの考え方を身に付け、問題の解決や探求活動に主体的、創造的に取り組む態度を育て、自己の生き方を考えることができるようにすることをねらいとして示されています。

❏体験学習の意義

　受験勉強中心の偏差値教育の中では教科書の知識を暗記し、その知識の中に正解や基準を求めるといった閉塞的な学習となり、「生きていること」と「学習すること」とが乖離、分裂した状況を生み出すことになりました。その結果、子どもたちは学校で学習するものに対してリアリティを感じられなくなっています。同様に、人間や動物に関する知識も現実味のない知識として受け取られ、他者の気持ちを想像したり思いやる心がますます希薄になっているといえます。

　そこで、リアリティのある学習にするためには他者とともに生活し、体験している現実の社会や自然に基づいた問題や課題についての学習が必要となってきます。

　ただ単に体験するだけで良いのではなく、体験的な活動を「生きる力」を育てる活動へと高めることが大切となります。そのためには、まず自ら課題に気づくこと、課題意識を育てることが重要であり、その課題を解決するなかで情報の集め方、調べ方、まとめ方、発表のしかたなど考え方や学び方といった教科の枠を越えた横断的、総合的な力を育てることが大切といえます。また、問題解決の過程や方法について、自ら評価する（ポートフォリオ等の使用）ことで自らの価値観を育て、自然や社会の発展とどのようにかかわるかという生き方や考える力を育てることになります。

❏総合的な学習の時間の内容

　　新学習指導要領では、総合的な学習の時間の内容例として国際理解、情報、環境、福祉・健康が示されています。そのうち、運動制限があり治療上の理由から自由に外出できない病弱児に対して考えられる内容を挙げてみました。

1．環境

　　病室や教室から外に出られない場合であっても、ゲスト・ティーチャーとして環境問題に詳しい人あるいは身近な地域の人の話を聞くことで社会や他者への関心を育て、問題に気づかせ、図書やインターネット等を利用して問題解決を図ります。

　　ゴミ問題や環境汚染に限らず、児童の興味・関心に基づいて身近な植物や鳥の生息地域や生態等について学習することも考えられます。

2．情報

　　各教科等での学習でもコンピュータを積極的に活用を図ることとして、行事の感想文、行事時の写真、図画工作の作品等をＣＤ－ＲＯＭにデジタル化する中で、基本的操作を学習することが考えられます。自分のＣＤ－ＲＯＭを作り上げることで自らの成長の歩みを振り返ることにもなります。

　　また、壁新聞やグループ新聞をコンピュータやデジタル・カメラ等の周辺機器を利用して作る、その他、ホーム・ページの作成、閲覧、Ｅメールによる他校児童との交流を通して、情報の収集、成果の発表のしかたを深めることができます。

3．国際理解

　　外国人、海外生活経験者、留学生などをゲスト・ティチャーとして招いて、外国語のみならず他の国の文化に触れる時間として設定し、聞いて学ぶ体験の輪を広げるようにします。

　　また、インターネットやテレビやビデオなどから情報を収集し、諸外国の文化を寸劇などで発表することが考えられます。

4．福祉・健康

　　病弱児が比較的接する機会の多い医療関係者や福祉関係者から話しを聞くなかで、疑問に感じたことを課題として意識させ、図書やインターネット等を利用して情報を集め探求していくことができます。

　　また、ニュース番組やドキュメンタリー番組を視聴して、例えば障害者と盲導犬や介助犬、ペット事情など介護問題や生命への関心を広げ探求することができます。

【引用・参考文献】

1．寺西和子『総合的学習の理論とカリキュラムづくり』平成12(2000)年　明治図書

Question Q&A 6 Answer

学年を越えた内容を扱う際の留意事項について教えてください。

■総合的な学習の時間、
　課題解決学習、各教科、
　地域との連携

　病弱児の教育における「総合的な学習の時間」の指導に当たっては、児童生徒の病状をよく理解し、主治医や担当看護婦の意見を十分参考にした上で内容を構成することが大切です。

　また、基本的には「総合的な学習の時間」の活動内容に、学年の系統性や順序があるとは考えられません。したがって興味・関心の内容が探求可能かどうか、表現の方法が能力的に可能かどうか、調査・研究の対象が適切かどうかを指導者は判断し、可能な限り探求の支援を図ることが大切です。

❑児童生徒自らの課題意識を大切にする

　「総合的な学習の時間」の年間指導計画については指導者が構想を立てることになりますが、各学習単元の素材や具体的学習テーマ、学習方法については児童生徒自らの課題意識や興味・関心に基づいて設定したり、選択したりできるほうが望ましいといえます。

　この学習は、自ら見つけた問題を自ら解決するという「生きる力」の育成に深いかかわりをもつ学習なので、児童生徒自らが自分の問題として取り組んでいけるような課題や、常に興味・関心を抱きながら今まで教科の学習としては扱われなかったという内容を掘り起こし、計画することが必要です。

　学習内容としては

①学校の周りの自然環境、人的な地域環境、病院の役割・機能等、児童生徒が常に身の回りにあって触れることのできるものの中から、選択し、同じ内容を選択した者がグループで学習を進め協力し合って解決を図ります。

②児童生徒一人ひとりが自分の病気について、また個人的に興味のあることについてテーマを設定し学習活動に取り組みます。指導者は、解決にあたって自分で解決できたという成就感や達成感が得られるように控えめな支援を行います。

　学年を越えた内容については、保護者を初めとして学校外の人々の協力を得て、より大きな成果につながるものにしていきます。

　地域の人や病院職員から、様々な協力を得て、「開かれた学校」の考えを広く取り入れ、児童生徒の興味・関心をできる限り生かすようにします。

❑社会体験の異なる児童生徒が協力して学習を進める

　興味・関心が同じ子どもたちのグループを作って学習活動を展開する場合に、時

として学年の学習内容を越えている場合があります。それまでの経験の違いをどう補い合うか、学習形態などの工夫を積極的に図る必要があります。同じ興味・関心の下に集まった異学年の集団においては、当然、学年相応の内容を学習する者と学年を越えた内容を学習する者とができます。学年や学級を越えた集団においては、同学級、同年齢とは異なる人間関係の構築をまず指導者がリーダーシップを取って進める必要があります。互いに教え合ったり学び合ったりする態度を育むとともに、異なる年齢の学習仲間を尊重し合う態度こそが互いの体験を補い、未知のものへ向かうチームワークを作るようになります。また、内容があまりに専門的で理解が困難であると判断される場合には、計画段階で内容の修正指導も必要になってきます。

❏各教科や地域教育施設との連携を図る

　「生きる力」の育成は各教科で身につけた知識や技能を相互に関連づけ、総合的に活用できる能力を高めることでもあります。当該の学年で身につけている能力や技能を越えた解決の方策を探る必要がある場合も起こってきます。その場合、児童生徒の意欲に応えて、積極的に学習環境を整えたり地域の教育施設を活用することも指導するとよいでしょう。

①保護者を初め、地域の専門家や留学生、ボランティア等と連携し、活用を図ります。
②地域の図書館、博物館等との連携を図ります。
③地域の文化財、伝統行事、産業にかかわる人々との連携を図ります。

　その他地域の自然にかかわる人との連携を図り、児童生徒の学年の内容を越えた意欲に応えていく必要があります。しかし、病弱の児童生徒にとってはその場へ行ってそれらの教育施設を利用できない場合も多く、このような場合はそれぞれの施設のホームページが活用できるように、インターネットも含めたコンピュータ活用を積極的に進めます。

かほばな（ヒルガオ）

Question 7
Q&Answer

小学部1・2年生の生活科と総合的な学習の時間の位置づけについて説明してください。

■総合的な学習の時間、
生活科、時間枠

　小学校1・2学年には総合的な学習の時間は設定されていないので、共通のテーマで全学的に総合的な学習の時間に取り組み、小学部1・2年生も共に学習・活動する場があったとしても、それを総合的な学習の時間として位置づけることはできません。しかしながら、総合的な学習の時間が小学校1・2学年に設定されなかったのは、既に生活科が置かれていたからであり、生活科と総合的な学習の時間には共通点が多くあります。

　総合的な学習の時間は、各学校が創意工夫をして生きる力を育み、社会の変化に主体的に対応できる資質や能力を育成するために小学校3学年以上に設けられましたが、1・2学年においても生活科を中核とした総合学習が実施されることによって、同様な目的が実現されることが求められています。実際に何年も前から総合的な学習の時間に取り組んできている学校では、結果的に生活科の内容はほとんど含まれていて、ほぼ同じ延長線上で児童が学ぶことを位置づけて考えている学校もあります。新学習指導要領では生活科の改善もなされました。ここでは主に生活科と総合的な学習の時間との関連について述べます。

❏総合的な学習の時間と生活科との共通点と相違点

　生活科には次のように総合的な学習の時間との共通点が多くあります。
・学習過程の基本がともに問題解決学習である。
・学習の進め方がともに体験重視であり、児童生徒の主体的活動を重視している。
・本来総合的な学習の時間の「環境」を理科や社会科のように分けず、総合的にとらえて学習を進めていく学習方法をとる。
・自分と人や社会、自然とのかかわりを重視している。

　相違点として明らかなのは、生活科は教科であり、総合的な学習の時間は教科ではないということです。生活科は教科としての目標や内容が明確に示され、教科書があります。総合的な学習の時間は国際理解、情報、環境、健康・福祉といった横断的・総合的な内容が示されてはいますが、生活科のように目標や内容が具体的には示されてはいません。

❏生活科改善の具体的事項

　今回の学習指導要領の改訂によって、生活科では内容項目の精選化がなされ、内容の選択の幅も広がりました。各学校において地域や児童の実態に応じた多様な活

動がより展開できるようになり、具体的な活動や体験を行う中で児童が多様な人々と触れ合うことができるよう配慮することも示されています。また、総合的な学習の時間との関連に配慮し、児童がいっそう自分の思いや願いを生かし、主体的に活動することができるようにするため、国語、音楽、図画工作などを初めとした他教科等との合科的・関連的な指導をこれまで以上に推進することも示されています。

❏病弱養護学校における総合的な学習の時間と生活科の実践

　病弱養護学校には小学部、中学部、高等部の児童生徒が在籍しており、行事なども全校で取り組むものが多くあります。また、小学生段階では特に集団で学ぶことが必要ですが、1学級の児童数が少ない場合がほとんどです。このような状況から考えると、テーマによっては小学部で、あるいは全校で取り組む総合的な学習の時間に小学部1・2年生も共に活動する可能性があります。

　しかし、その場合でも生活科本来の学習内容にそった取り組み及び評価がなされるように注意しなければなりません。

　病弱養護学校であるがゆえの校外での活動、外部の人とのかかわりなどの制約・規制は生活科も同じで、校内における体験的活動も個に応じた配慮と支援が必要です。生活科の学習を充実させることが総合的な学習の時間の充実にもつながると考え、どちらの実践も各学校が創意工夫して実践していくことが大切です。

・・

【引用・参考文献】

1．平野朝久 編著『子どもが求め追求する総合学習』　平成10(1998)年　光村図書

※ コラム

盲学校、聾学校及び養護学校の指導要録について
別紙第1　小学校児童指導要録に記載する事項等

（総合的な学習の時間の記録）

　総合的な学習の時間については、この時間に行った学習活動及び指導の目標や内容に基づいて定めた評価の観点を記載した上で、それらの観点のうち、児童の学習状況に顕著な事例がある場合などにその特徴を記入するなど、児童にどのような力が身に付いたかを文章で記述する。

　評価の観点については、小学校学習指導要領に示された総合的な学習の時間の二つのねらい（①自ら課題を見付け、自ら学び、自ら考え、主体的に判断し、よりよく問題を解決する資質や能力を育てること、②学び方やものの考え方を身に付け、問題の解決や探求活動に主体的、創造的に取り組む態度を育て、自己の生き方を考えることができるようにすること）などを踏まえ、各学校において具体的に定めた目標、内容に基づいて定める。

（例えば、上記の二つのねらいを踏まえ、「課題設定の能力」「問題解決の能力」「学び方、ものの考え方」「学習への主体的、創造的な態度」「自己の生き方」などと定めたり、また、教科との関連を明確にして、「学習活動への関心・意欲・態度」「総合的な思考・判断」「学習活動にかかわる技能・表現」「知識を応用し総合する能力」などと定めたり、さらに、各学校の定める目標・内容に基づき、「コミュニケーション能力」「情報活用能力」などと定めたりすることが考えられる。）

（季刊　特別支援教育No. 2　平成13(2001)年）

小学校児童指導要録、中学校生徒指導要録、高等学校生徒指導要録、中学校教育学校生徒指導要録並びに盲学校、聾学校及び養護学校の小学部児童指導要録、中学部生徒指導要録及び高等部生徒指導要録の改善等について（通知）

Question Q&A 8 Answer

未学習の内容が必要になった場合の指導について教えてください。

■総合的な学習の時間、
　未学習、学習空白、
　教科学習

　「総合的な学習の時間」の教科学習について、病弱教育では二つのケースが考えられます。一つは上級の学年の教科学習で学習する予定の内容や、学習指導要領の範囲を越えた内容を学習する必要性が出てきた場合です。もう一つはその子どもにとって教科学習等でそれまでに学習すべきであった内容が学習できていない、すなわち病気による治療や障害によって学習できなかったいわゆる「学習空白」がある場合のことです。

❏「未学習」と「総合的な学習の時間」について

　「総合的な学習の時間」の内容については、例示として、国際理解、情報、環境、福祉・健康などの教科枠を越えた学習が挙げられています。もともと「総合的な学習の時間」は従来の教科学習では十分に対応ができなかったことを教科指導の枠を越えて学習しようというねらいがあるわけですから、「未学習」の内容が多くなるのは当然のことだと思われます。また、子どもたちが興味・関心があり学習してみたいと思うことは、教科の範囲を越えることが多いと思われます。そこにこの学習の魅力があるとも言えます。これまで学校では学習しなかった新しいことにチャレンジする気持ちで学習を進めたいものです。ただし、例えば小学部の子どもたちに中学校や高等学校で学習するような内容をストレートに指導してもよいわけではありません。子どもたちが理解できる内容の学習が基本になると思います。難しい言葉や内容について子どもたちが興味・関心がある場合は、指導者はそれをわかりやすくかみ砕くなどの工夫が必要になるでしょう。「総合的な学習の時間」は、未知のことやあえて難しいことについても学習するというチャレンジ精神、難問題を解決できたという達成感などを味わえるような学習でもありたいものです。その学習の経過や体験が子どもたちの「生きる力」につながることと思います。

❏「学習空白」がある子どもの指導

　「学習空白」がある子どもへの指導は病弱教育では今までも取り組んできた重要な指導ですが、近年、医学等の進歩により入院期間が短期間になる傾向があります。この短期の入院期間中に、しかも限られた学習時間で学習空白を埋めることは至難の業かもしれません。しかし学習の方法を身につけ空白を少しでも無くして前籍校などへ復帰できるようにすることは、子どもにとってもその後の生活に大きな自信を与えることになります。

「総合的な学習の時間」は子どもたちの興味・関心をもとに学習を進めることをねらいとしています。子どもたちが学習を進める中で「未学習」の内容に取り組まなければならなくなった場合、教科学習の空白を埋める学習のチャンスなどとはせず、「総合的な学習の時間」として必要最低限の内容だけを学習することに留意すべきです。何よりも子どもたちが今行っている学習に意欲を持ち続けることができることを優先すべきです。また、総合的な学習の時間は学習の方法を学ぶことも大きなねらいとしていますので、「総合的な学習の時間」によって身についた様々な学習の方法は、後日、教科学習にも役立ちます。学習空白を一気に埋めることにつながるかもしれません。

❏指導事例

　病弱養護学校の中学部生徒（2学年1名女子）の学習の様子を紹介します。平成12年の春から夏にかけて噴火した北海道の有珠山について学習をしたものです。総合的な学習の時間の試行に当たって、ちょうど学習課題を考えているときに噴火が起こり、生徒の親戚が北海道に住んでいるということもあって噴火については関心が強く、学校で購読している新聞の関連記事の切り抜きから始め、インターネットの情報検索なども使いながら学習を進めました。そして、回復後前籍校への転学を前にした1学期末に結果をまとめて展示することができました。その学習の折、未学習の内容もかなり学習することになりました。火山の噴火については、理科の3学年で学習することになっていました。新聞記事の中にも噴火のメカニズムを解説したものが多数出てきます。全部を理解することは高校生でも難しい内容ですので、とりあえず理科2分野下の教科書を開いて、記事に関係することだけを簡単に学習しました。コンピュータの学習は、技術家庭科で少し学習していましたので役立ちました。数学では、新聞記事の数の変化をコンピュータによってグラフに表すことにチャレンジしました。記事の中では、被災者の避難生活やボランティア活動などの関心を持ち、阪神淡路大震災のことを思い出しながら災害についての学習もしました。いずれも未学習に当たる内容で、十分に消化できない難しいものもあったようですが、この学習の経験が、生徒の今後の学習や生き方においてどこかで役に立ってくれることと思います。

【引用・参考文献】
1．紀要『あゆみ』25号　平成13(2001)年　奈良県立七条養護学校

Question Q&A 9 Answer

時間数はどのように設定したらよいのですか。

■総合的な学習の時間、
　時間数、知的障害、
　単位認定

　　総合的な学習の時間の授業時数は学習指導要領に示されているとおり、小・中・高等学校と同様、適切に授業時数を定めることとされています。知的障害を併せ持つ児童生徒の指導の場合は、知的障害養護学校の規定を準用することになりますので留意する必要があります。

　　学習指導要領に示されている小・中・高等部各段階の授業時数は次のとおりです。

❏小・中学部の授業時数

　　小・中学部の総合的な学習の時間の授業時数は、盲学校、聾学校及び養護学校小学部・中学部学習指導要領第１章総則第２節第６の３において示されています。

　　盲学校、聾学校及び肢体不自由者または病弱者を教育する養護学校小学部における実施学年については、小学校と同様、第３学年以上とし、児童の障害の状態や発達段階等を考慮して適切に授業時数を定めることとしています。

　　知的障害者を教育する養護学校の小学部については、全学年に総合的な教科である「生活科」が設定されていること、また、学校教育法施行規則第73条11の第２項の規定に基づき、いわゆる領域を合わせた授業ができるようになっていることなどから、総合的な学習の時間と同様の趣旨の指導を行うことが可能であるため、これを設けないこととしています。

　　盲学校、聾学校及び肢体不自由者または病弱者を教育する養護学校並びに知的障害者を教育する養護学校の中学部においては、いずれも中学校に準じて総合的な学習の時間を設け、生徒の障害の状態や発達段階等を考慮して適切に授業時数を定めることとしています。

　　この時間の年間指導計画の作成等に当たっては、毎週一定の時数を割り振るだけでなく、各教科等の学習内容との関連を図ったり、活動内容によっては特定の時期に集中的に実施した方が効果的な場合もあることなどから、１年間を見通し弾力的に授業時数を配当するなどの工夫が望まれます。

　　また、時間割の編成では、見学や調査など体験的な学習活動が多くなることなどから、そのような活動時間を確保しやすいよう、例えば２時間連続で設定したり、活動内容によっては１日に集中的に実施したりするなどの工夫も考えられます。

❏高等部の授業時数

　　高等部の総合的な学習の時間の授業時数は、盲学校、聾学校及び養護学校高等部

学習指導要領第1章総則第2節第2款第4の5において、卒業までに各学校において学校や生徒の実態に応じて適切に定めるものと示されています。

　総合的な学習の時間は各学校が教育課程の編成の理念や方針を確立し、その中での位置づけを明確にして、特色ある教育活動を展開することを目指して設けられた教育課程上の時間です。

　このような創設の趣旨から、この時間は授業時数で表し、同じ教育課程の適用を受ける生徒は原則として同じ時数の学習活動を行うこととなります。

　総合的な学習の時間の授業時数については、各学校において学校や生徒の実態に応じて適切に定めるものとしています。また各教科・科目、ホームルーム活動及び自立活動の授業のように年間35週行うことを標準とはしていません（高等部学習指導要領第1章総則第2節第2款第4の1）。 したがって卒業までの各学年のすべてにおいて実施する方法のほか、特定の学年において実施する方法も可能です。また、一定の時数を週ごとに割り振って、年間35週行う方法のほか、特定の学期または期間に行う方法を組み合わせて活用することも可能です。

　なお、この時間については学校教育法施行規則第63条の4に規定する学校外活動の単位認定を行うことはできないので、必ず学校での授業時間数に組むことが必要であり、単にレポートの提出や長期休暇中の課題等として済ませることはできません。

　学習活動の成果に対しては各教科・科目と同様、単位の修得を認定することとしています（高等部学習指導要領第1章総則第2節第5款第1の1）。したがって各学校においては適切な授業時数を定め、単位の修得を認定することとなります。

アヤメ

【引用・参考文献】
1．『盲学校、聾学校及び養護学校学習指導要領（平成11年3月）解説－総則等編－』　平成12(2000)年
　　文部省

Question 10

総合的な学習の時間は各学校で柔軟な時間割を設定できますか。

■総合的な学習の時間、創意工夫、
年間計画、ねらい、時間枠、
活動時期

Q&A Answer

　　学習指導要領では、小・中学部において、総合的な学習の時間にあてる授業時数を小学校または中学校に準じて適切に定めるように規定していますが、細かな時間配置については規定していません（高等部は卒業までに生徒の実態に応じて適切に定める）。したがって、学習テーマや活動形態、生徒の実態などに合わせて学校独自に設定のしかたを工夫することが必要になります。

　　「総合的な学習の時間」及び各教科等のそれぞれの授業の１単位時間については、「各学校において、各教科・科目等の授業時数を確保しつつ、生徒の実態および各教科・科目等の特質を考慮して適切に定めるものとする」となっています。以上の点から、時間や活動内容・活動の場などについては弾力的な扱いができるものと解釈されますが、短時間での実施については以下の２点に留意します。

❏年間計画での位置づけをしっかりとおさえる

　　短い時間での活動が１年を見通した計画の中のどの学習段階で適当なのか（例えば課題設定の段階なのか、課題追究の段階なのかなど）を明確にした上で、期間の設定・週時程への位置づけなどを工夫する必要があります。

❏総合的な学習の時間としてのねらいと目標を十分に生かせるようにする

　　質問の場合、週時程に帯状に配分することが考えられますが、この場合、学級活動や自立活動および各教科等の授業時間帯を利用する事も考えられます。このような場合、たとえ似たような活動になったとしても総合的な学習の時間のねらいを明確にもち、それに即した活動内容を積み重ねていく必要があります。

　　「総合的な学習の時間」の活動時期や時間設定の工夫について、いくつかの例を挙げておきます。
1. 年間指導計画への位置づけの工夫
   ・継続型…各月に活動時間を集中する。
   ・集中型…幾つかの月に活動時間を集中する。
   ・併用型…ある内容は各月に継続して扱い、
   　　　　　別の内容は他の月に集中して行う。
2. 月別指導計画への位置づけの工夫
   ・継続型…ある活動を毎週継続して実施する。

型＼月	4	5	6	7
継続型	○	○	○	○
集中型		◎		◎
併用型	○	○	○◎	

- 集中型…ある活動を1～2週に集中して実施する。
- 併用型…ある内容は毎週継続して実施し、他の内容はいずれかの週で並行して実施する。
- 循環型…幾つかの内容を決まった週に位置づけて、定期的に繰り返して実施する。

週 ＼ 型	1週	2週	3週	4週
継続型	環　境	環　境	環　境	環　境
集中型		環　境		環　境
併用型	国際理解	国際理解・情報	国際理解	国際理解
循環型	国際理解	環　境	情　報	人　権

3. 週時程への位置づけの工夫
- 1日集中型…取り上げる課題の活動をある曜日に集中して設定する。
- 全曜日配分型…取り上げる課題の活動を毎日の時間割に位置づけて設定する。
- 分散型…取り上げる課題の活動を週2～3の曜日に位置づけて設定する。
- 併用型…ある課題の活用については、毎日短時間ずつ実施し、別の課題については週のどこかで集中的に取り上げたり、2～3の曜日に分散して扱ったりするなど、併用して設定する。

曜日 ＼ 型	月	火	水	木	木
継続型	－	－	－	◎	－
集中型	☆	☆	☆	☆	☆
併用型	－	○	－	○	－
循環型	☆	☆	☆	☆○	☆

◎複数時間
☆1単位時間
○1単位時間よりも短い時間

総合的な学習の時間
タイ、中国との交流

【引用・参考文献】
1.『盲学校、聾学校及び養護学校学習指導要領』　平成11(1999)年　文部省
2.『総合的な学習の時間－考え方進め方－指導資料Ⅱ』平成10(1998)年　千葉県教育委員会

Question 11
Q&A Answer

総合的な学習の時間の指導で前籍校との内容の連携はどのように行いますか。

■総合的な学習の時間、前籍校、ねらい

　「総合的な学習の時間」の指導の内容については、前籍校での内容とは必ずしも関連づける必要はありません。しかし、退院後の生活を考慮し、児童生徒の実態に応じてその子どもに身につけさせたい力については前籍校と十分な連携をとりながら、各学校の実情や特色を生かし創意工夫して指導内容を設定します。

❑「総合的な学習の時間」の指導の内容について

　盲・聾・養護学校小学部・中学部学習指導要領に、各学校においては「総合的な学習の時間」の指導のねらいを踏まえ、例えば国際理解、情報、環境、福祉・健康などの横断的・総合的な課題、児童生徒の興味・関心に基づく課題、地域や学校の特色に応じた課題などについて、学校の実態に応じた学習活動を行うものとするして、「総合的な学習の時間」の指導の内容について示しています。各学校においてこの時間の趣旨やねらいに即して適切な活動を行うことになります。

❑病弱教育における前籍校との連携に関連して

　病弱教育においても、「総合的な学習の時間」の具体的な目標や内容については、この時間創設の趣旨を踏まえ、病弱児の状態、取り巻く環境、児童生徒の興味・関心等に対応して創意工夫していくことが求められているのです。病状によっては新たな制約が生じるかもしれません。

　つまり、「総合的な学習の時間」の指導の内容が各学校により異なるのは当然のことなのです。しかし、退院後に児童生徒が前籍校に戻ったときのことを考えると、たとえ指導の内容は異なっても児童生徒の指導目標をめざして個に応じた指導を展開する必要があります。したがって前籍校と連携を図る必要があることは言うまでもありませんが、その際、取り扱う内容よりもむしろつけたい力を中心に情報を交換し合うことが大切です。

. . . .

【引用・参考文献】

1.『盲学校、聾学校及び養護学校学習指導要領（平成11年3月）解説－総則等編－』 平成12(2000)年 文部省

Question 12 Question & Answer 地域との連携・協力について説明してください。

■総合的な学習の時間、地域の人々、
非常勤講師、人材バンク、
ボランティア

　総合的な学習の時間を進めるには地域社会や保護者との連携・協力関係を今まで以上に築いていく必要があります。学校では外部講師として参加してくれる保護者や地域の人々を積極的に発掘し確保しておくために「人材バンク」を作成しておき、それを利用することも有効です。

　地域の人材活用上の留意点について以下に述べます。

❑打ち合わせ時間を十分に確保する

　外部講師を依頼する場合、まず子どもの問題意識をしっかりと把握し、子どものニーズに応じた講師を選ぶことが大切です。また、講師に授業で何を期待するのかを明確にし、打ち合わせの時間を確保して学習内容を十分に説明しておくことが必要です。また、このとき、商品や企業の宣伝等の問題についても確認しておくとよいでしょう。

❑交通費や謝礼についても伝えておく

　各市町村により外部講師への交通費、謝礼金等の扱いは異なりますが、外部講師に対して、ボランティアでお願いするのか交通費や謝礼を用意できるのかをきちんと伝えておくことが大切です。また、外部講師の移動中の事故に対して保険をかけている場合はその旨を説明しておく必要があります。

❑相手方への礼状の発送など、事後の配慮を忘れずに行う

　講師として招いたとき、事後に謝意を伝えるとともに今後のための指導・助言を受けるために礼状を書くことも大切です。また、人材バンクに登録されながらその年度に依頼しなかった人に対しては、学校としてその理由を伝えるとともに来年度の登録に対しての意向を尋ねるなどの配慮をします。

【引用・参考文献】
1.『総合的な学習の時間－豊かな実践展開を求めて－』平成13(2001)年　千葉県教育委員会

Question 13
Q&A nswer

床上学習をしている場合にも総合的な学習の時間が必要ですか。

■総合的な学習の時間、床上学習、
　マルチメディア

　ベッド学習（または床上学習）をしている場合でも学校に登校して学習している場合と基本的には同じです。つまり、生きる力を育成するために一定のまとまった時間を設けて横断的・総合的な指導を行う必要があります。しかしベッド学習をする場合には様々な制約、特殊事情があります。それを配慮して授業の展開をする必要があります。

❏授業展開上の配慮事項等
1. 授業展開をする上での制約、特殊事情
　　床上学習（ベッド学習）を展開するに当たって、次のような多くの児童生徒に共通する制約等が挙げられます。
　・病院（病室）から外へ出ることが少なく、経験不足になる。
　・教師と一対一での学習が多く、同世代とのかかわりが少ない。
2. 授業の展開
　　授業の展開に当たっては、上記のような制約、特殊事情を配慮して行う必要がありますが、実際には次のような内容が考えられます。
　・インターネットを利用して、学び方や調べ方を身に付ける。
　・コンピュータや閉回路テレビ等の視聴覚機器を利用してグループ学習、地域の人との学習をする。

❏「重複障害者等に関する特例」の適用
　　ベッド学習をする場合、児童生徒の医療的面等から授業時間が短かったり、障害が重度、または重複していたりする場合が多くあります。そのため学習指導要領の「重複障害者等に関する特例」により、障害の状態に応じた教育課程を編成することができます。つまり、総合的な学習の時間を必ず行う必要はありません。
　　しかしベッド学習をしていることによる特別なニーズに応えるためにも総合的な学習の時間を設けることが望まれます。

【引用・参考文献】
1.『盲学校、聾学校及び養護学校学習指導要領（平成11年3月）解説−総則等編−』平成12(2000)年　文部省

Question 14

Q & A Answer

学習空白の子どもに総合的な学習の時間を使って補充指導をしてもよいのですか。

■総合的な学習の時間、
学習空白、補充指導

　　教科の補充指導はできません。総合的な学習の時間のねらいと教科の補充指導とでは目的が違います。総合的な学習の時間のねらいは次のようなものです。

　　総合的な学習の時間で取り上げられる課題は何らかの知識を身に付けることが目的ではありません。また、課題を具体的に解決することもその主たる目的ではありません。あくまでも自ら課題を見つけ、自ら学び、自ら考え、問題を解決することなどの力を育てることです。

　　つまり、総合的な学習の時間とは子ども自らが行うことができる力を育てる時間であって、教科学習の補充指導を行う時間ではないのです。

❏総合的な学習の時間のねらい（学習指導要領より）

①自らの課題を見つけ、自ら学び、自ら考え、主体的に判断し、よりよく問題を解決する資質や能力を育てること。

②学び方やものの考え方を身に付け、問題の解決や探求活動に主体的、創造的に取り組む態度を育て、自己の生き方を考えることができるようにすること。

❏病弱教育における教科の補充指導の留意点

　　一般に病弱の児童生徒は、病状等に伴って学習時間に制約があったりして学習の空白が生じやすいのです。学習空白を補うためには習熟度等に応じて教材を精選したり、また児童生徒の個人差が激しいため指導に創意工夫をすることが大切です。

【引用・参考文献】
1．『盲学校、聾学校及び養護学校学習指導要領』平成11(1999)年　文部省
2．『病弱教育の手引き－教科指導編－』平成8(1996)年　文部省

Question Q&A 15

Answer

生活単元学習と総合的な学習の時間との違いはなんですか。

■総合的な学習の時間、生活単元学習、
　領域・教科を合わせた指導、ねらい、
　時間枠

　病弱教育においては、対象児童生徒の実態により生きる力の育成を大切にした生活単元学習にも取り組んできました。新設された総合的な学習の時間とは、児童生徒の主体的活動を期待していること、児童生徒の興味・関心に基づいた課題が取り入れられることなど、一見同じように見えますが、教育課程上の位置づけ、ねらいを達成していく過程等において明確な違いがあります。

❏学習指導要領での位置づけ

　総合的な学習の時間は学習指導要領にねらいは示されていますが、目標・内容は示されておらず、各学校が地域や学校、児童生徒の実態等に応じて創意工夫を生かした教育活動を行うための「時間の枠」です。

　一方、領域・教科を合わせた指導の一形態である生活単元学習は、学習指導要領で示されている各教科や領域の目標・内容を児童生徒の実態に応じて合わせて指導する指導形態の一つです。

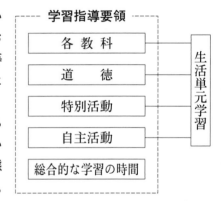

❏内容

　総合的な学習の時間では、教科では示されていない内容を取り入れ学習活動を展開することができます。一方、生活単元学習は領域・教科に示された内容から必要な内容を選択し、学習を組み立てるものです。

❏ねらいの達成

　総合的な学習の時間では児童生徒の学習活動は児童生徒によって決められ、活動そのものの中でねらいが達成されます。生活単元学習では教師が達成すべきねらいをあらかじめ設定し、学習活動を予測して学習が組み立てられます。

【引用・参考文献】

1．『盲学校、聾学校及び養護学校学習指導要領（平成11年3月）解説 - 総則等編 - 』平成12(2000)年　文部省

2．『盲学校、聾学校及び養護学校学習指導要領（平成11年3月）解説 - 各教科、道徳及び特別活動編 - 』平成12(2000)年

他校生徒との交流

地域の人との交流

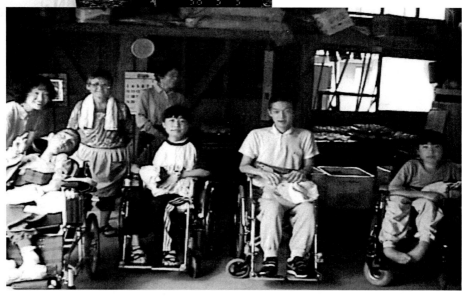

Question Q&A Answer 1

病弱教育における重複障害とはどのようなことですか。

■重複障害、
重複障害者等に関する特例

　「重複障害者」とは当該学校に就学することとなった障害以外に、他の障害を併せ有する児童生徒であり、「他の障害」とは視覚障害、聴覚障害、知的障害、肢体不自由及び病弱について、原則的には学校教育法施行令第22条の3において規定している程度の者を指しています。知的障害を併せ有する児童生徒の場合、重複障害者のうち学習が著しく困難な児童生徒の場合の特例を適用するに当たっては、指導上の必要性から必ずしもこれに限定される必要はなく、言語障害や情緒障害などを併せ有する場合も含めて考えてよいことになっています。したがって病弱養護学校に就学することになった病気以外に、他の障害を併せ有する児童生徒のことを指すことになります。

❏知的障害を併せ有する児童生徒の場合の特例

　盲学校、聾学校及び肢体不自由者または病弱者を教育する養護学校に知的障害を併せ有する児童生徒が就学している実情を考慮し、これらの児童生徒の実態に応じた弾力的な教育課程の編成ができることを示したものです。

　各教科または各教科の目標及び内容に関する事項の一部を、知的障害者を教育する養護学校の各教科または各教科の目標及び内容に関する事項の一部に替えることができること、小学部の児童については、総合的な学習の時間を設けないことができること等が規定されています。

❏重複障害者のうち学習が著しく困難な児童生徒の場合の特例

　重複障害者のうち学習が著しく困難な児童生徒については、各教科、道徳もしくは特別活動の目標及び内容に関する事項の一部または各教科もしくは総合的な学習の時間に替えて、自立活動を主をして指導を行うことができることとしています。

【引用・参考文献】
1.『盲学校、聾学校及び養護学校学習指導要領（平成11年3月）解説－総則等編－』　平成12（2000）年文部省

文部省指定・特殊教育実験学校 − 病弱教育関係 −

昭和57(1982)年〜昭和59(1984)年 千葉県立四街道養護学校	重複障害児の教育内容・方法に関する研究
昭和58(1983)年〜昭和60(1985)年 京都市立鳴滝養護学校	重複障害児の教育内容・方法に関する研究
昭和60(1985)年〜昭和62(1987)年 山形県立山形養護学校	重複障害児の教育内容・方法に関する研究
昭和61(1986)年〜昭和63(1988)年 徳島県立鴨島養護学校	重複障害児の教育内容・方法に関する研究
昭和63(1988)年〜平成 2 (1990)年 長野県寿台養護学校	重複障害児の教育内容・方法に関する研究
平成元(1989)年〜平成 3 (1991)年 岐阜県立長良養護学校	重複障害児の教育内容・方法に関する研究
平成 3 (1991)年〜平成 5 (1993)年 愛知県立大府養護学校	重複障害児の教育内容・方法に関する研究
平成 4 (1992)年〜平成 6 (1994)年 大分県立石垣原養護学校	重複障害児の教育内容・方法に関する研究
平成 6 (1994)年〜平成 8 (1996)年 富山県立ふるさと養護学校	重複障害児の教育内容・方法に関する研究
平成 9 (1997)年〜平成11(1999)年 鳥取県立米子養護学校	重複障害児の教育内容・方法に関する研究
平成10(1998)年〜平成12(2000)年 大阪府立刀根山養護学校	重複障害児の教育内容・方法に関する研究

Question Q&A 2 Answer

重複障害児の実態把握の観点を教えてください。

■重複障害、実態把握、発達、
情報の管理、個別の指導計画

　重複障害児は障害の状況が多様であり、一人ひとりの発達の諸側面の不均衡がみられたりすることから、時間を十分かけて実態を把握し個別の指導計画を作成する必要があります。

❏個別の指導計画作成に必要な情報の収集

　指導の糸口となるよう総合的にとらえます。集団の中でのその子どもの位置づけや将来に向けた方向性を導きだします。実態をとらえること自体に多くの知識・技能が必要とされるとともに、児童・生徒の生活の流れやリズムに応じながら丁寧にしかも細かくとらえる姿勢が求められます。

❏専門家の指導・助言も大切

　医療関係者から子どもの病状や学習、生活面での配慮事項など情報を提供してもらう必要があります。医学的な立場から医師・看護婦・理学療法士の指導・助言は欠くことはできません。心理的な立場から保育士・指導員との情報交換も大切です。

実態把握の観点項目（例）

児童（生徒）名		生年月日
診断名及び状況		
身体の健康	生理・病理	体位、体温、呼吸、心拍数、発作、体質、服薬
	生活リズム	睡眠、栄養、排泄、スケジュール
運動・動作		異常姿勢反射・正常姿勢反射、運動能力、移動能力、作業能力
環境の認知	感覚の活用	視覚、聴覚、味覚、臭覚、皮膚感覚、前庭覚・固有覚
	概念の形成	物への気づき、ボディイメージ、弁別、類別模倣、時間、物の操作
心理的適応	対人関係	人の姿・声等への反応、情緒の分化、大人や他児との関係
	心理的不適応	パニック・自傷行為・他傷行為
意思の伝達		共感関係の確立、意思の発信、意思の受信
ライフスタイル		生活のリズム、好きなこと・嫌いなこと、保護者の願いなど
変形・拘縮の様子		図示

また保護者からの情報も大切にしながら保護者の願いを受けとめるようにします。

❏よさをとらえる視点で的確に把握

可能性や潜在的な力を見いだすため、できないことではなくできることを見つけるようにします。そのために小さな変化にも気づくことができるように複数の目で的確に把握する必要があります。

❏情報の管理

実態を把握するに当たっては個人情報の保護に十分留意し、個別の指導計画を作成するために必要な情報に限ることが大切であり、その情報の管理についても十分留意する必要があります。

【引用・参考文献】
1．江草安彦 監修 『重症心身障害療育マニュアル』 平成10(1998)年　医歯薬出版
2．西川公司 編集 『重複障害児の指導ハンドブック』 平成12(2000)年　全国心身障害児福祉財団
3．『障害のある児童・生徒のための個別指導計画Q＆A（改訂版）』 平成11(1999)年　東京都教育庁指導部心身障害児教育指導課編　文久堂

※ コラム

実際把握の内容

重複障害児への取り組みを進めていくには、子供の現在の行動の状態の観察と同時に医学（小児神経生理学的な諸検査等）や教育、心理学的観点からの実態の把握が必要であるが、重複障害児として扱われている子供の発達過程を詳細に整理してみると、おおむね身体の発育や、精神発達の面でかなりの歪みやひずみがあることが明らかである。

そこで、重複障害児の実態を把握するには次のような観点からの整理が必要となる。すなわち①生育歴については、胎生期中の母体の健康状態や生活環境、出産時の状況（分娩の方法、分娩状況、分娩所要時間、生下時体重、身長、胸囲、頭囲、新生児黄疸の状態、保育器使用の有無、産声の状況等）と乳児期初期の発達状況等について詳細に情報を整理すること　②病歴や障害の状況については、発病の時期とその期間、病名、病気の進行状況と障害の程度、発作、てんかんの有無等、現在の障害の状況との関連でまとめること　③治療・相談の経過については、治療機関、治療期間及び教育期間とその内容、医学的な諸検査の結果と医学的診断の経過をまとめること　④指導及び訓練の経過については、親が子供の障害に気付いてからこれまでの期間、指導、助言等を受けてきた病院、診療所、相談所等の様子をも把握すること　⑤日常生活の実態については、睡眠、食事、排泄、入浴、外出、人間関係、コミュニケーションの様子を詳細に観察し、子供の生活のリズムを的確に把握すること。特に、これは次の指導の実際と密接に関連付けられることでもあるので、十分に考慮する必要がある　⑥その他、保護者からの家庭環境等現実に抱えている様々な訴えなどについても障害の内容に照らして参考にしていくことも大事なことである。

（「重複障害児指導事例集」 昭和58(1983)年　文部省）

Question Q&A 3 Answer

重複障害児の指導の目標や内容はどのように決めるのですか。

■重複障害、自立活動、
個別の指導計画、
重複障害者等に関する特例

　重複障害児の指導では学習が著しく困難な場合、教育課程の編成の際にその子どもたちの実態や特性に応じて自立活動を主として指導を行うことができる（重複障害者等に関する特例）など、弾力的な指導が求められています。

❏重複障害児の指導の目標と内容

1. 弾力的な教育課程の編成について

　障害の状態により学習が困難な児童生徒について特に必要がある場合には、当該学年の各教科の学習が困難な児童生徒に対し、その実態に応じて教育課程の編成ができるようになっています。

(1) 重複障害児の指導は、子どもの障害の実態と発達の状況を多面的にとらえ、柔軟な姿勢でかかわることが大切であり、家庭との緊密な連携を図りつつ、指導体制を整えていきます。

(2) 各教科の目標及び内容に関する事項の一部を取り扱わないこともできます。

　「取り扱わないことができる」とは、一部を履修させなくてもよいことを意味しています。

　例えば、肢体不自由の児童生徒については、「体育」の内容のうちの器械運動などの学習の一部が困難または不可能な場合、当該児童生徒にこの内容を履修させなくてもよいという趣旨です。

(3) 重複障害者のうち学習が著しく困難な児童生徒については、各教科、道徳、もしくは総合的な学習の時間に替えて、自立活動を主として指導することができます。

　重複障害者のうち、各教科の学習が著しく困難な生徒は、一人ひとりの障害の状態がきわめて多様であり、発達の諸側面に不均衡が大きいことから、心身の調和的な発達の基盤を培うことをねらいとした指導が特に必要です。こうしたねらいに即した指導は、主として自立活動において行われ、それがこのような児童生徒にとって重要な意義があるので、自立活動の指導を中心に行うよう通知がきています。

❏実態把握について

　重複障害者への取り組みを進めていくには、子どもの現在の行動の状態の観察と同時に医学や教育、心理学的観点からの実態把握が必要とされています。実態の把

握により、指導の手掛かりを見つけ、常に子どもの行動等の把握の見直しをしながら、得られた事実を有効に生かし、次の指導への手掛かりとしていくといった姿勢が求められます。以下に実態把握の観点の例を記します。

(1) 生育歴
(2) 病歴や障害の状態
(3) 治療・相談の経過
(4) 指導及び訓練の経過
(5) 日常生活
(6) その他　保護者からの家庭環境等の現実に抱えている訴えなど

❏個別の指導計画と授業について

　重複障害者の指導に当たっては、個々の児童生徒の実態を的確に把握し、個別の指導計画を作成するになっています。

　重複障害の児童生徒については、一人ひとりの障害の状態が多様であったり、また一人ひとりの発達の側面に不均衡がみられたりするので、必然的に個に応じた指導を重視する必要があります。

(1) 個々の児童生徒の的確な実態把握に努めるとともに、それに応じた指導目標の設定、指導内容、方法の工夫など、地域や学校の実態に応じて、適切な個別の指導計画を作成し、それに基づく指導が求められています。

(2) 重複障害の児童生徒は、聴覚障害に知的障害を併せて有していたり、視覚障害に知的障害を有しているなど、実態は多様であるため、個々の児童生徒の障害の状態及び発達段階や特性に応じて、学習活動に創意工夫が求められます。

(3) 評価については、指導内容を実践しての子どもの変容や指導者自身の評価についても考察し、反省と今後の課題等を検討します。それらの実践と評価・反省・今後の課題等が、個別の指導計画へと還元され、さらに個々の実態や特性に応じた指導の効果が上げられるように考えていくことが大切です。

エドヒガン

【引用・参考文献】

1. 『盲学校、聾学校及び養護学校学習指導要領（平成11年３月）解説－総則等編－』　平成12(2000)年　文部省

Question Q 4

&

Answer

個別の指導計画作成のポイントを教えてください。

■個別の指導計画、実態把握、家庭・医療との連携

　重複障害児はその障害の程度や状態は多様です。そのため一人ひとりの実態に応じたきめ細かな指導が求められ、個別の指導計画を作成して一人ひとりに応じた教育課程を編成し、指導目標や指導内容を明確化することが必要です。それには、障害の状態等を見極め、保護者のニーズを十分に受け止めるとともに医療機関と連携をとりながら進めることが大切です。

❏実態把握

　発達的側面から児童生徒の教育的ニーズを整理するには、実態をより客観的に多面的にとらえることが必要です。しかし障害が重度・重複化、多様化している現状において実態を的確に把握することは容易ではありません。例えば障害の程度や状態、医学的な所見、健康や生命を維持するために必要な様々な能力の状況などの実態をとらえる知識・技能が必要とされるとともに、生活の流れやリズムに応じながら丁寧にしかも細かくとらえる姿勢が必要です。また実態把握においてはつまずきや困難な点に目が向きがちですが、その児童生徒の「ここまでできる」という肯定的な視点、持っている良さをとらえようとする視点をもつことも重要です。また、人間として調和のとれた育成を図る視点から児童生徒を総合的にとらえるとともに、可能性や潜在的な力を見いだす実態把握が大切です。
　　・情報収集や行動観察、標準的な検査法に基づく実態把握
　　・複数の教師による観察、保護者、医師などからの情報収集
　観点としては、障害に伴う状況、健康・生活、感覚・認知・運動、集団・社会性、言語、注意事項、保護者の要望等が考えられます。

❏指導計画の作成

　重複障害児は発達の諸側面の違いが大きく、発達や変化の速度が遅く、様々な要因で後退が見られることもあります。実態に即したきめ細かい指導計画のもとで指導をすすめなければ成長は期待できません。
　　・将来像を予測した長期的な目標の設定と目標の細分化
　　・長期的な目標に基づいた繰り返しの指導
　　・児童生徒の体調や状態の変動に即応した臨機応変の指導
が必要となってきますから、柔軟に対応することが大切です。

❏指導の展開

　課題や指導内容を担当者間で共通理解しておくことが大切です。

　実際の指導においては児童生徒の健康面の配慮、児童生徒が可能な限りできる活動を生かした指導、反応を読みとり、反応を引き出す教師のかかわりの工夫が必要です。

❏評価

　教育における評価の役割は大きく、目標設定に対応した期間できめ細やかな評価が必要です。児童生徒の学習の成果や変化がよく分かるように具体的・客観的に記述することが大切です。

❏作成の意義

・チームティーチングを可能にします。複数の教員のかかわりや指導法の統一が不可欠です。
・支援の継続を可能にします。児童生徒に即した指導計画があらかじめ作成されていれば指導の一貫性が保たれます。
・保護者の参加、保護者への説明を可能にします。

　個別の指導計画の作成は次のように考えられます。

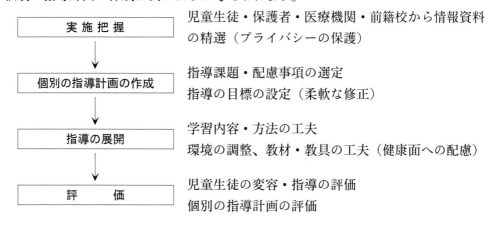

実施把握	児童生徒・保護者・医療機関・前籍校から情報資料の精選（プライバシーの保護）
個別の指導計画の作成	指導課題・配慮事項の選定　指導の目標の設定（柔軟な修正）
指導の展開	学習内容・方法の工夫　環境の調整、教材・教具の工夫（健康面への配慮）
評価	児童生徒の変容・指導の評価　個別の指導計画の評価

【引用・参考文献】
1．『障害のある児童・生徒のための個別指導計画Q＆A（改訂版）』　平成11(1999)年　東京都教育庁指導部心身障害教育指導課
2．西川公司編　『重複障害児の指導ハンドブック』　平成12(2000)年　社会福祉法人全国心身障害児福祉財団

Question Q5
Answer

コミュニケーション能力を高めるための工夫について説明してください。

■重複障害、コミュニケーション能力、
実態把握

　　障害が重複している場合は話し言葉によるコミュニケーションだけでなく、様々な手段を講じて本人との円滑なコミュニケーションの成立を目指す必要があり、そのためには幼児児童生徒の表情や身振り、しぐさなどを注意深く観察し、本人の意図を理解していく必要があります。したがって重複障害児のコミュニケーション能力を高めるためには、その前提として双方向のコミュニケーションの成立が前提となり、そのための必要な基礎的能力を育てることが大切です。さらにコミュニケーションの発達段階の初期の活動を高めるこれらの事柄は、認知の発達、言語概念の形成、社会性の育成及び意欲の向上に関連していることに留意すべきです。

❏**実態把握**
1. 身体と心の密接な関係
　　表出言語のない子どもたちにかかわる人は、子どもの表情や発声、身体の動きから心の状態をとらえようとします。様々な場面で見せる表情や身体の動きなどから子どもの思いを読み取る観察力、推察力が要求されます。
　　脳性まひの子どもに多くみられる表情筋の緊張を"笑顔"だと誤ったとらえ方をし、揺れや回転刺激に対するその笑顔に過度の刺激を与え、強い緊張や発作を引き起こしてしまったという話があります。心の緊張が身体を固くすると言われることからも、子どもの実態をよく観察し、しっかり把握することが大切です。表情や身体のようすからとらえにくい場合はパルスモニターなどの機器を使い、心拍数の変動から読みとる試みもあります。
2. 家庭、訓練機関、主治医など子どもとかかわる人たちとの連携
　　学校では見られない表情や発声、身体の動きが他の場所では見られることがあります。またその逆もあります。子どもが見せる表情などの違いに早く気づくために、子どもとかかわる多くの人と情報交換ができる関係を築いておくことが大切です。定期的に各関係者が集まって子どもへのかかわり方などについて話し合う場を設定できれば理想的です。

❏**子どもの自発性を尊重**
1. 子どもがはたらきかけを受け入れるよう工夫する
　　過呼吸、速い心拍、強い緊張の状態では外からのはたらきかけを受け入れる余裕はありません。必要に応じて身体に合ったクッションを使い、楽な姿勢で活動でき

るよう配慮することが大切です。

　言葉かけの工夫として擬態語や擬音語を使うことが考えられます。はたらきかけに擬態語を伴なうことで子どもの身体感覚にぴったり合い、有効に作用することが多くあります。

　「ゆーらゆら」「ぴょんぴょん」「ころころ」「ごしごし」など身体活動に合った擬音語がかかわる人の意図を伝える上で有効です。ふんだんに擬態語や擬音語が使われている手あそびや、スキンシップの歌でも楽しいやりとりができます。

2．反応を待つ、推察する

　活動を選択する場合、「どちらがよいか」「したいか、したくないか」を子どもに問いかけ、反応を待つ姿勢が大切です。子どもがこのはたらきかけをどの程度理解できているか判然としないこともありますが、毎日同じような場面でみせる口の動きやまばたき、目の動き、身体の動きなどから「Ｙｅｓ」、「Ｎｏ」を推察し対応することにより、コミュニケーションがはかれるようになってきます。

　また、今から何をするのか、今日何をするのか、子どもに丁寧に話しかけて進めていくことも大切です。姿勢を変えるとき、移動するときなどあらゆるかかわりの場面で常に言葉かけと子どもの反応を十分観察することが必要です。

3．子どもからの発信を尊重する、引き出す

　子どもたちはときにつらそうな声を出したり、泣いたり、身体を反らせるなどして不快感を私たちに訴えます。強い不快感はできるだけ早く取り除く必要があります。すぐに要求にこたえられない場合は「待ってね」と話しかけるなど、かかわる人がその訴えを受け止めていることを子どもに伝えることが重要です。このようなやりとりの積み重ねが子どもとのコミュニケーションを成立させることになるのです。また、かかわる人が子どもの発声を模倣して返すという遊びを繰り返すことにより発声などが促されることもあります。

❑ 良い関係づくり

　子どもが他者とかかわろうとする自発性を導くためには、かかわる人が子どもの好きなことを見つけて学習に取り入れ、子どもがいきいきと活動できるよう良い関係をつくっていくことが必要です。かかわる人の一方的なはたらきかけが子どもにとって不快であったり、迷惑であったりすることに留意しておくことが大切です。また、子どもは他の子どもとかかわる人との楽しそうなやりとりや他の子の声にうれしそうな表情をみせることも多く、子ども同士がかかわる集団の場面設定も重要です。かかわる人は平静で安定したゆとりある姿勢を保ち、わずかな子どもの反応からその意図や訴えを汲みとれるよう感性を磨く努力が必要です。

・・・

【引用・参考文献】

1．立川　博　著　『静的弛緩誘導法』　昭和62(1987)年　御茶ノ水書房

2．秦野悦子＋やまだようこ　編　『コミュニケーションという謎』　平成10(1998)年　ミネルヴァ書房

3．丹羽陽一・武井弘幸　著　障害の重い子のための『ふれあい体操』　平成12(2000)年　黎明書房

4．『盲学校、聾学校及び養護学校学習指導要領』　平成11(1999)年　文部省

Question Q&A 6 Answer

重複障害児の学習環境について説明してください。

■重複障害児、健康管理、
　生活のリズム、施設設備、
　基本的生活習慣

　身体的に未発達な子どもたちにとってよりよい健康状態を保つことが可能な学習環境であることが大切です。また、精神的にも未分化であるため、わずかな反応も見逃さずより多くの反応を引き出すためのかかわりの場を設定することも必要です。まずは個々の実態に応じた指導計画を作成し、指導の目標が達成可能な学習環境に整えていくことが基本です。

❏教室の施設・設備

　体温調節が難しかったり、免疫力の低い子どもたちにとって安定した健康状態を維持するため空調設備は不可欠です。安全性を保つため床にはマット等を敷きますが、床暖房が望ましいです。1日の生活に変化を与え意識の覚醒を促すため、車椅子から降ろし、いろいろな姿勢を保たせることも大切です。座位を保持させるための用具等の工夫が個々に応じて必要です。排泄のリズムの確立のためトイレが室内の一部または隣接する場所に必要です。衣服の着脱のスペースや個々に応じた排泄用具、温水シャワーや洗濯の設備等の設置が望まれます。

　また、子どもたちの身体状況を適切に把握するための健康管理機器（血中酸素濃度測定器、電子体温計等）の設置や緊急連絡用の電話も設置が望まれます。

　施設・設備に関しては、子どもたちへのかかわりを充実したものとするため介助者の身体への負担が軽減されるものであることも忘れてはなりません。

❏教室掲示及び整理

　子どもたちがゆったりとくつろげる教室環境となるよう心掛けることが大切です。壁や床の色彩への配慮はもちろん、煩雑な掲示は避け必要なものを適切に配置します。また、子どもたちの作品は決まった場所に掲示すると意識しやすくなります。活動に必要な教材・教具の置き場が隣接してあるのが望ましいですが、コーナーを作って整理し、子どもたちへの余分な刺激とならないように配慮する必要があります。

❏活動内容

　子どもたちの実態や発達段階に即したものにするためには、自立活動を主とした教育課程で対応することが適切です。1日の流れを校時で区切ってしまうことなく、ゆったりした大きな流れで子どもたちに適したリズムを保証していくのです。指導

形態としては、自立活動や日常生活の指導や遊びの指導を中心に組み立てます。ここで参考となる活動として次のような例があります。

自立活動、日常生活の指導や遊びの指導の例

基本的生活習慣の内容	健康の保持増進、生活リズム、排泄、清潔、食事の摂取、移動
集 団 生 活 の 内 容	自己の意思表現、仲間意識、あいさつや返事、順番やきまり
体 へ の か か わ り	ボディマッサージ、乾布摩擦、ゆさぶり、粗大運動
触刺激へのかかわり	色々な素材遊び（水、砂、小麦粉、大豆、紙、葉、木の実等）
視覚・聴覚へのかかわり	絵本の読み聞かせ、ペープサート、パネルシアター、劇、紙芝居等
	歌・リズム遊び、指遊び、手遊び、楽器遊び、鑑賞
制 作 活 動	生活単元学習や他のかかわりと関連づけながら、行事や季節にかかわりを持った内容で組み立てる。

　遊びをとおして子どもたちの喜びや自発性の芽生えを促し、心と体の両面からゆさぶりながら全体的な発達を目指します。中学部では作業学習も加味しながら活動内容を決めていきます。指導の体制としてはチーム・ティーチングによって多様なかかわりが可能となります。教師間の協力と連携が活動内容に広がりをもたせ、子どもたちのさらなる発達を援助できるのです。

重複障害学級　授業の様子

【引用・参考文献】
1．『日常生活の指導の手引』　平成2（1990）年　文部省
2．『遊びの指導の手引』　平成5（1993）年　文部省

Question 7

Q&A Answer

重度の障害児のバイタルサインの把握について説明してください。

■重複障害、バイタルサイン、
重度の障害児

　　重複障害児の中でも障害が最重度の児童生徒の指導は常に生命の危険と隣り合わせでの指導と言えるのではないか思います。自ら言葉を発せず自分の体の状況を他の人に伝えることが著しく困難な児童生徒の指導にあたっては、児童生徒の健康状態の把握のために平素から体温、脈拍などの平常値を確認しておくことが大切です。そして授業や学校行事での児童生徒の変化（バイタルサイン）を見逃すことなく適切に処置することが必要です。また日頃から体調の変化への処置について十分理解しておく必要があります。

❏目で見て、耳で聴いて、身体に触れて、あるいは機器を使って

　　生命の維持に必要なことについての基本的な徴候は、体温、脈拍、呼吸、血圧、意識、皮膚温度・色、発汗の状態、排尿、排便、食欲・栄養状態、体重、睡眠、てんかん発作等が挙げられます。これらの身体的な情報を得るために外見からの観察をしますが、見るだけでなく音を聴くことや身体に触れることで分かることもあります。特に呼吸器系統や循環器系統については機器の使用も考えられます。しかし、私たちが行える範囲は限られているので（医療にかかわること等）慎重に行う必要があります。したがって学校組織の中では養護教諭と直接授業を行う担当教員と保護者の協力が大切です。

❏バイタルサインの観察例
・体温

　　普段の体温（平熱）を知っておく。体温調節が難しい子どもは気温（室温）の上昇に伴って体温も上昇するので（低体温の場合も注意）寒暖計の設置が必要です。

・呼吸、心拍数

　　サチュレーションモニターで血中酸素濃度（ＳＰＯ２）を見ることができます。同時に心拍数も観察できます。

・チアノーゼ

　　唇、顔、手足、爪等が紫色や黒っぽくなってしまうことがあります。この時考えられることは心機能のほか、呼吸機能に問題がある場合があります。口の中の異物や喉の詰まり等の気道閉塞には十分注意しましょう。

・てんかん、痙攣発作

発作が起こったらあわてずに、過度の刺激を与えないようにして身体や表情の観察がし、客観的な情報を医師に伝えることが大切です。大発作や回数が多いときは要注意です。

❑**学校、家庭、病院での生活を通した上での情報収集**
　　家庭や病院での生活の状況と健康状態についての情報を得た上での学校生活での健康・安全を考えるようにします。
　　登校時の様子、授業中の変化、昼食時、下校時という時間の流れの中で、普段からの観察が重要になります。特に重複障害の子どもはいつもと違う状態を見逃したり、気づくのが遅れたりしがちです。子どもたち一人ひとりの基本的な徴候としての体温・心拍・呼吸の状態等を普段から知っておくとともに、表情の変化（ぐずる、泣く、覇気がない等）についても観察することが大切です。
〔情報収集の例〕
・登校
　　登校してきたら、家庭からや病棟からの引き継ぎ（連絡帳）で普段の様子との比較ができるようにその子の特徴での観点をいくつか押さえておくと良いでしょう。普段から複数の職員で観察していくようにしましょう。
・授業
　　授業の中での変化や登校時からの引き継ぎ事項は学習の場所や担当教員が替わるときにきちんと伝えるようにします。
・昼食
　　口から食べている子どもは、呑み込んだりむせたりすることによる、気道の異常や嘔吐物での窒息等でチアノーゼになることがあるので十分な注意と観察が必要です。
・下校
　　一日の終わりにもう一度しっかりとした観察を行い、学校での様子を家庭や病棟へ伝え（連絡帳等）、普段と違った点があれば詳しく伝えます。また、下校前に体調の変化があったときは早めに迎えにきてもらうことも考えます。いずれも一人の判断ではなく複数の職員での観察や養護教諭の協力を得ることが大切です。

ポインセチア

【引用・参考文献】
1．『肢体不自由教育』　No.149　平成13（2001）年　日本肢体不自由児協会

$\overset{\text{uestion}}{\text{Q}}$ 8

Q
&
Answer

ポジショニングや身体への働きかけはどのように行いますか。

■重複障害、ポジショニング、
身体への働きかけ、
運動障害、待つかかわり

　　ポジショニングはもともと抱き方や寝かせ方、座らせ方など運動障害を有する子どもに適切な姿勢をとらせるという意味で運動訓練の立場から使われた言葉です。重複障害のある子どもと学習するときに、どのような視点でポジショニングを考えていけばよいかについてのポイントを述べます。

❏ ポジショニング
1. 環境との相互交渉を考える
　　重複障害を有する子どもは自ら環境に働きかける力が弱く、環境と相互にやりとりをすることが難しいようです。そのような子どもが環境と相互交渉をもてるようにするためには、子どもが環境（人やもの）とどういう位置関係にあればよいのかを考える必要があります。
2. 目的を明確にする
　　ポジショニングは常に子どもの活動や学習と関係しています。リラクゼーションを目的とした姿勢なのか、それとも食事や排泄などの日常の生活場面でとる姿勢なのかなど、どのような場面で何を目的としたポジショニングなのかを考えることが重要になってきます。またこれらのポジショニングは一人ひとりの子どもの実態に応じて活動ごとに用意する必要があります。
3. 心身の能動性を引き出す
　　重複障害を有する子どもは自分で動くことが難しく特定の同じ姿勢を長時間とらざるを得ない状況におかれることが多いようです。このため、運動面のみならず精神発達に必要な刺激や意欲までをも制限してしまう結果になります。そこで、子どもの心身の能動性を引き出し発達を促すための姿勢作りを中心にした配慮（見やすく、聞きやすく、手を使いやすく、自分で動きやすいポジショニング）が重要になります。

❏ 身体への働きかけ
　　重複障害を有する子どもとかかわるときに、筆者はまず子どもと触れ合うこと（スキンシップ）から始めます。なぜなら子どもにとっていちばんわかりやすい感覚が触覚であり、触れ合うことによってお互いに快さや安心感を作り出すことができるからです。
　　ここでは、筆者が日常の学習の中で子どもとかかわるときにどのようなことに配

慮しているかを述べます。

1. 子どもの実態把握

　子どもとかかわるにはまず障害の状態や健康面、運動面、感覚面など様々な視点から子どもの実態をきめ細かく把握しておく必要があります。例えば、触れられることに対して過敏に反応する子どもについては、「脱感作」などの方法でその過敏性を取り除く努力をしなくてはいけません。また、障害が重度になればなるほど、側わんがあったり関節が拘縮していたりと一人ひとり身体の状態が違ってきます。子どもにとって、無理な活動にならないようにする必要があります。

2. 活動の見通しをもたせる

　突然のかかわりは誰にとっても不快なものです。特に、重度・重複障害を有する子どもにとってはかかわり方一つで、かえって緊張を強めたりすることがあります。そこで、これから始まることを言葉で説明したり、身体に触れたりして活動の見通しをもたせることが必要になってきます。

3. 待つかかわり

　活動に対する見通しをもたせた上で、実際に活動を行うわけですが、ついつい教師の側からの一方的なかかわりになってしまうことがよくあります。子どもはわずかではあってもサインを（例えば、身体を緊張させたり、表情を変化させたり）送っています。一方的なかかわりではそれらのサインを見落としてしまいます。そこで、働きかけを継続して行わずに、時々子どもの動きを待つようにするかかわりが必要です。

　ポジショニングや身体への働きかけに限らず、子どもとかかわる上で教師にとって大切なことは、子どもと気持ちを共有できる豊かな感性だと思います。子どもが何をどのように感じているのか、常に子どもの気持ちに思いを巡らせながら日々の指導を行っていきたいものです。

フクシア

【引用・参考文献】

1. 高橋　純・藤田和弘 編著　『障害児の発達とポジショニング指導』　平成7(1995)年　ぶどう社
2. 『肢体不自由教育 №149』　平成13(2001)年　日本肢体不自由児協会
3. 『肢体不自由児の養護・訓練の指導』　平成6(1994)年　文部省

Question Q 9 & Answer

摂食機能と楽しい食事について教えてください。

■運動障害、摂食機能、
　調理

　摂食に問題のある子どもの支援では①摂食機能の向上を図ること、②調理の工夫をすること、③食べさせ方の工夫をすること等の配慮が必要です。

❏摂食機能の向上支援

1. 摂食器官の機能向上

　　摂食機能を高めるためには唇や下顎、舌などの器官がスムーズに動くようになることが必要です。

2. 唇の閉鎖がうまくできない場合

　　唇を閉じることがうまくできない場合は、子どもの自発的な動きに合わせて唇と下顎を軽く介助するなどの方法で嚥下を助けます。

3. 噛むことがうまくできない場合

　　噛むことがスムーズにできない場合は、長く噛めてしかも安全な食べ物を用意して支援します。

4. 舌や軟口蓋の動きを高める支援

　　舌や軟口蓋の動きは複雑で外から見ることはできません。そこで飲み物やペースト状の食べ物などを嚥下する時の要領を言葉で説明しながら習得させます。

❏調理の工夫

1. 初期の段階

　　始めはヨーグルトやおかゆなど、ペースト状で粘りのあるものから食べさせて、嚥下ができるようにします。

2. 中期の段階

　　次にプリン、とうふ、カボチャなど舌で押しつぶせる程度の柔らかいものを用意します。

3. 後期の段階

　　さらに摂食機能が向上してくると、煮魚、だいこんなど歯茎で押しつぶせる程度の柔らかいものを食べさせます。そして刻み食、固形食へと移していきます。

❏食べさせ方の工夫

1. 意欲を持たせる

　　子ども自身が食べたいという意欲を持つようにすることがなによりも大切です。

2．介助の必要な場合

介助の必要な場合は、まず、頸や体幹の姿勢を安定させ、次に下顎や唇のコントロールに入ります。介助用の椅子の工夫も必要になってきます。

3．食べ物の量

食べ物は少量ずつ口の中に入れて飲み込ませてから、また入れるようにします。飲み物はスプーンや注射器で少量ずつ入れてやり、これができるようになってからコップを使っていきます。

4．楽しい雰囲気づくり

食事中の楽しい雰囲気作りも大切です。「これはおいしそう」、「きれいなイチゴだね」などと話しかけながら介助するように心がけます。

サルピグロッシス

【引用・参考文献】

1．中島知夏子 著 『摂食コミュニケーション－障害のある子ども(者)の食事指導の実践－』 平成13（2001）年 オフィス・SAKUTA

※ コラム

食事のワンポイント

骨は20歳まで、味覚は10歳までに形成されるといわれています。だからこそ子どもの頃に何を食べるかがとても重要です。

毎日の食事の準備は楽しいものの、時間がとれない時や、心身共に余裕がもてない時、子どもとかかわりたいと思う時などは上手に市販の食品を使うことをお勧めします。毎日朝昼晩の食準備にかけるお母さんの家事の軽減はとても必要なことです。

1．調理のポイント

おいしい食べ物を準備してあげることは摂食練習をする上でも大切なことです。

実際の調理のポイントとしては下記の4点があげられます。

(1) 簡単で速い

(2) 好きなものを一つ入れる

(3) 栄養のバランス

(4) 発達に合わせた大きさ、固さ、とろみ

2．工夫とコツ

毎日の生活の中では様々な発見と工夫が生まれてきます。同じ物を作るにも、調理器具を変えたり、市販品を利用したりなど、ちょっとした工夫で時間が軽減されたりします。子どもの摂食練習に使用するペースト食もいろいろと市販されていますので、うまく利用すると良いでしょう。

(1) 冷凍食品を上手に使おう

(2) 市販のものを利用しよう（ペースト市販品）

(3) 電子レンジでスピードアップしよう

（SAKUTA 「摂食コミュニケーション」）

Question 10

Q&A Answer

病院との連携について説明してください。

■重複障害、カンファレンス、研修会、情報交換、ケース検討

　病院は長期に入院生活を続けている重複障害のある子どもたちにとっては、治療の場であると同時に家庭に代わる生活の場でもあります。病院では医師を始めとして看護士、保育士などがいろいろな立場から子どもたちにかかわっていますが、学校側としてもこれらのかかわる人々との連携を欠かすことはできません。双方の情報交換を密にし、理解を深めることによって子どもたちが安心して毎日を過ごすことができるように、次のような工夫をしている例を参考にするとよいでしょう。

❏**日々の連絡を密にとる。定期的な話し合いをもつ**

1. 日々の連絡

　毎朝、学校での打ち合わせの前に各病棟ごとに担当教員が病棟に出向き、昨夜から朝にかけての子どもたちの体調や出欠予定を深夜担当看護士に聞きます。これを「申し送り」と呼んでいます。口頭だけでなく、病棟と学校間の連絡簿に主な事柄は記入してもらっています。体調の変化が把握しやすいように子どもごとに観点を決めておいて、その点についてはどうだったかを中心に聞いている場合もあります。担当職員は申し送られたことを学校の朝の打ち合わせでかかわる教員に伝えます。

　指導に入ってからも午前と午後、部屋を担当する看護士やナースリーダーに変調はないかどうか、不安定だった子どもについては登校の許可がでるかどうかなどをたずねます。学校側からも学習時の様子で変わったことがあればすぐに報告します。とても良かったことも伝えます。明日の予定を書き込んだ連絡簿を病棟に届けます。

　このように、毎日の細かな連絡や情報交換が互いの連携に大切な役割を果たしています。

2. 定期的な話し合い

　関係病棟の会議として月1回、医師、婦長、指導室長、指導員・保育士の代表、学校の主事、担当教員の代表が集まり、双方の行事の調整や懸案事項について検討します。学校側と病院指導室でそれぞれに計画したことをすり合わせ、無理がないように調整を行います。双方の行事などへの理解を深め、協力体制をとる意味でも関係病棟の会議には大事な役目があります。校外学習への協力依頼をしたり、日課変更について共通理解を図ったりもしています。

❏**総合カンファレンスでケースについて検討し合う**

1. 総合カンファレンス

毎月1回、病棟ごとに医師、病棟・学校・指導室職員が集まり、学齢児について
カンファレンスを行っています。年度の始めには病棟側から一人ひとりについての
看護目標、学校側から個別の年間目標が出されます。双方がそれぞれの目標とする
ことを理解し合って、活動の中に組み込めるものは組み込んでいきます。医療面と
教育面の目指すところをはっきりさせていくことは連携を組んでいくための基盤と
なることでもあります。

2. ケース検討

　全ての学齢児が年間、一度はケースに取り上げられるように計画を立てて進めて
います。ケース検討の時には、病棟の担当看護士から看護目標にそっての対策や評
価、課題などが資料を添えて話されます。学校側からも目標にそった資料とともに、
日頃の学習活動の様子がすこしでも多く伝わるようにビデオや写真を添えて話をし
ます。学校に行ってどんな活動をしているか、どんな表情をし、どんな動きをして
いるかを病棟側のスタッフに伝えることは、子どもたちにとって学校教育がどれほ
ど、大きな役割をもったものであるかを伝えることでもあります。日頃、病棟のベッ
ド生活では見ることのできない表情が見られたということもよくあり、子どもたち
の持てる力が十分に発揮できるよう双方の理解と連携が大切ということが実感でき
る機会です。

　また、この時には指導室より主に家庭の事情とか休みや病棟行事の時の様子が話
されます。医師からは必要に応じて病状に関することや接する上での注意事項など
の説明があります。子どもたちを取り巻く様々な職種の人たちがそれぞれの立場か
ら情報を発信し、受信し合って、それからの活動につなげていくことができます。

❏合同の研修をする（例）

1. 摂食研修会

　食事にかかわる職員が歯科医から実地に研修を受けています。昼食は学校側が、
朝食・夕食は病院側がという形になっているので、一人ひとりの摂食に関する目標
や介助方法などを共通理解しておく必要があります。病院側のスタッフの人数的な
問題から理想的にはいかないという現実問題をかかえていますが、望ましい介助方
法をめざして合同で研修を進めています。それぞれの子どもたちが対象になるため
回数も多く、診断、見直し、評価に立ち会うことが難しいので、ビデオを活用した
り後日伝達講習をするなどして連携を図っています。

　毎月、運営委員会が開かれますが学校側からも参加しています。年度の終わりに
はまとめの発表会が開かれます。

2. 重症児研究会

　年5回にわたって病院のスタッフと学校教員合同で開かれます。内容は研修とい
うほうが適しているものですが、講師を招聘して講演してもらったり、実技研修を
行ったりします。場を同じくして、同じくかかわる子どもたちにかえっていく研修
を積むことが連携につながると思われます。毎月の運営委員会に委員を出し、院内
発表には担当学校教員も参加しています。

Question Q&A 11

Answer

長期入院児の保護者との連携について教えてください。

■重複障害、保護者、連携、
　福祉

　病気の状態により長期にわたって入院している保護者との連携は、短期入院と違って保護者の心のケア、看護、福祉など多岐にわたっての課題を抱えており、学校が保護者のよき相談窓口になることが大切です。また関係機関との橋渡しをすることが期待されますので、幅広く、教育、医療について知っておくことが重要です。

❏病院（病棟）と学校と保護者

　入院している子どもには、病院（病棟）の主治医や婦長、担当看護婦、指導室（指導員、保育士等）等のスタッフが複合的にかかわっています。スタッフはその子どもの情報を治療、看護だけでなく生活全般や家庭の状況等についても把握しています。

　病院と学校とが連携するには、学校が必要とする情報をその子どもの身近にいるスタッフに聞くことがいちばんの近道でしょう。担当の看護婦、指導員、保育士等と普段からの情報交換が大事です。

　学校での子どもの様子を簡単でも毎日伝えることが子どもを理解してもらうことに通じ、家庭と連絡をとる必要がある時などには気軽に相談できるでしょう。

　学校と保護者の連携ではいろいろな学校行事を機会としてとらえると良いでしょう。運動会、学習発表会、校外学習等の案内や学級だよりで普段の学習の様子を知らせておく事も大切です。また、病院（病棟）の行事を知っておくと、学校だけでなく来院の機会を有効に利用できるでしょう。そして、学期の終わりには、しっかりと学校の様子を伝え学期のまとめと次の学期（次年度）への期待を伝えましょう。

❏家庭の事情と社会福祉

　長期に入院している子どもで学校と家庭との連絡が取りにくくなっている例もあります。病院（病棟）と家庭との連絡も当然取りにくくなっていることが考えられます。このような場合は子どもの地域の児童相談所や民生委員の力を借りなければならないこともあります。学校の担任（担当）だけでは難しいケースでは学校長（教頭）から地域の福祉行政に働きかけてもらうことも考えられるでしょう。

Question 12
Q & Answer

感染にはどのように留意するのですか。

■重複障害、感染症、予防

　法定伝染病や検疫伝染病、学校伝染病第2類などの感染症では隔離されるかまたは家庭療養（治癒するまで）で出席停止になります。

　学校での対応は病院、主治医等のアドバイスを受けて、校内委員会（例えば衛生委員会、保健委員会等）等での一貫した対応が望まれます。

❏主治医の指示と相談

　児童生徒が感染症にかかっていることが分かった時点で下記の点について主治医に相談します。

①学校の指導が受けられるかどうか。ベッドサイドでまたは登校は可能か。

②指導が可能な場合、注意する点はどんなことか。

❏指導可能、登校可能な児童生徒についての学校での対応

　ＨＩＶの主な感染源：血液、精液、膣分泌物、膿、母乳、唾液

　ＭＲＳＡの主な感染源：痰、滲出液、便、尿

　ＨＢＶ（B型肝炎）、ＨＣＶ（C型肝炎）の主な感染源：血液、分泌液

①手洗い及び手指の消毒

　指導の前後に石鹸（薬用石鹸）を用いて流水の下でよく手を洗います。指の間、爪などの清潔もふだんから注意しましょう。

　消毒用の薬品、速乾性擦式手指消毒剤等は、養護教諭の管理のもとで使用しましょう。

②ガウンテクニック

　ガウン（白衣等）、マスク、キャップ、スリッパ等の使用で感染から守る。これらは本人専用にして殺菌灯などで消毒を行います。

③教材・教具等の消毒

　授業で使う教材・教具やマット、タオル類は、本人専用にして消毒を行います。

【引用・参考文献】

1．『図表　臨床看護医学』⑦　感染／免疫・アレルギー　平成6（1994）年　同朋舎出版

2．『病弱教育の手引－指導編－』昭和60（1985）年　文部省

Question Q&A 1 Answer

病弱教育におけるマルチメディアの活用の意義を説明してください。

■マルチメディア、テレビ会議システム、補充指導、交流、情報の発信、Ｗｅｂ

　病弱養護学校に学ぶ児童生徒は常時医療を必要としているため、病棟を離れての活動が制限されます。また同じ病棟内にいても感染症等により他児童生徒との接触が制限される場合もあります。

　このような状況においても「テレビ会議システム」などの技術を使えば外界との交流が保証されます。校内あるいは病棟内にいながら、授業や行事に擬似的にでも参加が可能となるのは病弱教育においては非常に意義深いものといえます。

　進行性筋ジストロフィーなどの疾患を持つ児童生徒が、Ｗｅｂ上で小説を書くなど自己表現をすることにより生き甲斐を見いだしているという場合もあります。

❏前籍校との交流

　病気が寛解し、前籍校に復帰する児童生徒について、入院中の前籍校とのつながりは大事な要素です。

　Ｅメールをやりとりする中で情報を交換するというのは非常に手軽にできる交流のひとつです。Ｅメールの場合、画像や音声、動画を添付することができるので教室の雰囲気をリアルに伝えることが可能となります。さらに「テレビ会議システム」等を利用すれば同じ時間帯において双方向に情報を交換することが可能になります。これにより擬似的に前籍校の授業に参加することも可能になり、児童生徒の前籍校復帰への意欲も高まるものと思われます。

❏近隣校との交流

　養護学校において他校との交流というのはとても意義深いものです。交流相手校の児童生徒にとっても障害がありながら学習に励む同年代のものと接することは良い経験になることでしょう。

　しかしながら病弱養護学校の児童生徒には上記のような制限があるため近隣校に頻繁に出向くということは困難です。半日以上外出するときは医師や看護婦が必ず同行します。このような時にも「テレビ会議システム」があると便利です。交流教育は回数をこなすことが大事だといわれますが、マルチメディア機器を利用することで手軽に他校と交流をすることが可能になります。この場合も同時双方向で情報が交換できるということが重要です。

❏病棟授業

　病棟授業の場合、当然マンツーマン指導が多くなります。周りに仲間がいないという状況は授業に取り組む意欲の面でも問題が出てくるでしょう。

　「テレビ会議システム」を使った場合、病棟にいる児童生徒でも擬似的に教室の授業に参加することができます。教室の雰囲気をそのまま感じながら授業を受けることができるわけです。双方向で情報のやりとりができますから、教室の仲間と意見の交換も可能です。マンツーマンの授業よりも意欲的に授業に取り組めるようになるのではないでしょうか。

　マルチメディア機器を使った病棟授業の場合、実際にはパソコンではなくテレビ電話を使った例が多いようです。操作が簡便というだけでなく音声や画像の質のおいてもパソコンに劣らないからです。パソコンを使った場合は多地点接続が可能になるため、いくつかの分教室で合同で授業を行うような場合にはより威力を発揮します。

❏Ｗｅｂへの情報発信

　筋ジストロフィーの児童生徒のように、その活動範囲が制限されているものにとってもＷｅｂ上では何のハンディもなくなります。入出力機器を工夫することにより、筋力が相当落ちた状態でもパソコンの操作が可能になります。

　自己表現の場として自らＷｅｂページを立ち上げ、小説などを発信しているものも少なくありません。Ｅメールなどで反響がかえってくるなどＷｅｂ上でいろいろな人間と情報交換が可能になります。

学校の教室

床上学習

テレビ会議システムを活用した授業

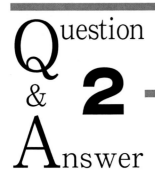

Question Q&A 2 Answer

教科指導におけるマルチメディアの活用について説明してください。

■マルチメデイア、インターネット、
教科指導、テレビ会議システム、
IT（情報技術）

　病弱教育における情報教育の進歩は目覚ましいものがあります。運動制限等により体験的学習等の経験不足を補う手段として病弱児にとってマルチメデイアの活用はもっとも有効であり、教科指導を進める上でも大きな効果を上げています。教科指導での活用は基本的には小・中・高等学校と同じですが、テレビ会議システム等の導入により、院内学級や床上学級などのベッドで移動できない児童生徒と病弱養護学校本校の児童生徒が同時に授業を受けることが可能となり、議論しながらリアルタイムな教科指導が展開できるようになってきています。

❑学習指導要領における情報教育の改善内容

　小学校、中学校は平成14（2000）年度からまた高等学校においては平成15（2003）年度入学生から、新しい学習指導要領に基づく教育課程を実施（平成12（2000）年度から移行措置）することになります。この中で情報教育に関する改善部分を比較してみると次のようになっています。

	現在の教育課程	新しい教育課程
小学校	・教科等において教育機器の適切な活用を図る。	・総合的な学習の時間や各教科で情報通信ネットワークを活用。
中学校	・技術・家庭科「情報基礎」領域（選択）。 ・理科、数学でコンピュータについて学ぶ。	・技術・家庭科「情報とコンピュータ」を必修、（発展的な内容は生徒の興味・関心に応じて選択的に履修）。 ・総合的な学習の時間や各教科で情報通信ネットワークを活用。
高等学校	・設置者の判断で情報に関する教科・科目の設置が可能。 ・総合学科、専門学科では情報に関する基礎科目が原則履修科目。	・普通教科「情報」を新設し、必修（「情報A」「情報B」「情報C」から1科目を選択必修（各2単位）。 ・専門教科「情報を新設し、11科目で構成。」 ・総合的な学習の時間や各教科等で情報通信ネットワークを活用する。
盲聾養護	・小・中・高等学校に準ずる。	・小・中・高等学校に準ずるとともに、障害の状態等に応じてコンピュータ等の情報機器を活用する。

❑活用内容（一般的には）

　①情報収集──調べ学習等
　②情報提供──HPによる発信やEメールによる送受信等
　③制作活動──デザイン、絵画や図、写真、表やグラフ、文章等
　④交流活動──テレビ会議システムでの討論、交流授業等
　※IT機器と各種の視聴覚機器等との併用（連結）などにより、活用の内容も拡が

ります。

❏病院や隣接施設との連携

　病弱養護学校での活用は基本的には小・中・高等学校と同じですが、違うのは病院（ベッド）で移動できない児童生徒も教室と同じ授業を同時に受けることが可能になるということです。

　そのためには、医教連絡会等によって病院側に十分理解を得られるよう説明し、協力を得ることが大切です。もちろん電気通信料金になど経費の負担の問題や他の患者とのかかわりなどの環境整備を図ることも絶対条件となります。

　日頃から病院や隣接施設等との協力関係の構築が大切になります。

❏マルチメデイア活用の留意点

①児童生徒に楽しく利用できることを認識させます。

②コンピュータなどマルチメディアはあくまで教材・教具の一つと認識して活用することが大切です。

③活用のしかたはねらいや指導内容によって異なりますが、指導者が児童生徒の能力や発達段階、教育課程など十分熟知のうえ、計画に基づいた活用が必要ではないかと思われます。しかも活用結果をシミュレーション（洞察力を発揮）して活用することが大切になります。

・・・

【引用・参考文献】
1.『新学習指導要領』第一法規「教育委員会月報2月号」　平成13(2001)年

※ コラム

　　　　パソコン

　　　　ボクにとってパソコンは欠かせない
　　　　ボクにとってパソコンは生きがい
　　　　ボクにとってパソコンはともだち

　　　　そんなパソコンは何処へいくにも一緒だね
　　　　これからもずーっと一緒だね

　　　　キミとボクはともだち
　　　　大事な大事なともだち

　　　　　　日本筋ジストロフィー協会沖縄県支部　金城　太亮
　　　ＺＳＺ　『筋ジストロフィー教育のあゆみ～ＱＯＬの向上と教育の充実を求めて～』
　　　　　　　　　平成12(2000)年　日本筋ジストロフィー協会

Question Q&A 3 Answer

マルチメディアの教科指導以外での活用について教えてください。

■マルチメディア、アクセシビリティ、
　AAC（拡大代替コミュニケーション）、
　LAN、QOL、床上学習

　学校ではいま情報機器またはマルチメディア機器は情報社会に対応するべく整備が進んでいます。それらの機器をどのように活用していくかはそれぞれの学校でその特性に合わせて考えていくものと思われます。アクセシビリティやアシスティブテクノロジーなど、児童生徒にハード・ソフト両面をフィッティングさせていかなければなりません。

❑病弱養護学校における活用

①自立活動
　○AAC（Augmentative&Alternative Communication：拡大代替コミュニケーション）を用いることにより自己の意思表現を行うことができます。これらを使いコミュニケーションを豊かにすることができます。
　○ディスアビリティの改善・克服のためや、心理的な安定を図るためにマルチメディア機器を使うこともあります。活用の方法に決まりはありません。児童生徒の目標に沿った手だての一つとして活用されるべきです。

②生徒会活動
　○新聞や掲示物をパソコンで処理したり、ホームページで生徒会による活動を啓発していくことも考えられます。

③交流
　○テレビ電話やテレビ会議システムを用いることにより遠隔地交流が可能になります。また、EメールやFAX等も併せて用いると継続的な交流が行いやすくなります。テレビ電話にビデオデッキやビデオカメラを接続し、活用することができます。

④行事
　○儀式的行事や学芸的行事や学校紹介、学習成果発表等に映像・音響など様々な感覚へ訴えられるマルチメディアの特性を活かすことも考えられます。
　○事前指導・事後指導の中で使われることもあります。

⑤総合的な学習の時間
　　この時間における活用は数多く考えられます。調べ学習や発表に活用するなど場面を問わず、活用の機会があります。

⑥その他
　○学校ホームページを開設し、生徒会活動を始め学校の諸活動を広く啓発できま

す。また、ホームページを基点として卒業生や地域などと幅広くネットワークを作ることも可能です。

❏学校病棟間における活用

1. ベッドサイド授業

　ベッドサイド授業ではマルチメディアが効果的だと考えます。体験的学習が不足する中で、マルチメディア機器はシミュレーションや疑似体験を可能にします。また、テレビ電話で本校と結び、コミュニケーションを図ることで仲間意識が高まることも考えられます。このように児童生徒の実態やニーズに合わせて活用法を工夫することは非常に重要です。

2. ＬＡＮ（Local Area Network：構内情報通信網）導入

　学校内の各教室、職員室や病棟の端末がＬＡＮによって結ばれることで、データベースや周辺機器の共有、インターネット接続が各教室、病棟から行えるなどの利点があります。また、テレビ電話については電話回線の利用に限らずＬＡＮ上での使用も可能で、活用範囲の広い機器として注目されています。

❏病棟における活用

　ＱＯＬ（Quality of Life：生活の質）を高める手段の一つとしてマルチメディア機器利用があります。通信ネットワークの普及により情報を得たり発信したりすることが容易にできるようになりました。このことは社会参加を可能にするものとして注目を集めています。しかし、マルチメディアの導入がＱＯＬの向上につながらない場合もあります。児童生徒の実態やニーズなどを十分に考慮して導入することが大切です。

　マルチメディアが持つ特性を十分理解し、対象の児童生徒の障害の状態に対応できるよう環境を整え、教師も研修を積み、柔軟な考え方を持つことがマルチメディアの活用につながるものと考えます。活用の方法は児童生徒の実態やニーズに、どう対応するか試行錯誤する中から生まれるのだと思います。その際、児童生徒の自己選択・自己決定を尊重していくことが大切になります。マルチメディア機器としてまず考えられるのはパソコンですが、近年処理能力が向上し映像や音楽などの情報を快適に扱えるようになりました。魔法の箱にもなればただの箱にもなるパソコンは目的を持つことにより力を発揮します。児童生徒の実態を見きわめ、活用のしかたには十分注意する必要があります。

・・・

マルチメディア：動画、静止画、音声、文字、コンピュータデータなどあらゆる形式の情報を総合的に扱うメディア。

アクセシビリティ：身体機能の不利を補うためやコンピュータでコミュニケーションを行うために種々の困難を支援するための使い方。

アシスティブテクノロジー：アクセシビリティとほぼ同様。支援機器の利用。

Question Q 4

& Answer

前籍校や他校との交流ではどのように活用できますか。

■マルチメディア、Eメール、
テレビ会議システム、個人情報、
通信費、Web

　マルチメディアの活用は病弱養護学校においては今後ますます発展して行くものと思われます。Eメールやテレビ会議システムなどを活用しての前籍校や他校との交流は学習の拡がりのみならず病気療養児にとって大きな励みとなっています。
　現在積極的に活用している学校の交流の実際や留意点、問題点について具体例をいくつか述べてみます。

❏交流の実際
1. 前籍校との交流
   - フェニックス（テレビ会議システム）による学級会や班会議への参加（退院後の修学旅行等の打ち合わせ）
   - 近況報告、友人からの励ましの言葉や退院予定などの連絡
   - Eメールを使って担任や友人との情報交換
2. 他校との交流
   - 高等部英語科が外国の学校へメール発信
   - イギリス、ロシア、アメリカなどの公立学校との交流にEメールを利用
   - マレーシアの日本人学校とのアナログテレビ電話を利用した環境問題の共同学習
   - 他の病弱養護学校のフェニックス（テレビ会議システム）Net Meetingを利用した共同学習
   - 小規模校（へき地校）とのフェニックス（テレビ会議システム）を利用した共同学習
   - 地域の学校とのグループウエアを利用した共同学習やメールの交換
   - 高等部において、大学のボランティアグループとの交流会をスムーズに行うためにメール交換による打ち合わせ
   - 県外の養護学校とのテレビ会議を利用した交流

❏交流する際の留意点、効果等
   - グループウエアを使うなど情報を公開する相手を限定できるようにして、各県における個人情報保護条例に基づく個人情報の管理をきちんと行うことは最も重要です。
   - 機器の取扱いの徹底など校内での統一したガイドラインの作成が必要です。
   - 目的に応じた交流先の校種や規模の選択、内容に応じた情報手段の選択を行うこ

とも大切です。
- 事前に文章を考えたり、表記上問題はないかなど教師の確認も必要です。
- 気軽に出せる内容から交流を進めます。返事がなくとも待つ余裕も必要です。形式にこだわらずまず交流してみることが大切です。
- 児童生徒がマルチメディアの機器の操作に慣れていないときは、教師が補助しながらできるだけ自分で作成するなどの配慮が必要です。
- テレビ会議システムではお互いの名前などが大変聞き取りにくいので、名前や写真などを事前にメール交換しておくと便利です。
- 消極的になってしまう子どももいるので、特産物のやり取りなどの事前交流を通して興味関心を喚起すると、積極的な会話につながる場合があります。
- 学校間のメール交換から友人とのメール交換に発展したり、テレビ会議システムからメール交換や文通へと発展した例もあります。
- 受験生の場合、進路情報交換なども見られ、学習意欲の向上につながっています。
- 回数を重ねるごとにお互いの内面的な表現に広がっていくことも見られます。

❏ **問題点**
- 通信費がかなりかかります。
- 担当者の転勤によって継続性がなくなる場合があり、職員の研修の必要があります。
- 相手校の通信状況の把握など担当職員間の綿密な事前打ち合わせが必要です。画像の接続に不具合が生じる事もありましたが、機器の問題や時間帯による回線の混雑も一因ではないかと思われます。また、相手校に機器操作に慣れている人が少なく設備も不十分の場合もあるので十分な調査や連携が必要です。
- Ｅメールを打つ時間が不足することなどもあり、マルチメディアを日常の道具として使うためには授業の工夫が必要です。
- 現段階では送る児童生徒の文章が必ず読まれるように連絡をする必要があります。前籍校へＥメールを送る際、養護学校での学習や生活の様子が分かるようにすることや定期的に連絡するなど担任同士の密な連絡が必要になります。特に学年が変わるときなどは、相手クラスにしっかりと把握してもらうようにしなくてはなりません。

トルコギキョウ

海外との交流も行なっていますか。

■マルチメデイア、インターネット、
交流、テレビ会議システム、
Ｅメール、国際理解

　ここではＥメールを用いた交流を紹介しますが、マルチメデイアの活用はリアルタイムでの映像、音声での交流が可能であり、新しい学習環境を児童生徒に提供していくものと思います（Ｏ県立養護学校の例）。

❏Ｅメールでの交流例

　本校では英語の教科指導でＥメールを用いて、カナダの小学校や任期を終えて帰国したＡＬＴの教師（イギリス）との交流を行ってきました。

　生きた英語に触れ、英作文や読解に対する興味を高めることが目的です。当初は翻訳ソフト等も利用して英文を作り、送信することからスタートしました。生徒は自らのメールが海外へ発信された達成感を十分味わったようです。Ｅメールのための英文作成、読解にはまだ教師のサポートが必要であり、今後の学習の進展を期待しています。

❏交流を行う場合に予想される留意点

①言語の壁

　児童生徒も伝えたいことをすぐに英文化することには敷居の高さを感じるようであり、翻訳ソフトの活用等の工夫が必要でしょう。

　また、教師側も交流を行うための申込みや連絡、準備段階でのコンピュータ調整の打ち合わせ等、専門的な内容が含まれるメールの作成においては意志の疎通を欠くことがありました。

②交流相手の選択

　本校の場合は２件とも本校の関係者を通して得た交流相手であり、本校の様子も児童生徒たちの様子も十分理解できている相手との交流でありました。

　交流学習において、互いの児童生徒は交流の中で相手のことを理解していけば良いと思いますが、交流をサポートする教師側は生徒の交流を始める前に十分に相手の状況やこちらの状況を理解し合う必要があると思われます。

③物理的な問題

　Ｅメールはインターネットに接続できていれば可能です。

　テレビ会議システムなどの動画を利用してのリアルタイムの交流では通信容量や設備等の問題もクリアしなければなりません。

　また、現地との時差や授業計画など交流相手とのち密な打ち合わせが必要です。

Question Q&A 6 Answer

通信費、維持費はどのようにされていますか。

■マルチメデイア、通信費、
維持費、学校対象サービス、
プロバイダ、インターネット

マルチメデイアを活用した補充指導の充実に伴い、必然的にかかる通信費、維持費が大きな課題となってきています。現状は県（市）単位で予算化されています。維持費は限られており、業者選択の際は十分に確認する必要があります。

❏予算措置について　（千葉県の例）

千葉県の場合、平成12（2000）年度現在、県立の養護学校について1校あたり年間11万円が通信費として予算化されています。この中にはプロバイダ契約料と通信費が含まれます。これについては各県で対応が異なりますので確認してください。実際の運用では通信会社やプロバイダで教育機関対象にサービスを用意しているところがあります。

❏予算の執行について

1. 通信料

通信料については各電話会社が時間帯、接続時間、アクセス先などの条件ごとに定額料金制度を設けています。各プロバイダのアクセスポイントの場所や学校の所在地、インターネットの利用時間等によってサービスに差がありますので、各校の状況に応じて選ぶことが大切です。

2. 接続料

インターネット接続についてはプロバイダによって学校向けの契約形式を持っているところがあります。各プロバイダのアクセスポイントが市内あるいは隣接市にあるかどうか、料金体系がどうなっているかなどを確認した上で、最も利便性の高いプロバイダを選ばれるといいでしょう。

プロバイダ：使用料金を設定して自社の通信網に接続を許可することによってインターネット接続のサービスを提供する業者。
アクセスポイント：プロバイダが用意した電話接続をする場所

Question Q&A 7 Answer

ＨＰ（ホームページ）の活用

■マルチメデイア、ホームページ（Home Page）、
　調べ学習、情報の発信、インターネット、

　ＨＰとはインターネットで用いられるホームページ（Home Page）の意味です。ＨＰの活用方法は様々ですが、ここでは、代表的な活用の方法としてＨＰによる調べ学習、ＨＰの作成・発信などがあります。

❏ＨＰによる調べ学習

　最も一般的な活用のしかたが「ＨＰを見る」ことで目的の情報を得る方法です。理科や社会科など教科や総合的な学習の時間における「調べ学習」は次のような手順で行われます。
①調べたいテーマを決定する。
②検索サイトからテーマに沿ったＨＰを検索する。
③そのＨＰを見ることで情報を得る。

❏調べ学習での欠点、注意点

　検索サイトで目的に沿ったＨＰを探すためにはキーワードの入力にコツがあります。あらかじめ教師が検索サイトの使い方に慣れておく必要があります。また探したＨＰでは目的の情報が得られないこともありますし、ほとんどのＨＰはふりがな等の配慮もされていないといった欠点もあります。さらに、リンクをたどる際に誤って有害な情報が掲載されているＨＰを表示してしまうことも考えられます。加えて、ＨＰの情報がすべて正しいというわけではないので、授業で活用する前に教師が実際に行ってみることが大切です。

❏ＨＰの作成・発信

　ＨＰを学校で作成・発信することで学校の情報を世界中の人に知らせることができます。次の２点が一般的です。
　１．学校の教育内容や住所、地図などを紹介する。
　２．学級やクラブ活動の紹介、作品などの学習成果の発表を行う。
　いずれの場合でも、文字だけでなく図や写真、音、映像といったマルチメディアを用いて作成・発信できるのが特徴です。ＨＰ作成は以下の手順で行います。
①ＨＰで伝えたいことを決める。
②ＨＰに必要な資料を準備する。
③ＨＰ作成用のソフトウェアを用いて作成する。

④でき上がったHPのデータを公開する。

　これらの活動を児童・生徒が行うことで自ら考えながら主体的に学習することができます。でき上がったHPを見た人たちからの感想がEメールで来ることもあり、他校や社会との交流を持つことにもつながります。

❏ HPの作成・発信での注意点

　HPを作成・発信する際にいくつか注意しなければならないことがあります。主な例として、個人情報の保護、著作権の保護、学校HPとしての責任が考えられます。個人情報の保護にはいろいろな考え方がありますが、基本的には個人が特定される情報は十分に注意して扱う、もしくは掲載しないということです。著作権では、さまざまなキャラクターの絵や人物写真などの無断掲載が挙げられます。また、作成したHPは世界中の人々に向けて発信されるわけですから、学校HPとしての責任が伴います。学校内で組織的に十分に検討した上で発信するべきでしょう。

　また、HPに対する反響には良い感想もあれば悪い感想も出てきます。中には非難や中傷のメールが来る可能性もあります。これらの意見に対して学校として柔軟に適切な対応を取ることが求められます。

　インターネットの世界にははっきりとした規制はありませんし、上述の注意点も検討されている段階です。しかし発信した情報を悪用されるケースもありますので、指導する教師が事前にインターネットに関するモラル（＝ネチケット）を身につけておく必要が考えられます。

❏ インターネットを用いた交流

　インターネットには、上述したとおりHP（WWW）以外にも様々な活用方法があります。特に距離の離れた場所とのコミュニケーションツールとしての活用が有用だと考えられます。例えばEメールやテレビ会議システムです。Eメールは意見交換などの交流や国際交流で、またテレビ会議システムは他校の生徒との話し合いやベッドサイドとの遠隔授業として活用されています。これらの活用方法以外にも工夫次第で様々な活用方法が可能だと思われます。いずれもネットワーク上の注意点を守りながら活用することが重要です。今後インターネットのようなマルチメディアを活用した新しい授業形態に大きな期待が寄せられています。

・・・

【引用・参考文献】
1．渡部親司 著『親や教師のためのベッドサイド学習におけるインターネット活用の手引き』平成11（1999）年　島根県立出雲養護学校
2．忍足恵一 編『学校インターネット　はじめの一歩』平成11(1999)年　学習研究社
3．情報コミュニケーション教育研究会 編著『先生のための教科「情報」マニュアル』平成12(2000)年　日本文教出版
4．忍足恵一 編『ＮＥＷ教育とコンピュータ』第14巻第5号　平成10(1998)年　学習研究社
5．清水永正 編『ＮＥＷ教育とコンピュータ』第15巻第7号　平成11(1999)年　学習研究社

Question Q&A 8 Answer

テレビ会議システムはどのように活用されていますか。

■マルチメディア、テレビ会議システム、
前籍校、交流、調べ学習

テレビ会議システムは学校外（病院外）への生活空間や学習の場を広げることができます。
①前籍校と身近な交流を進めることができます。
②他校や生活環境の異なる地域との交流を図ることができます。
③交流学習や調べ学習で伝える力を身につけることができます。
病気治療のため長期入院しながら勉強している子どもたちにとってテレビ会議システムを通した交流は、とても楽しい場となり、生活力を高めることができます。

❏生活規制への支援

テレビ会議システムは、遠く離れた学校や地域の機関といっしょに動画を通して話し合い活動をすることができ、お互いの姿を見ながら学習することができます。

病気治療のため生活規制のある子どもたちが、前籍校や生活環境の異なる子ども同士の交流により学習意欲を高め、病気回復に向けての励みにもなります。

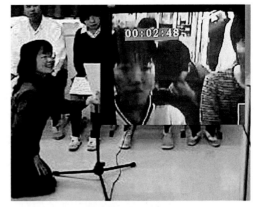

マルチメディアを活用した
地域の子どもたちとの交流

❏コミュニケーションの創造

学校間との交流や専門機関が提供するネットワーク授業参加等に向けての調べ学習をすることを通して、資料収集能力、伝え合うことを意識した発表力や討論会に参加するための力を身につけ、社会生活の中で回りの人とのコミュニケーションの大切さに気づかせることができます。

マルチメディアを活用した学校間交流

❏テレビ会議システムでの交流のための活動例

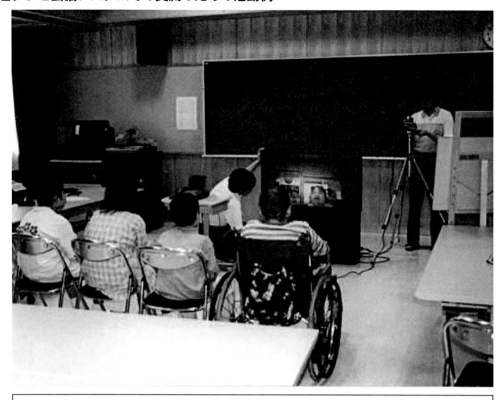

テレビ会議システムをする場合の留意事項

ハード面

・相手の音声が聞き取りにくく、応答も遅れがちである。

児童生徒の能力面

・目的意識をはっきりと持たせておく必要がある。

・交流のしかた（話し方、あいさつ、応答等）にある程度習熟する必要がある。

・映像と音声のズレに慣れた対応を身につける。

教師の配慮面

・機器操作について熟知する必要がある。

・養護学校ということもあり、病状や障害の状態についての表記について、お互いの学校等の担当者同士が相互理解しておく必要がある。

Question Q&A 9 Answer

テレビ会議システムを活用した授業の出席扱いの考え方について教えてください。

■マルチメディア、テレビ会議システム、
訪問学級、教科学習、出席扱い

　　テレビ会議システムは児童生徒の興味・関心を引き出し学習意欲を高める大きな役割を果たすものと考えます。授業の実践を見ると、児童生徒の目の輝きテレビに食い入る姿はまさに興味・関心がみなぎっている様子であり、日々の授業改善、工夫に役立っているという感じがあります。また、教員配置の定数上の問題、中・高等部の教科配置の問題等もテレビ会議システムを活用することによりある程度解決できる面があります。

　　教育課程内での教育実践を進めているわけですので、当然出席扱いにしなければならないと考えます。

　　病室や各教室等の多地点を接続したテレビ会議システムは同級生と互いに話し合う機会が少ない小規模校の悩みを解決し、また、児童生徒の学習意欲を高める役割の一手段となっています。この際の授業は、出席扱いにすることができます。ただし、教師は授業中の質問・内容の確認、復習、まとめ、事後の指導も積極的に行う必要があります。

❏訪問学級設置病院との連携

　　テレビ会議システムは実施しようとする病院（医療機関）との連携のもとで、長期入院している児童生徒の学習の機会を保障しようとする目的で実施されています。さらに、長期入院にともなうこれまでの生活環境の変化、精神的な負担、前籍校へ戻ったときの集団への適応等の不安を考えたとき、教師や看護婦、父母といった大人だけという入院中の子どもをとりまく環境を改善していく必要があります。

　　そこで、子ども同士のかかわりを持たせるということでテレビ会議システムを活用しました。そうすることにより学習にも意欲的に参加できるようになり、互いに影響し合い自発的な学習態度が期待できるのではと考え、病院内訪問学級と本校とをテレビ会議システムでつなぎ、同時授業を実施しています。これは訪問学級の設置されている病院（医療機関）の理解のもとで実施が可能になるものであり、本校のみで実施できるものではありません。教室の広さ、配線、電気等、病院側と十分な連携を取りながら実施します。

❏効果的に活用できる教科学習

　　ここでは実施した教科や行事について紹介します。

　　これまでに実施した教科は音楽、英語、学校行事では読書月間、目の愛護デー、

交流会等が実施されました。音声のずれ、マイクの集音能力、画面のぶれ等、不十分な面はありますが、専門性が要求される中・高等部ではテレビ会議システムを取り入れて授業をすることで、教職員の全教科配置がなされない面を補うことができました。また、ＡＬＴの"生の英語"で授業が受けられ、ＡＬＴと直接会話できる喜びも大きいようで、それが積極的なコミュニケーションに発展していく動機づけとなったようです。

　学校行事では、六つの病院で同時にテレビ会議システムによる行事を実施しました。遠く離れた病院から本校にいるゲストに質疑応答を行い、子どもにとってもいい刺激になり、活発な意見交流の場となりました。目の愛護デーでは本校にいる養護教諭が具体物をテレビに写しだし、分かりやすく説明しています。テレビ会議システムは、ゲストを招いて実施する行事などで、本校と病院内訪問学級が同時に専門家の話や演奏を見聞きできるという有効なシステムだと思います。

❏教科担当職員の補充（例）

　本校では九つの病院に病院内訪問学級が設置されていますが、中・高等部の教科担任制がむつかしい状況にあります。職員配置は本校と病院訪問学級をプールにした定数で割り出されるため、8教科の担当が全部配置されるわけではありません。一人の教師で免許を持たない2〜3教科を指導することになります。このことを解消するまでには至りませんが、補う方法としてテレビ会議システムを活用して、本校と病院内訪問学級とで同時に同じ教科の授業を実施しています。そうすることで教科の専門性を重視した授業が可能になってきます。解決しなければならない事柄が多いのですが、メリットも多いと確信し、テレビ会議システムの活用を推進していく必要性を実感しています。

※ コラム

情報化と教育

　我々が情報化の進展と教育について考えたポイントは二つである。

　一つは、情報化が進展するこれからの社会に生きていく子供たちに、どのような教育が必要かということであり、もう一つは、子供たちの教育の改善・充実のために、コンピュータや情報通信ネットワーク等の力をどのようにしたら生かしていくことができるか、どのように生かしていくべきかということである。

　そして、我々は、これらについて特に次のような点に留意して、教育を進めていく必要があると考えた。

(a) 初等中等教育においては、高度情報通信社会を生きる子供たちに、情報に埋没することなく、情報や情報機器を主体的に選択し、活用するとともに、情報を積極的に発信することができるようになるための基礎的な資質や能力、すなわち、「高度情報通信社会における情報リテラシー（情報活用能力）」の基礎的な資質や能力を育成していく必要があること。

(b) 学校は、情報機器やネットワーク環境を整備し、これらの積極的な活用により、教育の質的な改善・充実を図っていく必要があること。

(c) 情報機器やネットワーク環境の整備をはじめ、学校の施設・設備全体の高機能化・高度化を図り、学校自体を高度情報通信社会に対応する「新しい学校」にしていく必要があること。

(d) 情報化の進展については、様々な可能性を広げるという「光」の部分と同時に、人間関係の希薄化、生活体験・自然体験の不足の招来、心身の健康に対する様々な影響等の「影」の部分が指摘されている。教育は、これらの点を克服しつつ、何よりも心身ともに調和のとれた人間形成を目指して進められなければならないこと。

中央教育審議会「21世紀を展望した我が国の教育の在り方について」（第1次答申）

Question Q&A 10 Answer

病院内へのPHSの持ち込みはできますか。

■マルチメディア、PHS、
携帯電話端末、医療機器、
電波

　PHSの出力は携帯電話の十分の一以下とはいえ医療機器を誤作動する可能性があり、病院内に持ち込む場合は各医療機関の許可を受け、その指導、注意事項を遵守しなければなりません。

❏PHSの出力

　PHSの出力は、携帯電話の十分の一以下であり、医用電気機器に与える影響はきわめて少なく、「一定条件に準拠した範囲内では問題ない」との指針が出されています。

❏医療機関でのPHS利用

　医療機関ではポケットベルを利用した従来の院内連絡手段に代わり、院内のドクターコール、ナースコール等を統合した連絡手段としてPHSを導入しつつあります。こうした医療用PHS端末は一般の携帯端末等と差別化を図るため、ステッカー、ストラップの添付等の工夫がなされています。

❏医療機関へのPHSの持ち込み

　PHSを病院に持ち込む場合には各医療機関の指示に従わなければなりません。
　一般患者や外来者のPHSを含む携帯端末等の使用については、これからも一部の場所を除き制限されていくものと考えられます。

❏PHSの利用法

　学校が病気の児童生徒とかかわること（クラスメートとの交流や学習の補完などを行うこと）で孤独感が緩和され、病気と向き合う勇気を引き出すことが経験的にいわれています。教育機器の補助として使うことにより、学習機会が保証されることが通信機器を持ち込むことのメリットであると考えます。

【引用・参考文献】
＊「医療機器への電波の影響を防止するための携帯電話端末等の使用に関する指針」平成9年　不要電波問題対策協議会

Question 11
Q & A Answer

訪問指導や補充指導のためのコンピュータ、ノートパソコンの貸し出しはどのように行うのですか。

■マルチメデイア、訪問指導、補充指導、
パソコンの貸し出し

　訪問指導や教科の補充指導のためのマルチメデイア等の情報機器の活用の有用性について今まで述べてきているとおりですが、ノートパソコンやコンピュータ等はノートや鉛筆と同様に学習の補助的手段と考えれば基本的には個人持ちが適当かもしれません。しかし、高価であることや病院での使用、教材・教具という観点から学校備品として児童生徒の使用に供しているのが現状だと思われます。学校備品を床上学級の授業で使用するため、または課外学習のため個別に貸し出す形での使用も少なくないと思われますが、これはあくまでもそれぞれの学校の事情や病院など使用する場により判断されるべきものといえます。

❏OSやソフトウエアの使用許諾

　コンピュータおよび教育用ソフトウエアを使用するに当たってはそれぞれの許諾条件に従って利用しなくてはなりません。児童生徒、教職員等利用の許された者以外の利用はできないので病院内の教室等で利用される際は注意が必要です。個人のコンピュータを使って指導することはほとんどの場合使用許諾の範囲外なので避けましょう。

❏使用環境

　病院内の教室等で指導に供するノートパソコン、ソフトウエアはすべて学校にライセンスされ、学校で学ぶ児童生徒と同じ環境で使用することを前提に病院内での指導に使われています。

❏病室内での使用

　医療機関では電子機器等の持ち込みを制限しているところがあります。病院の共用スペースや病室での利用については医療機関の許可を事前に得ることが必要と思われます。

障害等に配慮した教育の充実

　障害のある子供たちに、可能な限り社会的な自立や参加をし得る「生きる力」を培うことは極めて重要なことである。現在、障害があることにより、通常の学級の指導を受けることが困難であったり、それだけでは能力を十分に伸ばすことが困難な子供たちについては、一人一人の障害の特性等に応じ、特別の教育内容・方法、少人数学級などにより、きめ細かな教育が行われている。盲・聾・養護学校においては、通学が不可能な子供たちには、その家庭等に教員を派遣して指導する小・中学部の訪問教育も実施されている。障害が軽度な子供たちには、通常の学級に在籍しつつ、一定時数、別に特別の指導を受ける通級指導が拡充されつつある。また、小・中学校の通常の学級において指導を受けることが適当で歩行が不自由な子供のためには、エレベーター、スロープ、専用トイレ等の設置を進めている。このように、障害のある子供たちの教育については、これまで、その充実のための努力が種々払われてきているが、これらの子供たちに「生きる力」をはぐくみ、可能な限り社会的な自立や参加を実現させる観点に立って、一層指導内容・方法・体制の改善・充実や多様化に努め、教育条件の整備を進めることが必要であると考える。また、学習障害（ＬＤ）児に対する指導内容・方法等についての研究を一層促進する必要がある。

　盲・聾・養護学校や特殊学級に通う子供たちにとって、学校の内外において、様々な人々と触れ合うことは、極めて大切なことである。こうした観点から、小・中学校の通常の学級の子供や地域の人々と共に過ごす時間や場を設けるために、運動会等の学校行事やクラブ活動、給食、また、一部の教科などにおいて交流教育が行われてきている。このような交流教育は、障害のある子供たちにとって極めて有意義であるばかりでなく、参加する教員やすべての子供たち、また、地域の人々にとっても非常に有意義な活動であり、今後、このような交流の機会を、更に増やすための努力と工夫が必要である。そして小・中学校等の教員や子供たちはもちろん社会全体が彼らへの理解を一層深めていくことを強く望むものである。

　また、障害のある子供の保護者は、一般に、かなり早い時期に子供の障害等に気付き、子供の発達の遅れや招来について深刻な悩みを持つことが多いと考えられる。このような保護者の不安や悩みにこたえるために、子供の将来の発達の可能性について正確な情報を提供したり、家庭での教育について相談を行ったりする早期教育相談体制の充実や盲・聾・養護学校の幼稚部の整備が必要である。

　さらに、障害のある子供たちの社会的自立を最大限に実現するという見地から、盲・聾・養護学校、特に養護学校の高等部のより一層の拡充整備が必要と考える。そして、高等部の生徒の卒業後の職業的な自立に資するための職業教育の改善・充実や多様化を図るとともに、進路指導体制を強化し、企業等との連携や卒業者への支援の取組などを一層進めることが必要である。また、養護学校高等部における訪問教育の実施についても検討することが必要である。

　教員については、障害のある子供たちの教育の充実のために、養成、採用、研修を通じて、その専門性・指導力を一層向上させるとともに、小・中学校等の教員に障害のある子供たちへの理解を深めさせるため、異校種間の人事交流の促進や研修の充実を図っていく必要がある。

中央教育審議会「21世紀を展望した我が国の教育の在り方について」（第１次答申）

第Ⅲ章 教育と医療の連携

Question Q&A 1 Answer

病弱養護学校はすべて病院に隣接しているのですか。

■医・教連携、病弱養護学校、
病院、寄宿舎

病弱養護学校の設立経緯によりさまざまな設置がなされています。その設置の経緯により病院に隣接している学校、病院と学校の間に寄宿舎を設置している学校、病院には隣接せず、寄宿舎のみを設置している学校などに分けることができます。

それぞれの形態にはそれぞれのメリットがありますが、医学の進歩や時代と共にその形態にも変化が見られます。

❏国立療養所に隣接している病弱養護学校

国立療養所に隣接している養護学校が最も多いのです。こうした養護学校の設立経緯をみると、始め、結核等で療養していた教師が回復期に入り、同じ病院に入院している児童生徒の教育を開始し、その後、地元の小・中学校の病院内学級が設置され、児童生徒の増加と共に養護学校になっていったところが多くみられます。

こうした養護学校の多くは慢性疾患でも長期の入院加療を必要とする者が多く、こうした療養期間をとおして日常生活の訓練もされたり、同じ病気の児童生徒で構成されていることで仲間意識も強まるといったこともメリットとしていわれています。

❏病棟との間に寄宿舎を設置している病弱養護学校

病気が回復すると退院になりますが、退院するとすぐに前籍校に登校して健康な児童生徒と共に学校生活を送ることができるようにはなりません。多くの場合、退院直後にはしばらくの間、近所を散歩するなどして体力を回復してから少しずつ登校するようにします。

しかし、自宅から学校までが長距離で通学が困難である場合などには前籍校への復帰は困難ですし、退院後も頻繁に通院が必要であっても通院が困難な場合、また、退院はできても病気の自己管理をするだけの方法を身につけていない場合などにはそれを身につける場も必要です。寄宿舎はこうした場合に役立ちます。

❏寄宿舎のみを設置している病弱養護学校

喘息や身体虚弱などが多かった時代には、健康回復ために転地療養などを計画したことも多くみられます。白十字会が設置した海浜学校や林間学校もその一つです。現在もその学校を前身とする学校が数校あります。

こうした学校では、寄宿舎における規則正しい生活をとおして健康を維持増進す

るための生活習慣を身につけることもできます。最近は、肥満など生活習慣病や心身症の子どもたちが利用することが多くなっているようです。

都道府県別学園隣接校数　　　　　　　　　　平成13年5月1日 現在

地区名	都道府県名	病弱養護学校数			その他の養護学校 分教室	学園特殊学級設置校数	計
		本校数	分校数	分教室			
北海道	1. 北 海 道	3		3	3	56	65
東北	2. 青 森 県	2				19	21
	3. 岩 手 県	4		6	1	6	17
	4. 宮 城 県	2		1		49	52
	5. 秋 田 県	1				15	16
	6. 山 形 県	1				5	6
	7. 福 島 県	1	3			2	6
関東・甲信越	8. 茨 城 県	1				1	2
	9. 栃 木 県	2					2
	10. 群 馬 県	1	4	3		2	10
	11. 埼 玉 県	3				7	10
	12. 千 葉 県	2			1	12	15
	13. 東 京 都	5		1	7	13	26
	14. 神奈川県	3		4		10	17
	15. 新 潟 県	2	1			13	16
	16. 山 梨 県	1	1			5	7
	17. 長 野 県	2				9	11
近畿・東海・北陸	18. 富 山 県	1				6	7
	19. 石 川 県	1	1	1		4	7
	20. 福 井 県	3	2	1			6
	21. 岐 阜 県	2	1			6	9
	22. 静 岡 県	1	1			2	4
	23. 愛 知 県	1				28	29
	24. 三 重 県	2		1		9	12
	25. 滋 賀 県	2	1			39	42
	26. 京 都 府	4		3		4	11
	27. 大 阪 府	3		6		83	92
	28. 兵 庫 県	1		2		23	26
	29. 奈 良 県	1				30	31
	30. 和歌山県	1				9	10
中国・四国	31. 鳥 取 県	2				2	4
	32. 島 根 県	1				18	19
	33. 岡 山 県	1				11	12
	34. 広 島 県	1				17	18
	35. 山 口 県	1				6	7
	36. 徳 島 県	1				2	3
	37. 香 川 県	1				17	18
	38. 愛 媛 県	1				4	5
	39. 高 知 県	1	1			27	29
九州	40. 福 岡 県	4	1			12	17
	41. 佐 賀 県	1				2	3
	42. 長 崎 県	2				3	5
	43. 熊 本 県	1				10	11
	44. 大 分 県	1				6	7
	45. 宮 崎 県	2				1	3
	46. 鹿児島県	2				4	6
	47. 沖 縄 県	1					1
合　　計		83	17	32	12	609	753

全国病弱虚弱教育研究連盟調べ

189

Question Q2 & Answer

病院に隣接していない養護学校の子どもの医療はどうなっていますか。

■病院に隣接していない学校の医療体制、
　看護婦、保健室、診察、寄宿舎指導員、
　寮母

　病院に隣接していない病弱養護学校は全国的には数は少ないのですが、これらの学校では保健室の他に看護婦が常駐していて医療の援助を行っています。また朝夕、医師による定期的な診察等を行っています。

❏日常の学校生活での医療体制は

　病院に隣接していない病弱養護学校では、寄宿舎、家庭から通学してくる子どもたちが多く、寄宿舎から通学している子どもの場合、登校してくると看護婦から寄宿舎での様子などの情報が伝えられます。子どもの医療面に対応について、例えば、「体育が可能である」とか「見学がいい」などの指示があり、教師はそれを踏まえて、さらにその時の健康状態を自分の目で確かめて授業を始めます。養護教諭は教室を巡回して、事前に得ている医療情報を確かめ、その日の指導のポイントをつかんで助言をします。

　家庭から通学の子どもは保護者と朝、引き渡し時に会って、家庭での様子を聞いて、配慮すること服薬など確認します。

❏寄宿舎生活における医療体制

　下校後に学校からの連絡を確認して、必要があれば簡単な治療、診察を舎の保健室で受け通常の生活を行います。夕食、入浴後に医師の診察を受ける時間があるので、診察の必要な子どもは受診して服薬、投薬の指示を受けます。これには看護婦が対応します。

　夜の打ち合わせ時には、舎監、寄宿舎指導員（寮母等）、看護婦からの報告を確認して就寝に備えます。

　看護婦は病院と同じように夜中も定期的に巡回し、健康状態をとらえて、状況を把握します。朝は医師の診察を受けることができ、必要な子どもは診察を受けて医療の指示を受けます。

❏病院の診察、治療が必要な場合の対応

　病院に隣接していない場合、近隣の病院と提携し、緊急時の対応を依頼しておきます。喘息発作、心臓発作など、病院への搬送が必要な場合は登校時間帯、寄宿舎生活時間帯の、いずれの場合も学校としての緊急医療体制を作っておき、手順にしたがって対応します。

❏病弱養護学校の事例（緊急を要する外傷・病気の悪化への対応）

　心臓病や腎臓病などの内部疾患、喘息などの呼吸器疾患、肥満・アトピー性皮膚炎・心身症などの病気を持つ小学生と中学生が、同じ敷地内にある寄宿舎で生活リズムを整え、健康回復を図りながら学んでいる学校があります。寄宿舎には児童生徒の健康と安全を守るために診療所が設置されており、看護婦が24時間常駐しています。診察が必要な児童生徒は朝と夜の2回、本校職員の医師が診察します。また病院での診察や治療が必要な場合は車で10分ほどの所にある小児病院に搬送します。

　ここでは、こうした寄宿舎生活の時間帯で起こる、緊急を要する怪我や病気の悪化に伴う搬送の対応について記載します。ここに示すものは基本であり、各ケース毎に状況判断し、場合によっては即座に対応ができるように看護婦が同行する場合もあります（＊看護婦は診療所に常駐することが原則です）。

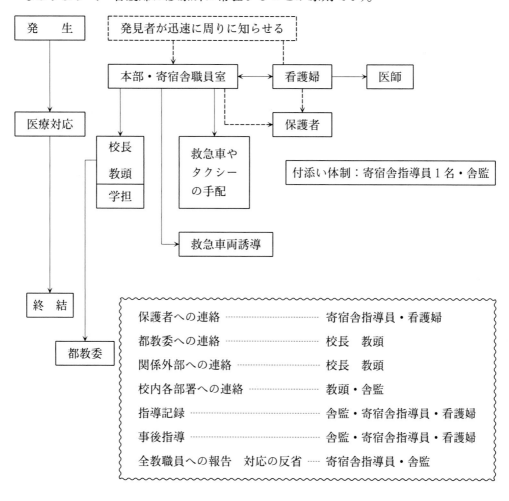

Question Q&A 3 Answer

病状により登校できない子どもの指導はどのように行うのですか。

■院内学級、ベッドサイド授業、
テレビ会議システム、床上学習

　子どもたちの中にはその日の病状や治療の関係で登校することが困難な子どももいます。そこで学校では、その日の子どもたちの病状やそれにともなう指導の形態等に関する連絡を病棟と密に取り合うなどの工夫が大切です。

❑連絡体制の事例

連絡簿の事例

月　　日（　　）　　児童生徒の動向　　当番（　　　　　）

| 科名 | 病室 | 学年 | 氏　　名 | 本 |校| | 院内 | ベッド | 治療・検査 |
				該当	許可	学習内容	許可	許可	
小児	6	小1	○ ○ ○ ○	午前・<ins>午後</ins>	○	体育	○		
小児	3	小2	○ △ ○ △	午前・<ins>午後</ins>	○	体育（見学）	○		
				午前・午後				○	点滴
				午前・午後			○		
				午前・午後					
整形	512		△ ○ △ ○	午前・午後				○	安静

　このような連携のもと子どもの病状に応じた指導形態が組まれています。ここではそのいくつかについて紹介します。

❑院内教室への登校

　病院外への登校は困難ですが、病院内の学級であれば登校が可能な子どもについては、院内学級と呼ばれる病院内の教室に登校して学習します。
　授業の合間に安静時間を設けるなど、子どもたちの体調にも十分配慮します。

❏ベッドサイド授業

　　病状や治療の関係で病室から出て学習することが困難な子どもには教員が病室に
出向き、ベッド上で学習します。授業時間の確保が難しいため学習内容の精選やパ
ソコン等の視聴覚教材活用により子どもの学習意欲を高める工夫をします。

❏テレビ会議システムを使った授業

　　登校が困難で集団の中でのかかわりが少ない子どもに対しては、テレビ会議シス
テム等のマルチメディアを利用して、学校へ登校して学習する友だちといっしょに
授業へ参加できるよう支援をします。

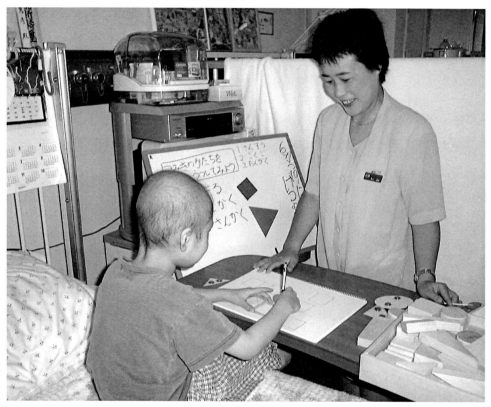

ベッドサイド授業

【引用・参考文献】

1.『生きる力をはぐくむために−障害に配慮した教育−』　平成11(1999)年度　文部省

Question 4
Q&A
Answer

退院し前籍校に戻った後のフォローアップについて説明してください。

■医・教連携、前籍校、
フォローアップ

　退院してもとの学校に戻れることに子どもたちは大きな喜びを感じますが、同時に学校生活をうまくやっていけるかという不安も大きく持っています。転学時には転学先の学校に対して医療上の問題とは別に教育的配慮についてどれだけ詳しく伝えるのかが重要です。担任だけでなく、管理職、養護教諭にもきちんと伝えることが大切です。ただし、保護者の了解または納得の上で行なわなければなりません。転学後のフォローは電話や手紙などで転学先の学校や保護者と連絡をとるなどの方法が考えられます。

❑退院後の学校生活での問題

　病気をした子どもたちは通常の学校生活を送る上で学習、体育の授業、学校行事、学校設備、友達関係、教師の対応等で様々な困難を感じています。学習に関する問題では、退院後も通院を続けなくてはならず欠席が多くなるなど勉強の遅れへの不安があります。体育の授業では運動制限のため見学が多くなり、そのため成績評価が低くなるということがあります。また見学の時に「寒いときでも体育服での見学をさせられた」、「炎天下で、立って見学するよう指示された」等、教師がよく理解していないために起こったと思われることも聞かれます。遠足、林間学校、運動会などの学校行事では参加できないか、参加にあたって条件をつけられるといったことがあります。給食の時に食べてはいけないものがある、掃除ができない、階段の昇降が大変といったこともあります。病気への無理解がそのような特別な対応をする子どもへのいじめになることもあります。子どもたちは病気のことを根ほり葉ほり聞かれるのはいやなのですが、病気のためにできないことがあることを周りの友だちに理解してほしいという気持ちを持っています。服薬するのを見られることも非常に気になるものです。退院後の生活になじめなくて再び病気を悪化させたり、不登校につながる場合もあります。

❑入院中からの前籍校との連携

　退院の時だけでなく、こまめに前籍校との連絡が行われていることが重要です。入院中も親が前籍校と日頃から連絡を取り合い、その様子を親から子どもに話してもらうよう配慮する、外泊中に前籍校を訪れたり、自宅近くの子どもたちと接触をもったりするように勧めるなど前籍校への復帰がより円滑に行われるように配慮することも大切です。退院時においての転出先校との連携では、担任ばかりでなく管

理職や養護教諭にもよく理解してもらうことが大切です。また学年が変わると担任も替わったり、中学校では教科担任制であることから、学校全体でよく理解してもらう必要があります。

❏退院後のフォロー

退院後のフォローは保護者と転出先の学校に対して行われます。方法は様々あります。退院後しばらくして病弱校の担任や校務分掌の転出入の係が電話や手紙で学校や保護者と連絡を取り合うという方法もあります。また、退院時に渡す資料に、１カ月くらいたった時点で子どもの様子を書いてもらい返送してもらうような用紙を添付している病弱養護学校もあります。方法は様々考えられます。いずれにせよ、退院したからといってそれで終わりにせず、連絡を取るなど保護者や転学先の学校からの相談にのる体制が病弱校側には必要です。転学時に不明な点、問題点があったらいつでも連絡をくれるよう話しておくと保護者、転学先の学校とも安心できます。特に長期入院のために学年が変わってしまい、学級のメンバーの構成が大きく変わっていたり、入院時は小学生であったが退院時は中学生になる、入院中に引っ越してしまったなど退院後の環境が入院前とは大きく変わっている場合は特に配慮が必要であり、退院後の連絡を密にすることが必要と思われます。なお、医療的な問題については、保護者を通して主治医に聞いてもらうようにします。これらの情報のやりとりは、保護者と学校側との信頼関係を前提として行われるものなので不信を抱かせないように留意します。

• •

【引用・参考文献】
＊１．『成人した難病児の小・中学校時代の体験に関する研究』　育療第７号　平成９（1997）年　日本育療学会
＊２．『病弱教育における養護・訓練の手引き』　平成５（1993）年　文部省

❋ コラム────

万物生きて光り輝く

私は、小学部１年生から高等部３年生までの12年間、養護学校に通っていた。

初めて聞いた人は、ほとんど「エッ」と驚く。「養護学校に行った子が、将棋のような難しいゲームをできるのだろうか？」と思うらしい。

私が養護学校に入って、よかったと思うことはいくつもある。

一番大きなことは、養護学校では、学力を伸ばすことよりも、生きることが最優先されることだ。点滴を受けながら、授業を受けなければならない子もいる。運動機能を維持するために、機能訓練を毎日きちんと受けなければならない子もいる。その年の一人ひとりの体調に合わせて、養護学校のカリキュラムは柔軟に変えられていく。

養護学校の先生たちは、一人ひとりの障害の違いを個性の違いととらえて、その子の持っている可能性を引き出してくれる。

私は、養護学校に行って本当によかったと思っている。好きな将棋に小学部の時から打ち込めたのは、養護学校だったからだ。

一人ひとりに、それぞれ個性があり、精一杯生きることで、その個性が輝きはじめるということは、養護学校で学んだからこそ知ることができた。私は、「万物生きて光り輝く」という言葉が一番好きだ。……

石橋幸緒（いしばしさちお）著　「生きてこそ光り輝く」
－19歳、養護学校から女流王将へ　2000年
ＰＨＰ研究所

Question Q&A 5 Answer

医療との連携のための組織について説明してください。

■医療、連携、連絡会、
ケースカンファレンス

　病弱養護学校や院内学級と病院との連携は児童生徒の病気の治療上のことはもちろんのこと、学習効果や心理的な安定を図る上でも大変重要なことです。そのため病院側と学校側相互に組織的に効率よく業務が遂行できるよう最大限の努力をしています。

　病院隣接の学校である場合、名称の違いはあるもののほぼ次のような組織で連携が図られています。

組織名	内　　容	構　成　員	開催時期
病院学校幹部会	病院・学校の連携上の基本問題について	院長、副院長、事務部長、庶務課長、看護部長 校長、教頭、事務長、教務主任	各学期1回程度
病院学校連絡会	病院の行事、学校の行事についての連絡調整他	院長、副院長、事務部長、看護部長、各課長、関係医師、副看護部長、関係婦長、指導室長、栄養管理室長 校長、教頭、事務長、教務主任、病棟主任、養護教諭、行事係、保健主事	各学期1回程度
病棟学校連絡会	病棟や学校での児童生徒の生活状況、健康状況の共通理解。病棟行事、学校行事の連絡確認他	各病棟医師、婦長、看護婦、指導員、保母、病棟主任 学級担任他	各学期1、2回程度
ケースカンファレンス	病棟や学校での生活や学習の状況、病状、指導方針等の報告及び協議	医師、婦長、指導員、保母、看護婦 学級担任、教科担当・進路担当他	必要に応じて
訓練棟ケースカンファレンス	自立活動の個人目標や、内容の検討、日常生活上の配慮点等についての協議及び共通理解	ＯＴ、ＰＴ、心理療法士 自立活動担当者、学級担任等	必要に応じて

　特に、卒業を控えた児童生徒については卒業後の生活について考える「進路ケース会議」の積み重ねが重要です。学校や医療がどのような援助ができるのか確認し合い、時には本人も交えた話し合いの中で将来の見通しや希望がより明確になっていくと考えられます。また、通学生についてはこれまでの経過を知っている医師と連絡を取り、必要に応じて養護教諭と担任が訪問し、学校生活での配慮点など情報を得、確認することも必要です。いずれの場合も保護者の同意を得ることが大切です。

　学校教職員の医療的知識理解を深めるために病棟の医師、婦長、指導員、理学療法士、作業療法士、心理療法士などを招き、講義や実技も含めた研修会を開催することも有益です。

病弱養護学校の学校医の決定はどのようになされるのですか。

■医・教連携、病弱養護学校、
学校医、学校保健法

　わが国における学校医の制度は明治31(1898)年勅令「公立学校ニ学校医ヲ置クノ件」に始まるとされ、現在まで100年に近い歴史をもつものです。今日の学校医の制度は学校保健法に明確に位置づけられています。病弱養護学校の校医の決定についても小・中・高等学校と同様な手続きにより決定されます。

> 学校保健法　○第16条１項
> 　　学校（学校教育法第１条に規定する学校、すなわち小学校、中学校、高等学校、大学、高等専門学校、盲学校、聾学校、養護学校及び幼稚園のことであり、国立、公立または私立のこれらの学校をいう）には学校医を置くものとする。
> ○第16項２項
> 　　大学以外の学校には、学校歯科医及び学校薬剤師を置くものとする。
> ○第16条３項
> 　　学校医、学校歯科医及び学校薬剤師は、それぞれ医師、歯科医師又は薬剤師のうちから、任命し、又は委嘱する。

❏学校医の委嘱（例）
〔盲・聾・養護学校の配置基準〕
　・学校医：各学校４人　　・学校歯科医：各学校１人　　・学校薬剤師：各学校１人
〔学校医委嘱の手続き〕
　①学校医等を委嘱するに当たって、県教育委員会は県医師会、県歯科医師会及び県学校薬剤師会並びに地区歯科医師会及び県学校薬剤師会支部あて候補者の推薦を依頼する。
　②学校医については県医師会からの推薦に基づき県教育委員会から各学校あて候補者を通知するので、校長は候補者と委嘱承諾の確認をとった上、具申する。
　③学校歯科医及び学校薬剤師については校長が当該地区の歯科医師会長及び県学校薬剤師会支部長と協議し、候補者の推薦を受けて具申する。

【引用・参考文献】

1．『千葉県教育関係職員必携』（通知）平成８(1996)年　千葉県教保第467号

Question Q & A 7 Answer

病弱養護に通学する子どもの実態について説明してください。

■医・教連携、病弱養護学校、通学

近年、病弱教育の対象となる児童生徒の実態や社会情勢の変化に伴って、病弱養護学校に自宅からの通学生を受け入れている学校が増加しています。

❏自宅からの通学生を受け入れている学校の形態とその数

平成14年度の調査によると病弱養護学校84校、分校・分教室31校のうちの約60％が自宅からの通学生を受け入れています。学校の形態とその数は右表のとおりであり、近年、増加の傾向にあります。その理由として、医療技術等の進歩によって外来治療で対応可能になってきたこと、障害観の変化に伴い、自立と社会参加や QOLの向上の視点から脱施設化の傾向等があります。

学校の形態	本校	分校	分教室	合計
病院＋自宅	43	8	4	55
病院＋自宅＋施設	9	0	0	9
病院＋自宅＋寄宿舎	1	0	0	1
病院	17	6	11	34
病院＋施設	1	0	0	1
施設	3	1	0	4
寄宿舎	6	0	0	6
自宅＋施設	2	0	0	2
自宅	2	1	0	3
総　　　計	84	16	15	115

（平成14(2002)年5月1日現在　全国病弱養護学校実態調査より）

❏通学の方法
・保護者による送迎（自家用車、徒歩）
・スクールバス
・自力通学（公共交通機関、自転車、徒歩）

❏自宅からの通学生を受け入れたことによって
1. 良い点
・入退院に伴う転出入等の手続きが減り、落ち着いて学習を継続することができます。
・不登校、引きこもり等の精神神経疾患や重複障害の子どもなど、病弱児の学習の場が拡大し保証されます。
・自立や社会参加を目指して経験の拡大を図ることが通学の際にも可能になり、前籍校復帰、あるいは進学や就職に向けての取り組みがしやすくなります。
・病弱児は長期の療養生活から社会的経験が不足しがちです。通学生と入院生が互いの知識や情報を交換し合うことが両者にとって新たな刺激となり、社会性が広

がります。
- 保護者が学級行事やＰＴＡ活動に参加する機会が増え、学校に対する保護者の意識が向上します。

2. 問題点と課題
- 登下校時の発作や体調の急変及び事故などに敏速に対応できる体制が必要です。
- 地区に病弱養護がない場合は遠路の通学を余儀なくされるため、特に障害の重い子どもや保護者にとっての負担は大きくなります。ショートステイ等の制度を効果的に利用するなどレスパイトケアが必要です。
- 家族と離れ療養生活を送る子どもたちの中には、通学生の状況を常に目の当たりにして寂しさを感じる場合もあるため配慮が必要です。
- 通学生は家庭の生活習慣や生活リズムに影響を受けやすく、健康管理が難しい状況にあります。特に健康面への保護者の姿勢が大きく影響するため、保護者や家族の意識の向上を図り十分な連携を図ることが大切です。
- 措置費や食事・入浴などの関係から、入院生と通学生が学習活動を共にする上で教材購入や昼食の面で別々にならざるを得ないなど、不都合が生じる場合があります。
- 病弱の子どもの学習の場が保証される反面、主障害からいえば他の校種が適切と考えられる子どもも受け入れる場合があり、適正就学の面での難しさがあります。

❏医療との連携

　　通学生が増加し入院生が減少すると通学生の主治医は必ずしも隣接、併設の病院の医師とは限らないため、医療との連携の方法は様々となり援助が得られにくいのが現状です。また、隣接、併設の病院の協力も得にくく連携が薄くなり、連携を密にする必要があります。

　　入院生の場合は病院の職員との情報交換が日常的に可能ですが、通学生の場合は必ず保護者の許可をとって医療機関と連絡をとるような配慮が必要です。

キキョウ

Question Q&A 8 Answer

通学生の昼食はどのように行われていますか。

■医・教連携、通学生、
給食、摂食

　　全国の病弱養護学校は知的障害や肢体不自由等との併置や分校も含めて115校ありますが、そのうち栄養士または給食調理にかかわる職員が在職する学校はわずか13校（11％）にすぎません。病弱養護学校は病院が併設されている場合が多く、病院から通学する児童生徒が多いことと多様な食事形態の必要性から、学校給食が実施されないことが多いと考えられます。

　　したがって自宅から通学している児童生徒の場合は自宅から弁当を持参することが多いと思われます。

❏通学生の昼食の状況と留意事項

　　自宅から通学している児童生徒の場合は病気の種類や障害の実態及び程度、摂食機能や体格等に応じて食物形態や食事量、栄養バランス等を考慮して自宅から弁当を持参することになります。

　　また上記のような配慮が特段必要でない児童生徒に対しては保護者の希望で学校職員と同様に学校単位で弁当を業者に注文している場合もあります。

　　次にある学校の例を述べます。自立活動を中心とした教育課程を履修する重複障害児の小学部のある学級における自宅からの通学生の食事内容は次のとおりです。

　　例１：学校単位で弁当（幼児食）を注文し、担当教師が刻み処理をする。

　　例２：刻み食の弁当を持参し、学校単位で牛乳のみ注文する。

　　例３：フォークを口まで運ぶ接触機能があるため、小さなおにぎりなどのフォークでさせる形態の弁当を持参し、牛乳のみ注文する。

　　以上のような自宅からの通学生の昼食に関する実態を見てみると、その良い点としては個々の児童生徒の実態に合わせて柔軟に対応できるという点です。その反面、保護者への負担や栄養学的に見て病気や障害の実態に合っているかどうか心配な面があります。

【引用・参考文献】
1.『全国養護学校実態調査』平成12(2000)年度　全国病弱養護学校長会他

Question Q&A 9

Answer

入院中の子どもの定期健康診断はどのようにするのですか。

■医・教連携、定期健康診断、
　事後措置、学校保健法

　　学校においては毎学年定期に児童生徒の健康診断を行わなければならないとされています（学校保健法第6条）。

　　このような法に基づいて実施される健康診断は学校における保健管理の中核を占める重要事項の一つですが、病院で毎日尿の管理をしたり、週に数回の内科診察を受けている場合は定期健康診断の目的から考え、治療や検査等を受けている項目については定期健康診断から除く場合もあります。学校の実態によって違いはありますが、入院中の子どもにも校医による健康診断を実施しています。

❏定期健康診断のねらい

　　定期健康診断の目的は児童生徒の健康問題の早期発見にあります。児童生徒が健康診断を通して自分の発育や健康の状態を知り、より健康な生活を送るための態度や習慣を身につけ、健康の保持増進に意欲的に取り組む姿勢を育てるようにしています。

❏定期健康診断内容

- 学校が行う健康診断
  身長、体重、座高、視力、色覚、聴力
- 校医による健康診断
  内科、歯科、耳鼻咽喉科、眼科
- 委託機関による健康診断
  結核健康診断、尿検査、ぎょう虫卵検査、心電図検査

❏事後措置

　　健康診断の結果に基づいて児童生徒とその保護者や病院に結果を連絡し、疾病の予防処置や治療を行い、運動や作業を軽減する等の適切な措置をとっています。

　　校医は県医師会から推薦された医師や隣接している病院の医師であったりします。

【引用・参考文献】
1. 『新学校保健実務必携』 平成12(2000)年　第一法規
2. 『執務の手引』 平成5(1993)年　千葉県養護教諭会

Question Q&A 10

Answer

学習の場や形態が変わる場合の判断はどのようになされるのですか。

■医・教連携、教育の場、負担過重、
集団学習、個別学習

当該医療機関の医師等の病状の判断をもとに、また児童生徒の病状や障害の状態に応じた環境の管理、感染予防、負担過重の防止、骨折などに留意し、連携を密にしながら指導形態を考える必要があります。

❏医師による病状の判断が基本

学習を進めていると教師としてどうしてもここまでは指導したい、これだけは指導しておかなければならないなどと考えることがあります。また児童生徒が興味・関心を示し、楽しく取り組める活動に熱中してしまう場合もあるかもしれません。そのために体調をくずしたり、病状が悪化したりするようなことがあってはなりません。

医師による病状の判断をもとに、児童生徒にとって無理のない（負担過重にならない）指導計画を立てることが最も大切です。

そのためには医療機関との連携を密にして指導計画を立てる上で必要な判断を医師から十分に受けることができるようにする必要があります。

盲学校、聾学校及び養護学校小学部・中学部学習指導要領（平成11(1999)年3月）にも「指導計画の作成等に当たって配慮すべき事項」として、「学校医等との連絡を密にし、児童又は生徒の障害の状態に応じた保健及び安全に十分留意すること。（第1章第2節第7の2（10））」及び「家庭、児童福祉施設、医療機関等との連携を密にし、指導の効果をあげるよう努めること。（第1章第2節第7の2（11））」と示されています。

❏医療機関との連絡体制の組織化を

医療機関との情報交換の方法には次のようなものがあります。

定期的に行うものとしては学校と病棟との連絡会、ケース会議などがあります（学校や病院によって呼び名は異なります）。連絡会のメンバーは医師、看護婦、学級担任、養護教諭などで、開催回数は週1回あるいは月1回などです。そのような会では医師からある程度長期的な病状の見通しについて示される場合があります。その見通しをもとにある程度長期的な指導計画を立てることができます。

ケース会議は児童生徒一人ひとりに対する治療や訓練の基本方針を決定するために、医療専門職員が中心になって実施される事例検討会です。そこに教師も参加して意見が述べられるようになっているところもあり、児童生徒の病状に関して多く

情報を得ることができます。

　このような連絡会とは別に学校と病棟との間で毎日連絡をとるところもあります。養護教諭あるいは担当者が朝（朝と昼のところもあります）病棟から児童生徒の病状についての連絡を受け、学級担任や授業担当者に報告します。その連絡をもとに１日の指導計画を児童生徒の病状に応じて変更する場合もあります。

　実技を伴う学習等の直前に病棟と連絡することもあります。児童生徒の病状は１日のうちに大きく変化することがあります。朝、病状が安定していて実技が可能であったとしても、ずっとその状態が続いているとは限りません。児童生徒の状態を注意深く観察し、必要に応じて医師の判断を求める慎重さが大切です。

　このような連絡を組織的に円滑に行うためには学校と病棟との連絡の窓口を明確にしたり、電話等学校と病棟との連絡手段を整備したりすることが必要になります。さらに日ごろから医師や看護婦等の関係職員との交流の機会を設けたりして好ましい人間関係を保つようにすることも大切です。

❏**教育の場や形態の判断（例）**
- 授業を行うのは、教室か、病院内の分教室か、病室（ベッドサイド）か
- 定時に登校、下校するか、遅れて（早く）登校（下校）するか
- 授業時間は標準時間か、分割等の配慮が必要か
- マルチメディア等情報手段を活用した授業が可能か
- 集団学習に適応できるか、個別学習が必要か
- 実技（実験、調理、工作、運動等）が可能か、見学等をしなければならないか
　といった判断を、病状に応じて適切に行うことが大切です。

トルコギキョウ

【引用・参考文献】
1.『病弱教育の手引き－教科指導編－』　平成８（1996）年　文部省

校外学習等の場合、医師・看護婦の協力を得るためにはどのようにしたらいいのですか。

■医療、連携、
　校外学習、実施計画書、
　指示書

　病弱養護学校に在籍する児童生徒は病弱であったり身体虚弱の状態であったりするため、学校における保健管理は重要であり、医療機関や学校医等との連携を密にして協力体制を整えておく必要があります。

　校外学習等を安全に実施するためには計画段階から学校医や主治医等の指導・助言を受けることが大切です。病状が比較的重い児童生徒がこれに参加する場合、万一の際の救急体制がとれるように医師等の付き添いを依頼する必要があります。

❏定期的な打ち合わせ

　医療機関との連携を緊密にし協力体制を整えるためには看護婦と教員の連絡会等で月に１回程度は定期的な打ち合わせを行うなど、一人ひとりの医学的情報や学校での様子等について十分に意見交換を行う必要があります。

　打ち合わせ内容は、最新の病状の説明、入退院の予定、病棟内での生活の様子、学校での生活行動規制、学校行事予定、学習状況等、児童生徒についての情報交換が中心になります。

❏医師等への協力依頼

　病状が比較的重い児童生徒が校外学習等へ参加する場合はなるべく早く隣接する病院長へ「校外学習実施計画書」等を添えて医師や看護婦の付き添いを依頼します。

　校外学習等を行う現地では施設の事務所等へ救急措置室の使用依頼をします。そして事前に学校の引率責任者と医師や看護婦が協力して緊急時の対応ができるように打ち合わせをしておくことが大切です。

❏指示書等の依頼

　校外学習等への参加予定が病棟生の場合は病院長あてに、寄宿舎や通学生の場合は主治医あてに指示書等の記入依頼をします。指示書には児童生徒の氏名と校外学習等への参加の可否、参加可能な場合は健康面での配慮事項や指示等の記入、記入年月日、病院名と医師名を記入してもらいます。この場合、医師の印をもらっておくとよいと思います。指示書の例は次ページのとおりです。

医師の指示書の例

医師の指示書

小学部＿＿＿年　　　　児童氏名＿＿＿＿＿＿＿＿＿＿＿＿＿

上記児童の今回の郊外学習参加は（どちらかに〇をしてください）

1　無理である。

2　可能である。

［可能な場合、健康面での配慮、指示等］

平成　　年　　月　　日

病院名＿＿＿＿＿＿＿＿＿＿＿＿＿＿

医師名＿＿＿＿＿＿＿＿＿＿＿＿＿印

ラズベリー

Question Q&A 12 Answer

学校と病院との連絡体制について教えてください。

■医・教連携、病棟日誌、研修会、
カンファレンス、連絡体制、
学校保健法、救急体制

　病弱養護学校に在籍する児童生徒は常時医療を必要としているため、病院との連絡は常に心がけておかなければなりません。連絡の方法については各学校と併設する病院との関係、入院児童生徒の病気の種類等で一概にはいえませんが、ここでは病院に隣接している喘息児中心の養護学校を例に挙げて述べます。

❏一日の流れの中での連絡（例）
　①朝の健康状態の把握

　　毎朝の職員朝会では、病棟からの病棟日誌の記載を受けて養護教諭が病状連絡の報告をします。内容は欠席者や診察後登校、要観察者、喘息発作の有無にとどまらず、前夜からの病棟生活の中での子どもの様子などを報告することもあります。病棟での生活状況の引きずりなどさらに詳しい内容を把握する必要がある場合には、病院専用内線で直接連絡を受けることもあります。

　②校内での事故や保健室での対応が難しい場合

　　校内で起こった事故や保健室での対応が難しい場合については、校内事故救急体制組織における連絡網（図）によって連絡し、適切な処置を行います。

　③学校での様子と担任からの連絡

　　学校での保健室の利用状況や健康面での特記事項は病棟日誌に記入し、放課後養護教諭が病棟に持っていきます。その際、各学級担任もその日の宿題の連絡と学校での様子を記入しています。また、保健室での心の悩みの相談については記入しておくと児童生徒の目に触れることがあるので、日誌には直接記入せず病棟へ出向いて情報交換するなどの配慮も必要です。

　④昼食時や放課後の登下校が極端におそい場合の連絡

　　学校と病棟の連絡が電話で気軽に尋ねることのできる関係づくりを日頃から心がけていると、児童生徒の寄り道などの関する連絡もスムーズに行うことができます。

❏定期的な連絡会
　①段階的な病院と学校の話し合いの設定

　　病院と学校との話し合いの設定には3段階を考えます。まず、一つは病院と学校のトップの話し合いです。ここでは病院の経営方針や学校の教育方針が互いに出され、すり合わせをする場です。次に組織的な話し合いです。生活指導面や保

健衛生面、学習指導面でそれぞれを担当する校務分掌と病棟との話し合いが持たれます。最後に学級担任と受け持ちの看護婦との連絡です。

②医教研修会（毎月1回、会場は学校と病院と交互に）

　　病院側からは主治医、病棟婦長、副婦長、児童指導員が出席します。学校は校長、教頭を始め全職員が参加しています。

　　主な議題は新入院の児童生徒の病状や治療方針・生活規制などについて主治医から今後の見通しなどをききながら学校での様子を伝えています。また、小カンファレンスの報告やその他の児童生徒の様子、行事連絡なども行っています。

③小カンファレンス

　　1カ月に4～5組くらいの割合で担当の看護婦と担任が話し合う機会を設けています。病棟副婦長と学部主事で勤務表と時間割を合わせながらセッティングをします。

④カンファレンス

　　病棟で行われるカンファレンスや学習会への参加も子どもに関する連絡の良い機会です。また、特に重大な問題行動のあった場合には病棟と学校の関係者が集まってカンファレンスを行うようにします。時には外部の福祉・行政機関や前籍校のスクールカウンセラーまで含めた会議が必要となってきます。

⑤学校保健委員会

　　年度末に校医、学校歯科医、学校薬剤師、各病棟婦長、児童指導員室長、栄養管理室長を招いて本校の学校保健行事のまとめと報告を行います。その中で児童生徒の健康問題の解決を図るための課題を協議し、指導助言を受けます。

校内事故救急体制組織

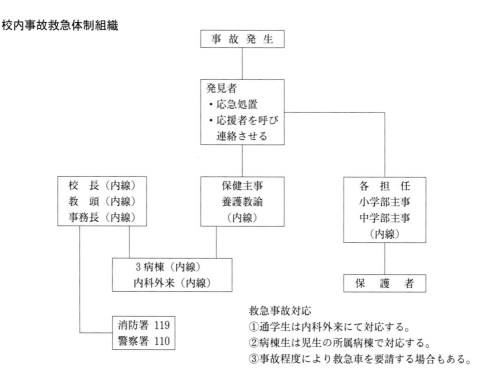

救急事故対応
①通学生は内科外来にて対応する。
②病棟生は児生の所属病棟で対応する。
③事故程度により救急車を要請する場合もある。

Question Q&A 13 Answer

医療と教育の連携のポイントについて教えてください。

　病弱養護学校では児童生徒の多くが病院に入院療養中であったり、病気を自己管理しながら自宅や病院から学校に通学してきています。そのため、教師が児童生徒の病気やその配慮事項について熟知し、医療と連携しながら適切な教育を行うことが重要になってきます。次に、教師が医療と連携しながら医療側の情報や知識を得て教育の専門家としての力を発揮していくには、どうすればよいかというポイントについて述べます。

❑ 信頼感と連帯感に基づいた病院と学校の人間関係づくり

　医療と教育の連携をよりよいものにしていくためには、病院側と学校側がいかに信頼感と連帯感に基づいた人間関係を形成することができるかが重要になってきます。そのための具体的な方策は以下の通りです。これら参考にしてそれぞれの学校で創意工夫していくことが大切です。

①朝の打ち合わせ等で日々の医療と教育のコミュニケーションを円滑にする。

　信頼感と連帯感を形成するためには、日常の挨拶やお互いの考えや立場を尊重した謙虚で暖かなコミュニケーションが有効です。

②病院の治療方針に従い、学校側の教育理念・目標・方針等についても病院側に理解してもらう。

　病弱教育に関する資料や学校だより等の配布と説明、医教連絡会やケース会議での真摯な意見交換等によってお互いを理解・尊重していくことが重要です。

③ケース会議・懇話会等で意見交換し、お互いの立場や考えを理解していく。

　ケース会議や研修会の設定等公式な場での意見交換はどこの学校でも行っていると思いますが、非公式な懇話会や懇親会の設定もお互いの信頼感や連帯感の形成に重要な役割を果たします。

❑ 効率的で効果的な運営・組織・制度の整備充実

　生徒のために学校も病院も一生懸命に取り組んでいますが、その運営・組織・制度が異なるため、誤解を生じたり連携がうまくいかないことがあります。病院は24時間体制で子どもの治療に当たっていることを学校側はしっかり心に留めて、病院側の意向にも沿える形での効率的で効果的な運営・組織・制度の整備・充実が求められています。

1．連携の内容
- 一人ひとりの病状と生活規制に関する情報を得て教育活動に生かす。
- 病棟での生活態度や学習態度に関する情報を得て、病棟での望ましい態度の形成、特に学習態度の形成に関する指導の手がかりとします。
- 各教科に道徳、特別活動、自立活動、総合的な学習の時間等の指導計画について学校側から説明し、理解を得ます。
- 校外学習や校外での観察や調査、実験や実習、実技等の体験的学習について説明し、協力を得ます。

2．連携の方法
　　定期的なものと必要に応じてその都度行うものがあります。
- 朝の引継ぎ　・学校と病棟の連絡会　・学校と病院の連絡会
- ケース会議等（ケース会議は一人の子どもを通して、病院と学校側がお互いの専門的な立場で意見交換し、よりよい対応のしかたを学ぶ場です。定期的に設定し、資料等の事前準備を行って効率的に実施することが必要です）
- 医教連携懇談・懇話会等の設定（ケース会議の後などに食事をいっしょにしながら自由に懇談し、意見交換する場を設定するとお互いの理解が深まり効果的です）

3．連携上の配慮事項
　　連携の実をあげるためには病院側との人間関係が重要です。日頃から交流の機会を設けたり、相談に行ったりして、医療の専門性や子どもの病気の実態から謙虚に学ぶ姿勢で良好な人間関係を作っていくことが大切になってきます。
　　病院側だけから情報や意見を求めるのではなく、教師側からも確たる情報や意見をもっていなければなりません。例えば学習内容、学習態度、学力、学習上の問題点や指導方針等について十分な資料を準備して説明したり、病院側の意見を求めることが重要です。

❑**適切で優れた施設・設備・技術の開発・導入と有効活用**
　　パソコンやマルチメディア等を活用して本校と病院分校や分教室を結び、医教連携を図ることも重要です。

バラ

- -

【引用・参考文献】
1．『病弱教育の手引き－教科指導編－』　平成8（1996）年　文部省

Question Q&A 14 Answer

病弱養護学校における感染予防は
どのように行うのですか。

■医・教連携、参観日、感染予防、
ベッドサイド授業、ＭＲＳＡ、
クリーンルーム（完全無菌室）

　最近の病弱教育の対象には小児がんなど悪性新生物の子どもたちの割合が多くなっています。これらの病気の治療には化学療法や放射線治療などの治療手段が行われ、抵抗力が弱くなるので感染予防は大切です。またそれ以外の病気でも治療のため抵抗力が落ちていたり、集団生活を送っているので一人の感染が病棟中に蔓延するおそれなど、病弱の子どもたちの中には外部との接触について配慮を要する者が多くいます。どの程度の配慮が必要かは子どもの実態によります。

❑病棟から病弱養護学校に登校している場合

　病棟から病弱養護学校に登校しているところでは、複数の病棟から登校している学校もあり、子どもたちの数も多いので一般的には感染への抵抗力は強いものが多いと考えられますが、なるべく不特定多数の参観（ここでは参観者を保護者に限定していません。研修などで外部の職員が参観する場合も想定しています。以下同じ）はさけたほうが良いと思われます。集団生活をしているので、一人の感染が病棟に蔓延することも考えられます。医師に参観にあたっての注意（子どもたちが気をつけること、参観者が気をつけること）を確認しておくべきです。必要によっては教室の外など離れたところからの参観にとどめるなどの方法もありえます。感染予防については参観者の通知文にあらかじめ留意事項として伝えるのが常識です。

❑病院内学級に登校している場合

　病弱養護学校と同じ配慮は必要です。さらに病院内学級の場合は教室が狭いところも多いので、入室する場合には参観者の人数を制限したり、手洗いをする、マスクを着用するといった方法も考えられます。人数が多い場合は交代で入室したり、教室の外での参観にしてもらいます。子どもの状況によっては直接話しかけないなどの配慮が必要であり、あらかじめ主治医の指示をうけておきます。

❑病棟でのベッドサイド授業

　ベッドサイド授業の場合は、制限が厳しいのでまず保護者など関係者以外の参観は考えられません。参観者も日常入室を許可されている者なので不特定多数との接触による感染の心配はありません。もし外部からの参観を行う場合には、まず病棟へ入る許可をもらい（一度に多くの人数は入れないと思います）、授業は病室の外から見てもらうようにして部屋には入らないようにします。

第IV章 教育福祉等のシステム

Question Q&A 1 Answer

病気で入院した場合もすぐに教育が受けられますか。

■転学手続き、前籍校、連携、床上学習、訪問教育

かつては病気で入院した児童生徒は、転学手続きが済むまで事実上教育が受けられず、いわゆる"学習空白"が生まれてもしかたのない状況がありました。しかし平成6 (1994) 年に文部省初等中等教育局長から「転学手続きが完了していない児童生徒についても、実際上教育を受けられる配慮が望まれる」という通知が出されて以来、入院するとすぐ病弱養護学校や分教室、院内学級や訪問教育等で教育が受けられるシステムができ上がってきました。また、病気療養児の教育機関等の設置も進み、全国の国立大学病院にはすべて院内学級等が設置されています。

手続き上は入院時に保護者の転校の申し出があった場合、学校間で話し合って転入日を決め、その後、教育委員会等を通して書類のやりとりが行われます。転学後の具体的な対応は児童生徒一人ひとりの置かれた状況によって異なるので、ここでは考えられるケースを挙げてみます。

❏入院してすぐに病弱養護学校等に登校する場合

病状が安定しており登校に関する諸条件が整えば、入院後すぐに病弱養護学校や院内学級に登校し授業が始まります。もちろん登校に関しては医師の判断によりますが、同時に学校と病院が連絡を密にとり、情報交換をしながら登校する際の環境的な整備や留意事項の確認、本人の心理面への配慮等を十分行いながら進めていきます。

❏病状により時間を区切って登校する場合

入院当初、病状的に安定していない場合は1日数時間ずつ登校して様子を見る場合があります。医師の指示により午前中2時間、あるいは4時間など、児童生徒の病状や学校生活への適応状況等を見ながら徐々に慣らしていきます。その後、学校・病院で連絡を取り合いながら登校時間を増やしていきます。

❏床上で授業を行う場合

入院後、病状が悪かったり検査などで登校できなかったりする場合は、教員が病室を訪れ床上で授業を行います。1回の学習時間は短いですが、内容を精選した中身の濃い授業になります。床上なので取り組める内容には制約がありますが、情報機器や視聴覚機器の活用の工夫等で補います。またこの時間は児童生徒の気分転換や教員による様子観察などにも意味があります。

❏訪問教育を受ける場合

隣接する病弱養護学校や院内学級が設置されていない場合には、養護学校等の訪問教育を受けることになります。この場合は病院の地域を担当する養護学校等から教員が派遣されてきます。児童生徒の病状によっても違いますが、1日の授業時間は限られているので内容を精選したり情報機器を活用したりして短い時間を有効に使います。

❏体験的に病弱養護学校等に入る場合

入院期間が確定していなかったり、学校を変わることにためらいがあったりする場合などは、在籍する学校に籍を置いたまま体験的に病弱養護学校等に入る場合があります。この場合、1週間などと期間を決めて本人の気持ちも考慮しながら全面的に学級に入ったり、参加できる範囲で授業を体験したりして様子を見ます。その後、本人・保護者・学校・医療関係者等の意見を総合して転入するかどうかを判断することになります。

以上が考えられるケースですが、いずれも医療機関との綿密な連携が必要であるとともに前籍校との連携も大切であり、病弱教育を受けるにあたって本人に関する資料提供を受けたり情報交換を十分に行うことが大切です。

・・

【引用・参考文献】

1．『病気療養児の教育について（通知）』平成6（1994）年12月21日　文部省初等中等教育局長通知第294号

2．季刊特殊教育　第81号『病気療養児の教育』　平成7（1995）年　文部省特殊教育課

※ コラム

病弱・身体虚弱者の現状
昭和29年度の調査資料

病弱者・身体虚弱者がそれぞれどれくらい存在するかという点については、確実な実態調査が行なわれたことがありませんが、文部省の昭和29（1954）年度の肢体不自由児実態調査にあわせて行なった身体虚弱児調査では、出現率が0.84％であり、また小・中学校の100日以上の長期欠席者および就学の猶予または免除者中疾病による者および病弱で養護学校に在籍の者その他を合わせると、病弱者の出現率が0.5％ほどであることなどから、前者が約15万人、後者が約9万人と推定しておきましょう。

これらの児童生徒に対して特殊教育の学校や学級がどれほど現存するかといいますと、養護学校は12校、これに在籍する児童生徒は995名、また、特殊学級は272学級、在籍児童生徒は4,276名で、病弱・虚弱全児童数の2.5％ほどになります。

わが国の特殊教育　文部省　昭和36（1961）年3月　広報資料

Question Q&A 2 Answer 就学手続きはどうすればよいのですか。

■就学指導委員会、学齢簿の作成、就学時健康診断、
病弱者である旨の通知、就学通知、学校見学、
体験入学、認定就学者

病気や障害のある児童生徒の実態に即して適正な就学指導を行うことはきわめて重要ですが、その役割を担っているのが教育委員会です。教育委員会には適切な就学指導を進めていくために「就学指導委員会」が設置されています。就学指導委員会で医師、教育職員、児童福祉施設職員等、各方面の専門家が調査や審議を行い、それを受けて教育委員会が最終的に就学先を決定します。

❏学齢簿の作成

市町村の教育委員会は毎学年の初めから10月31日までに、10月１日現在においてその市町村に住所を有する新学齢児について学齢簿を作成します（学校教育法施行令第２条、施行規則第31条）。この時点で、病気で入院していたり、家庭で療養していることがあらかじめ保護者等によって相談されていれば就学までの手続きがスムーズに進みます。

❏就学時の健康診断

市町村の教育委員会は学齢簿の作成後11月30日までに、新入学者の健康診断を行います（学校保健法第４条、学校保健法施行令第１条）。

病気等で入院している場合や家庭で療養中の場合は、就学時健康診断が行えない場合もあるので、保護者がその旨を連絡するか必要に応じて医師の診断記録を持参したりします。

❏病弱者である旨の通知

市町村の教育委員会は就学指導委員会の答申を受けて、12月31日までに保護者及び都道府県の教育委員会に対し、新入学者のうち病弱者（施行令第22条の３に規定する程度）の者の氏名を通知します（学校教育法施行令第11条）。

❏小学校及び病弱養護学校への就学通知

都道府県・市町村の教育委員会は１月31日までに新入学者の保護者及び校長に対し、それぞれ小学校または養護学校への入学期日等の通知を行います（学校教育法施行令第５条、７条、14条、15条）。この場合、病気で入院している児童については病院に隣接している養護学校がある場合はその養護学校へ、病院内に院内学級がある場合にはそれを設置する小学校へ、訪問学級の場合は担当する学校への就学の

通知を行います。

　新学齢児が病気で療養している場合はあらかじめ教育委員会や関係教育機関に相談したり、場合によっては学校見学や体験入学をするなどして情報を収集し理解を深めることが大切です。

　施行令22条の3に該当する程度であっても、小学校等の条件が整備されている特別な場合には、認定就学者として小学校等に就学することができます。この場合は、市町村の教育委員会から保護者及び校長に入学期日等について通知されます。

就学事務手続き一覧

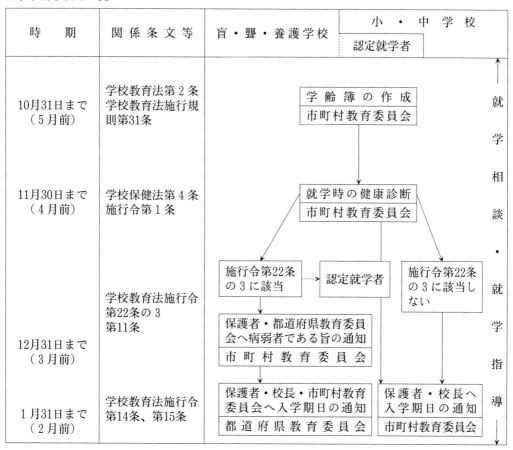

時　期	関　係　条　文　等	盲・聾・養護学校	小　・　中　学　校 認定就学者	
10月31日まで （5月前）	学校教育法第2条 学校教育法施行規則第31条		学齢簿の作成 市町村教育委員会	就学相談・就学指導
11月30日まで （4月前）	学校保健法第4条 施行令第1条		就学時の健康診断 市町村教育委員会	
12月31日まで （3月前）	学校教育法施行令 第22条の3 第11条	施行令第22条の3に該当　→　認定就学者 保護者・都道府県教育委員会へ病弱者である旨の通知 市　町　村　教　育　委　員　会	施行令第22条の3に該当しない	
1月31日まで （2月前）	学校教育法施行令 第14条、第15条	保護者・校長・市町村教育委員会へ入学期日の通知 都　道　府　県　教　育　委　員　会	保護者・校長へ入学期日の通知 市　町　村　教　育　委　員　会	

バラ

【引用・参考文献】

1.『就学指導資料』　平成14(2002)年　文部科学省

Question Q&A 3 / Answer

転学の手続きについて説明してください。

■教育福祉等のシステム、転学、編入学、病弱者である旨の通知

　転学（転出入）の手続きは、病院での診断が出た後、保護者が学校の担任に申し出るところから始まります。小・中学校、高等学校、盲・聾・養護学校との転出入、高等学校への転（編）入学などが考えられます。ここではそれぞれの場合の手続きと転校手続きの配慮事項を述べます。

❏転学の手続き

1. 小・中学校との場合

　小・中学校から病弱養護学校への転学手続きは、一般に小・中学校から市町村教育委員会へ、市町村教育委員会から都道府県等の教育委員会へ手続きが行われます（転出はこの逆、後掲の資料参照）。手続きには時間がかかりますが、実際上は手続きが完了していなくとも教育を受けられるよう配慮されています。

2. 高等学校との場合

　高等学校から病弱養護学校への転入は、一般には都道府県等の教育委員会と連絡を取りながら学校間同士で紹介し、手続きが行われます。その際単位の読み替えや認定の方法等について相互に十分相談します。

3. 盲学校・聾学校・知的養護学校・肢体不自由養護学校の場合

　一般的には都道府県等の教育委員会を経由して学校間同士で手続きが行われます。

4. 私立学校との場合

　小・中学校では上記の手続きと同様ですが、高等学校では単位の認定等で難しい面もあります。病弱教育への理解を図るとともに回復後スムーズに前籍校に復帰できるように病弱養護学校へ転入する時点から配慮する必要があります。

5. 外国の学校や過去に盲、聾、知的、肢体不自由養護学校高等部もしくは高等学校に在籍していたものの編入学の場合

　学校で独自に実施する編入学試験を受け、学校間同士で手続きをします。試験の実施時期や内容は各県等で異なるようです。

❏転学手続きにおける配慮事項

1. 前籍校との連携

　前籍校での学習、生活面の実態を把握し、その後の指導に役立てるとともに転入後も頻繁に情報交換を行うようにします。また、病弱養護学校からの転出に当たっては子どもがスムーズに復帰できるような環境づくりや生活面の配慮事項を詳しく

伝えることが大切です。
2．医療機関との連携

　　病弱養護学校への転入時には、子どもの病状や学習、生活面での配慮事項など情報を提供してもらう必要があります。また転出にあたっては身体活動の制限や日常生活の配慮事項など転出先の学校へ指導助言をしてもらうことも大切です。

❏小・中学校との転出入手続き
①小・中学校→病弱養護学校

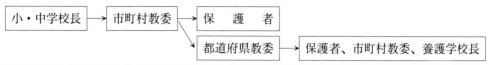

期　　日	実　施　者	内　　容	対　　　象	関　係　条　文
病弱者であることが判明後、速やかに	小・中学校等の長	病弱者になった旨の通知	市町村教育委員会	学校教育法（令）12条①
	市町村教育委員会	病弱養護学校への就学の通知学齢簿の謄本の送付	都道府県教育委員会	学校教育法（令）11条の②、12条②
	市町村教育委員会	入学期日・学校指定の通知	保護者	学校教育法（令）5条①、②、6条
	都道府県教育委員会	入学期日の通知・学校指定の通知	保護者、市町村教育委員会、養護学校長	学校教育法（令）14条①、②15条①

＊なお、転学手続きが完了しない児童生徒についても、実際上教育を受けられるような配慮が望まれます。

②病弱養護学校→小・中学校

期　　日	実　施　者	内　　容	対　　　象	関　係　条　文
病弱者でないことが判明後、速やかに	病弱養護学校長	病弱者でなくなった旨の通知	都道府県教育委員会	学校教育法（令）6条2①
	都道府県教育委員会	病弱者でなくなった旨の通知	市町村教育委員会	学校教育法（令）6条2②
	市町村教育委員会	入学期日の通知・学校指定の通知	保護者、小・中学校等の長	学校教育法（令）5条①②、6条、7条

• •

【引用・参考文献】
1．『病気療養児の教育について』（通知）平成6（1994）年12月21日　文部省初等中等教育局長通知第294号
2．『盲・聾・養護学校就学事務手続等資料』平成12（2000）年　千葉県教育庁学校指導部義務教育課
3．『からだのよわい子どもへの指導・支援ガイドⅡ』平成12（2000）年　千葉県特殊教育センター

Question Q&A 4 Answer

就学猶予・免除されている子どもへの対応について教えてください。

■教育福祉等のシステム、就学猶予、
就学免除、就学相談、
早期からの就学相談

学校教育法第23条において、学齢児童生徒で「治療又は生命・健康の維持のため治療に専念することを必要とし、教育を受けることが困難又は不可能な者」に対しては、その保護者に対して市町村教育委員会は就学義務を猶予または免除することができるとしています。しかし保護者から願い書が出された場合、養護学校教育が義務化されたことの趣旨を踏まえて慎重に対処することが望まれます。就学の機会を閉ざすことのないよう留意することが大切です。病気のため就学猶予・免除されている子どもの数は養護学校教育が義務化されて以来大幅に減少してきています。

❏就学困難とは

①心身の障害の程度が重く、治療または、生命・健康の維持のため、もっぱら療養に専念することを必要とする状態にある場合

②失踪、行方不明等の場合

❏就学相談

猶予も免除もその状態が改善された時点においては年度途中であっても就学が可能です。したがって就学猶予・免除をしている児童生徒については、学齢簿の管理や就学相談及び健康診断を実施するなどして、就学の機会を閉ざすことのないように常に留意しています。

障害のある乳幼児に対する早期からの相談に関しては3才児健診など医療・福祉機関等を中心に行われており、最近では、聾学校.盲学校等の幼稚部において教育相談を行う取組みが活発になっています。病気の子どもに対しても教育・福祉・医療等が一体となった早期からの相談体制を整えているところです。

❏入院中の教育制度や重要性

就学猶予・免除だった子どもたちは、義務教育施行によって教育とかかわるようになったことで生活の中に教育が大きく位置づけられるようになりました。その結果、完全治癒を望めない子どものQOLも視野に入れることが必要になりました。アプローチの焦点が治療から病気を抱えながらよりよく生きることに移行してきました。生命の維持で精一杯の子どもに対しても保護者や医療機関に理解してもらい、入院中の教育制度や重要性を知ってもらうよう努力しています。

【引用・参考文献】
1.『盲・聾・養護学校就学事務手続等資料』 平成12(2000)年 千葉県教育庁指導部義務教育課

就学免除者・就学猶予者数

年　度	就学免除者	病弱免除者	就学猶予者	病弱猶予者	病弱免猶計	就学免猶者計
昭和43	9410	767	10999	2059	2826	20409
44	9761	768	11180	1872	2640	20941
45	9770	698	11513	1721	2419	21283
46	9436	594	11831	1724	2318	21267
47	9047	491	10806	1415	1906	19853
48	7981	365	9822	1184	1549	17803
49	6740	361	8191	1010	1371	14931
50	5584	281	7504	904	1185	13088
51	4965	247	6981	797	1044	11946
52	4163	185	6587	643	828	10750
53	3612	180	6256	671	851	9868
54	963	63	2404	323	386	3367
55	714	61	1880	302	363	2594
56	528	55	1791	275	330	2319
57	420	54	1726	232	286	2146
58	354	44	1561	203	247	1915
59	222	37	1046	194	231	1268
60	203	40	1185	189	229	1388
61	179	38	1283	183	221	1462
62	178	38	1153	169	207	1331
63	189	34	1112	159	193	1301
平成 1	218	33	1025	130	163	1243
2	223	32	1015	143	175	1238
3	269	36	936	134	170	1205
4	283	38	941	112	150	1224
5	341	42	995	110	152	1336
6	379	40	1077	107	147	1456
7	393	36	1118	97	133	1511
8	470	24	1119	97	121	1589
9	495	22	1066	79	101	1561
10	496	14	1215	65	79	1711
11	616	12	1095	66	78	1711
12	699	16	1110	60	76	1809
13	754	8	1170	73	81	1924

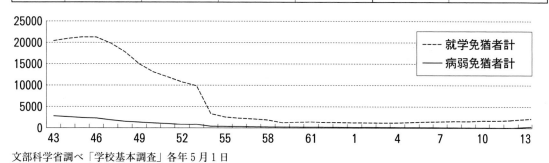

文部科学省調べ「学校基本調査」各年 5 月 1 日

児童相談所や福祉事務所との連携について説明してください。

■教育福祉等のシステム、
児童相談所、福祉事務所、
不登校、虐待、支援体制

　基本的には情報交換を相互に密にすること、連絡の必要が生じたときには可及的速やかに行うことが求められています。特に虐待、家庭崩壊などのときは注意を要します。

❏ 就学指導委員会でのかかわり

　児童相談所など児童福祉施設職員は教育委員会が設置する就学指導委員会の一員として、医師、教育職員と教育上特別な取扱いを要する子どもの障害の種類、程度等の判断について調査や審議を行っています。その結果を参考にしながら就学指導を行っています。しかし病弱教育の対象児には年度途中の転出入が多数を占めるため、就学指導委員会に対して事後報告をとっている場合も多くあります。

❏ 児童相談所、福祉事務所の業務

　児童相談所、福祉事務所の業務は児童福祉法で以下のようになっています。

> 児童相談所の業務（児童福祉法第15条の2）
> 1　児童に関する各般の問題につき、家庭からの相談に応ずること。
> 2　児童及びその家庭につき、必要な調査並びに医学的、心理学的、教育学的、社会学的及び精神保健上の判定を行うこと。
> 3　児童及びその保護者につき、調査又は判定に基づいて必要な指導を行うこと。

> 福祉事務所の業務（児童福祉法第18条の2）
> 1　児童及び妊産婦の福祉に関し、必要な実情の把握に努めること。
> 2　児童及び妊産婦の福祉に関する事項について相談に応じ、必要な調査を行い、及び個別的には又は集団的に、必要な指導を行うこと並びにこれらに付随する業務を行うこと。

❏ 病弱教育と福祉との連携の充実

　児童相談所や福祉事務所は前述の法律の規定に基づき、子どもをめぐる様々な問題に対応しています。病弱養護学校や学級には心身症などの行動障害で地元の学校では不登校だった子どもが多くいます。不登校の相談機関には様々ありますが、児

童相談所は措置機能も持っている点が他の相談機関との大きな違いです。措置機能というのは養護施設などに子どもを措置する権限です。病院隣接の病弱校の場合は、入院に際して医療側と児童相談所とで先に相談し、病院から学校に転入者について連絡があった後、必要に応じて学校側から児童相談所に連絡することが多いようです。また、長期入院とか入退院を繰り返すということはその子どもをかかえる家族にも大きな負担になっています。離婚などによる家庭崩壊や、虐待につながるケース、病気の子どもの兄弟が精神的不安定になるなどの問題もあり福祉的な対応が必要です。学校としても医療や福祉の機関に接触し、連携できるよう努力する必要があります。

❏ 教育、福祉、医療、労働が一体となった支援体制の整備

21世紀の特殊教育の在り方に関する調査研究協力者会議最終報告では、「第2章 就学指導の在り方の改善について　1　乳幼児期から学校卒業後まで一貫した相談支援体制の整備について」で、「関係機関の連携が十分できていないため保護者等がどこに相談すればいいかわからないなど保護者等の要望に十分対応できていない場合がある[*2]」と述べ、教育、福祉、医療、労働が一体となった支援体制の整備の必要性を強調しています。

・・・

【引用・参考文献】
1．『療育5号』平成8（1996）年　日本療育学会
2．『21世紀の特殊教育の在り方について』（最終報告）　平成13（2001）年　21世紀の特殊教育の在り方に関する調査研究協力者会議

※ コラム

「児童福祉法等の一部を改正する法律」の第50次改正　平成9年6月11日（法律第74号）

その内容は以下のとおりである。

(1) 児童保育施策の見直し

① 市町村の措置（行政処分）により保育所に入所する仕組みを、保育所に関する情報提供に基づき、保護者が希望する保育所を選択する仕組みに改める。

② 所得に応じた保育科の負担方式を改め、年齢等に応じた保育サービスの費用に基づき家計への影響も考慮した負担方式とする。

③ 保育所において地域住民からの子育て相談に応じられるようにする。

④ 放課後児童健全育成事業を社会福祉事業として位置づけ、普及を図る。

(2) 児童の自立支援施策の充実

① 教護院、養護施設、乳児院などの児童福祉施設について、児童をめぐる問題が複雑・多様化している状況等をふまえ、名称、機能等を見直す。

② 虐待等の困難な事例に適切に対処するとともに入所措置等の客観性の確保を図るため、児童相談所が入所措置をとるにあたって一定の場合には都道府県児童福祉審議会の意見を聴くことを義務づけるとともに、措置に対する児童の意向を聴取する仕組みを設ける。

③ 基幹的な養護施設等に児童家庭支援センターを設置するなど、地域における児童や家庭の相談支援体制の強化を図る。

④ 児童自立生活援助事業を社会福祉事業として位置づけ、普及を図る。

（「最新児童福祉法の解説」　時事通信社　P.32〜35）

Question Q&A 6 Answer

病弱養護学校でも就学奨励費を受けることができますか。

　盲学校、聾学校及び養護学校への就学奨励に関する法律（昭和29・6・1法律第144号　以下法律）により、盲・聾・養護学校に在籍する幼児児童生徒に対して就学にかかる必要な援助をしています。病弱養護学校の児童生徒も対象とされ就学奨励費を受けることができます。

❏法律の目的（第1条）

　この法律は教育の機会均等の趣旨に則り、かつ、盲学校、聾学校及び養護学校への就学の特殊事情にかんがみ、国及び地方公共団体がこれらの学校に就学する児童又は生徒について行う必要な援助を規定し、もってこれらの学校における教育の普及奨励を図ることを目的とする。

❏国及び都道府県の行う就学奨励（第2条）

　法律の第2条ではどのような項目について支弁されるかを示しています。

　都道府県は、当該都道府県若しくは当該都道府県に包括される市町村の設置する盲学校、聾学校若しくは養護学校又は当該都道府県の区域内の私立のこれらの学校への児童又は生徒の就学による保護者等（児童又は未成年の生徒については学校教育法（昭和22年法律第26号）第二十二条第一項に規定する保護者、成年に達した生徒についてはその者の就学に要する経費を負担する者をいう。以下同じ。）の経済的負担を軽減するため、その負担能力の程度に応じ、これらの学校への就学のため必要な経費のうち、これらの学校の小学部又は中学部の児童又は生徒に係るものにあっては第二号から第六号までに掲げるものについて、これらの学校の高等部（専攻科を除く。）の生徒に係るものにあっては第一号から第五号までに掲げるもの（付添人の付添に要する交通費を除く。）について、その全部または一部を支弁しなければならない。
　　一　教科用図書の購入費
　　二　学校給食費
　　三　通学又は帰省に要する交通費及び付添人の付添に要する交通費
　　四　学校附設の寄宿舎居住に伴う経費
　　五　修学旅行費

六　学用品の購入費
2　前項各号に掲げる経費の範囲その算定基準その他同項の規定による経費の
　支弁の基準に関し必要な事項は、政令で定める。
3　都道府県は、第一項の規定により支弁した経費のうち他の都道府県の区域
　内に住所を有する児童又は生徒に係るものについては、当該他の都道府県に
　対して、その二分の一を求償することができる。
4　国は、国立の盲学校、聾学校又は養護学校への就学のため必要な経費につ
　いて第一項及び第二項の規定に準じて支弁しなければならない。

❏対象となる児童等の支弁区分の決定に必要な資料の提出

　　各教育委員会は、保護者等に対し負担金等の対象となる児童を決定するために必
要な保護者等の属する世帯の収入額及び需要額に関する資料（以下「収入額・需要
額調書」）を校長を経由して提出させます。収入額・需要額調書を提出させる場合
は収入に関する市町村の証明書を提出させます。病弱養護学校の場合は年度途中の
転出入が多くありますが、そのような場合、転入の段階で就学奨励費の説明をし保
護者に前述の資料を用意してもらいます。
　　なお、奨学奨励費補助対象経費については本書資料編（P.239）に掲載しました。

アザレア

【引用・参考文献】
1.『特殊教育就学奨励費負担金等に係る事務処理要領』　平成11(1999)年　文部省初等中等教育局特殊教
　育課

Question Q&A 7 Answer

病弱教育における教育相談体制について説明してください。

■教育相談、連携、早期からの教育相談

　病弱養護学校は、何らかの病気にかかっておりその病気が長期にわたっていること、あるいは長期にわたる見込みがあり、そのために医療または生活規制が必要な子どものための学校です。病弱教育の対象として病弱児の他に身体虚弱児を含んでいます。早期からの教育相談体制を確立し、病弱児の教育を推進していく必要があります。

教育相談組織

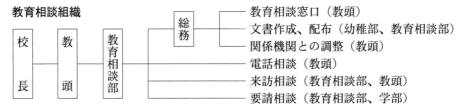

❏教育相談活動内容

1.病弱養護学校へ転入の場合

　病状がはっきりしない場合は病院で受診後、教育相談を行います。教育相談は教育相談部または教頭が行います。

2.幼稚部の場合

　現在、病弱養護学校では幼稚部を設置している学校は1校しかありません。幼児は病院や保健所、幼稚園、保育所からの紹介で相談にくるので他の機関との連携が必要です。

3.小学部・中学部の場合

　病院からの紹介と学校からの相談があります。病院からはほとんどが入院ということで転入してくる場合が多く、小・中学校からの相談の場合は病状等がはっきりしないため病院の受診を奨めます。また学習面や生活面など前籍校での様子の情報を学級担任から聞くことも行います。学年末で進学等がある場合は前籍校と十分話し合いをもつことが大切です。

4.高等部の場合

　公立高等学校や私立高等学校からの相談がありますが、単位の取得状態によっては受入れが難しいことがあります。病気療養中における単位取得が可能な場合は転学試験等を実施して受け入れています。

5.病弱養護学校からの転出の場合

　学期や児童生徒の状態に応じて、病院（医師、担当看護婦、看護婦長、指導員）と学校（担任、養護教諭、教頭等）・保護者とで話し合いを持ちます。それぞれの

立場での意見をまとめ転校の手続きを行います。転籍の日にちが確定すれば直ちに前籍校との連絡を取り、養護学校での学習や生活の様子、配慮事項等を連絡するために引継ぎを行います。児童生徒の状態によっては担任が前籍校に出かけて引継ぎを行うこともします。

6.通学や寄宿舎について

　　詳細はそれぞれの学校で対応のしかたが異なります。

7.留意事項

　　外来教育相談については、養護学校が地域の特殊教育におけるセンター的な役割を果たすよう専門的な知識・技能の集積に努めるとともに、各関連機関と有機的に連携できるように連携することが必要です。また保護者の養育や教育の悩みにこたえる指導や助言に努めることが必要です。

❏転入学の仕組み

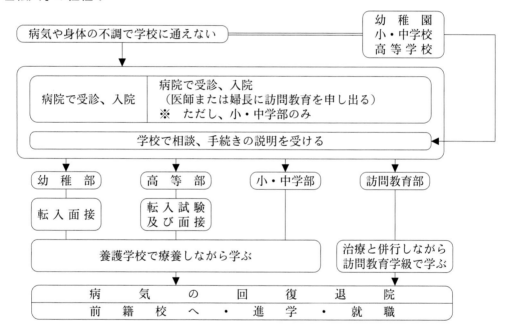

❏他の機関との連携

・病弱養護学校において病院との連携は非常に重要です。医療と教育が一体となり病院側とそれぞれの部別に積極的に話し合いを持ち取り組むことが大切です。

・教育相談のシステムが分からないことが多いために、ポスターや学校案内を作成し啓発活動を行っています。また病院との連携のもとに教育事務所、市町村教育委員会、保健所等に出向き説明等も行っています。保健所が行う乳幼児の相談等に要請を受けて説明・相談も行っています。

・適応障害等のある児童生徒については児童相談所や教育研修センター等とも常に連携をとるようにしています。

Question Q&A 8 Answer 短期入院児の転学手続について説明してください。

■転学手続き、前籍校、連携、
学籍外児童生徒の対応、
短期入院

児童生徒の教育はその児童生徒の学籍のある教育施設（学校）が責任をもって行うことが原則です。しかし病弱教育においては、その特殊性から児童生徒の生活の場の移動と学籍移動の手続きに時間差が生じることがあります。

❏結果として短期入院となり、手続きが間に合わなかった場合

急な入院や医療機関と自宅が離れているなどでは保護者がすみやかにそれぞれ通っていた学校（前籍学校）に出向いて転出手続きをとることが困難な場合もあります。

その場合でも保護者および本人がその病弱教育施設への転学を希望しており、主治医や病棟の了解も得られていれば「転学手続きが完了していない児童生徒についても、病弱養護学校等において実際上教育を受けられるように配慮が望まれること」とされ、実際の現場でもその時点で授業（対応）を開始することになります。

しかし、思いのほか回復が早く、手続きよりも早く治癒して退院することになる場合や在宅で通院治療でも可能となる場合もあります。この場合は転学手続きなしに教育を行ったということも起こりうるわけです。

❏治療の方針により、短期の入院と在宅治療を繰り返すことになった場合

医療技術の進歩や患者、特に小児の患者のＱＯＬを尊重する立場に立った治療のありかたの見直しから、長期にわたる継続的な入院を避け入院しての集中的な治療や検査と、在宅での一定の管理下の生活を繰り返すような治療のパターンがみられはじめています。このような場合、その都度学籍を移動していたのでは保護者の負担が大きくなります。

こういったケースでは前籍校との密接な連携が不可欠です。具体的な方法としては病弱養護学校等が退院前に行うことがある「試験登校」を応用する方法があります。とりあえずどちらかの学校に籍を置き、もう一方で教育を受ける場合は学校長間でその間の対応を依頼するわけです。

病弱養護学校等に籍がある場合は保護者とも相談し、前籍校の校長先生に試験登校のような形で在宅の間の対応を依頼します。そのとき主治医からの制限事項、禁忌事項を具体的に伝えたほうが相手の学校も余分な不安を抱かずに受け入れられます。自宅に戻っても地元校に登校できないような場合は、病弱養護学校等のほうから課題などをファックスで自宅に送ったり、前籍校から訪問してもらったりします。

逆に、前籍校に籍を戻した上で入院中は病弱養護学校等が対応する場合、前籍校

の学習の進度に合わせた教材を届けてもらい、それを病弱養護学校等がサポートする方法もあります。

❑ 保護者が短期の入院を理由に転学手続きをしたがらない場合

　あらかじめ短期の入院と分かっている場合、わざわざ転学の手続きはしないが、学校があるなら対応はして欲しいと希望する保護者もいます。また、病棟から短期だからいっしょに見て欲しいと依頼される場合もあります。同じ病室の隣同士のベットに同じ学年の子どもがいて、一方は学籍があるから教員が対応し、もう一方の子どもには声もかけない、というのは極端な例ですが、いわゆる「教育的見地」からみるとやはりいっしょにみてあげたくなるものです。

　しかし学校は学籍のある在籍児数に対しての教員が配当されているわけです。学籍外の児童生徒を受け入れることによって在籍児の教育に支障が出てしまったのでは本末転倒になってしまいます。

　まれに前掲のようなケースはあるかもしれませんが、たとえ短期であっても保護者や病棟に理解を求め、学籍を移してもらい、責任をもって授業をする。それによって実績が数字としても残り、次年度以降の病弱教育の充実につながっていくのです。

　現在の病弱養護学校の中にも当初は院内学級や分校、分教室からスタートしたものも少なくありません。

　しっかりとした実践を行う中で保護者に理解を求め、学籍を移してもらう、それを見て、病棟のスタッフも保護者に学籍を移すことをすすめてくれるようになる、そうして増えた実績の積み重ねがその後の教員や施設の充実につながって、学級が分校に、分校が病弱養護学校になっていった、その積み重ねを忘れないようにしたいものです。

かたくり

【引用・参考文献】
1.『病気療養児の教育について』(通知)　平成6(1994)年　文部省初等中等教育局長通知文初特294号

患者の権利章典（アメリカ病院協会　1973年）

1. 患者は、思いやりのある、〔人格を〕尊重したケアを受ける権利がある。

2. 患者は、自分の診断・治療・予後について完全な新しい情報を自分に十分理解できる言葉で伝えられる権利がある。そのような情報を〔直接〕患者に与えることが医学的見地から適当でないと思われる場合は、その利益を代行する適当な人に伝えられねばならない。患者は、自分に対するケアを調整する責任をもつ医者は誰であるか、その名前を知る権利がある。

3. 患者は、何かの処置や治療をはじめる前に、知らされた上の同意（informed consent）を与えるのに必要な情報を医者から受け取る権利がある。緊急時を除いて、そのような知らされた上の同意のための情報は特定の処置や治療についてだけではなく、医学上重大なリスクや予想される障害がつづく期間にも及ばなくてはならない。ケアや治療について医学的に見て有力な代替の方策がある場合、あるいは患者が医学的に他にも方法があるなら教えてほしいといった場合は、そのような情報を受け取る権利を患者はもっている。

4. 患者は、法律が許す範囲で治療を拒絶する権利があり、またその場合には医学的にどういう結果になるかを教えてもらう権利がある。

5. 患者は、自分の医療のプログラムに関連して、プライバシーについてあらゆる配慮を求める権利がある。症例検討や専門医の意見を求めることや検査や治療は秘密を守って慎重に行われなくてはならぬ。ケアに直接かかわる医者以外は、患者の許可なしにその場に居合わせてはならない。

6. 患者は、自分のケアに関係するすべての通信や記録が守秘されることを期待する権利がある。

7. 患者は、病院がそれをすることが不可能でないかぎり、患者のサービス要求に正しく答えることを期待する権利がある。病院は症例の緊急度に応じて評価やサービスや他医への紹介などをしなくてはならない。転院が医学的に可能な場合でも、転院がなぜ必要かということと転院しない場合どういう代案があるかということについて完全情報と説明とを受けた後でなければ、他施設への移送が行われてはならない。転院を頼まれた側の施設は、ひとまずそれを受け入れなくてはならない。

8. 患者は、かかっている病院が自分のケアに関してどのような保健施設や教育機関と連絡がついているかに関する情報を受け取る権利をもっている。患者は、自分を治療している人たちの間にどのような専門職種としての〔相互の〕かかわり合いが存在するかについての情報をうる権利がある。

9. 病院側がケアや治療に影響を与える人体実験を企てる意図がある場合は、患者はそれを通報される権利があるし、その種の研究プロジェクトへの参加を拒否する権利をもっている。

10. 患者は、ケアの合理的な連続性を期待する権利がある。患者は、予約時間は何時で医者は誰で診療がどこで行われるかを予め知る権利がある。患者は、退院後の継続的な健康ケアの必要性について、医者またはその代理者から知らされる仕組みを病院が備えていることを期待する権利をもつ。

11. 患者は、どこが医療費を支払うにしても請求書を点検し説明を受ける権利がある。

12. 患者は、自分の患者としての行動に適用される病院の規定・規則を知る権利がある。

「我が国の特殊教育」昭和36(1961)年　文部省

第Ⅴ章 資 料 編

❏特殊教育関連法令

1　学校教育法（抄）

第6章　特殊教育

第71条　盲学校、聾学校又は養護学校は、それぞれ盲者（強度の弱視者を含む。以下同じ。）、聾者（強度の難聴者を含む。以下同じ。）又は知的障害者、肢体不自由者若しくは病弱者（身体虚弱者を含む。以下同じ。）に対して、幼稚園、小学校、中学校又は高等学校に準ずる教育を施し、あわせてその欠陥を補うために、必要な知識技能を授けることを目的とする。

第71条の2　前条の盲者、聾者又は知的障害者、肢体不自由者若しくは病弱者の心身の故障の程度は、政令で、これを定める。

第72条　盲学校、聾学校及び養護学校には、小学部及び中学部を置かなければならない。ただし、特別の必要のある場合においては、その一のみを置くことができる。

②　盲学校、聾学校及び養護学校には、小学部及び中学部のほか、幼稚部又は高等部を置くことができ、また、特別の必要のある場合においては、前項の規定にかかわらず、小学部及び中学部を置かないで幼稚部又は高等部のみを置くことができる。

第73条　盲学校、聾学校及び養護学校の小学部及び中学部の教科、高等部の学科及び教科又は幼稚部の保育内容は、小学校、中学校、高等学校又は幼稚園に準じて、文部科学大臣が、これを定める。

第73条の2　盲学校、聾学校及び養護学校には、寄宿舎を設けなければならない。ただし、特別の事情のあるときは、これを設けないことができる。

第73条の3　寄宿舎を設ける盲学校、聾学校及び養護学校には、寮母を置かなければならない。

②　寮母は、寄宿舎における児童、生徒又は幼児の養育に従事する。

第74条　都道府県は、その区域内にある学齢児童及び学齢生徒のうち、盲者、聾者又は知的障害者、肢体不自由者若しくは病弱者で、その心身の故障が、第71条の2の政令で定める程度のものを就学させるに必要な盲学校、聾学校又は養護学校を設置しなければならない。

第75条　小学校、中学校、高等学校及び中等教育学校には、次の各号のいずれかに該当する児童及び生徒のために、特殊学級を置くことができる。

一　知的障害者

二　肢体不自由者

三　身体虚弱者

四　弱視者

五　難聴者

六　その他心身に故障のある者で、特殊学級において教育を行うことが適当なもの

②　前項に掲げる学校は、疾病により療養中の児童及び生徒に対して、特殊学級を設け、又は教員を派遣して、教育を行うことができる。

第76条　第19条、第21条（第40条及び第51条において準用する場合を含む。）、第27条、第28条（第40条、第51条及び第82条において準用する場合を含む。）、第34条、第37条、第46条から第50条まで、第80条及び第81条の規定は、盲学校、聾学校及び養護学校に、第54条の2第1項の規定は、盲学校、聾学校及び養護学校の高等部に、これを準用する。

2　学校教育法施行令（抄）

（昭和28年10月31日
政令第340号）

第2章　盲者等の心身の故障の程度

（盲者等の心身の故障の程度）

第22条の3　盲学校、聾学校又は養護学校に就学させるべき盲者、聾者又は知的障害者、肢体不自由者若し
くは病弱者の心身の故障の程度は、次の表に掲げるとおりとする。

区　　　分	心身の故障の程度
盲　　　者	両眼の視力がおおむね0.3未満のもの又は視力以外の視機能障害が高度のもののうち、拡大鏡等の使用によつても通常の文字、図形等の視覚による認識が不可能又は著しく困難な程度のもの
聾（ろう）　者	両耳の聴力レベルがおおむね60デシベル以上のもののうち、補聴器等の使用によつても通常の話声を解することが不可能又は著しく困難な程度のもの
知 的 障 害 者	一　知的発達の遅滞があり、他人との意思疎通が困難で日常生活を営むのに頻繁に援助を必要とする程度のもの 二　知的発達の遅滞の程度が前号に掲げる程度に達しないもののうち、社会生活への適応が著しく困難なもの
肢体不自由者	一　肢体不自由の状態が補装具の使用によつても歩行、筆記等日常生活における基本的な動作が不可能又は困難な程度のもの 二　肢体不自由の状態が前号に掲げる程度に達しないもののうち、常時の医学的監察指導を必要とする程度のもの
病　　弱　　者	一　慢性の呼吸器疾患、腎臓疾患及び神経疾患、悪性新生物その他の疾患の状態が継続して医療又は生活規制を必要とする程度のもの 二　身体虚弱の状態が継続して生活規制を必要とする程度のもの

備　考

一　視力の測定は、万国式試視力表によるものとし、屈折異常があるものについては、矯正視力によって測
定する。

二　聴力の測定は、日本工業規格によるオージオメータによる。

3　学校教育法施行規則（抄）

$\begin{pmatrix} 昭和22年 5 月23日 \\ 文部省令第11号 \end{pmatrix}$

第6章　特殊教育

第73条の 7　盲学校、聾学校及び養護学校の小学部の教育課程は、国語、社会、算数、理科、生活、音楽、図画工作、家庭及び体育の各教科（養護学校の小学部にあつては、知的障害者を教育する場合は生活、国語、算数、音楽、図画工作及び体育の各教科とする。）、道徳、特別活動、自立活動並びに総合的な学習の時間（養護学校の小学部にあつては、知的障害者を教育する場合を除く。）によつて編成するものとする。

第73条の 8　盲学校、聾学校及び養護学校の中学部の教育課程は、必修教科、選択教科、道徳、特別活動、自立活動及び総合的な学習の時間によつて編成するものとする。

②　必修教科は、国語、社会、数学、理科、音楽、美術、保健体育、技術・家庭及び外国語（次項において「国語等という。」）の各教科（養護学校の中学部にあつては、知的障害者を教育する場合は国語、社会、数学、理科、音楽、美術、保健体育及び職業・家庭の各教科とする。）とする。

③　選択教科は、国語等の各教科（養護学校の中学部にあつては、知的障害者を教育する場合は外国語とする。）及び第73条の10に規定する盲学校、聾学校及び養護学校小学部・中学部学習指導要領で定めるその他特に必要な教科とし、これらのうちから、地域及び学校の実態並びに生徒の特性その他の事情を考慮して設けるものとする。

第73条の 9　盲学校、聾学校及び養護学校の高等部の教育課程は、別表第 3 に定める各教科（盲学校及び聾学校の高等部にあつては、別表第 4 に定める各教科を含む。）に属する科目（養護学校の高等部にあつては、知的障害者を教育する場合は国語、社会、数学、理科、音楽、美術、保健体育、職業、家庭、外国語、情報、家政、農業、工業及び流通・サービスの各教科並びに第73条の10に規定する盲学校、聾学校及び養護学校高等部学習指導要領で定めるこれら以外の教科とする。）、特別活動（養護学校の高等部にあつては、知的障害者を教育する場合は、道徳及び特別活動とする。）、自立活動及び総合的な学習の時間によつて編成するものとする。

第73条の10　盲学校、聾学校及び養護学校の教育課程については、この章に定めるもののほか、教育課程の基準として文部科学大臣が別に公示する盲学校、聾学校及び養護学校幼稚部教育要領、盲学校、聾学校及び養護学校小学部・中学部学習指導要領及び盲学校、聾学校及び養護学校高等部学習指導要領によるものとする。

第73条の11　盲学校、聾学校及び養護学校の小学部、中学部又は高等部においては、特に必要がある場合は、第73条の 7 から第73条の 9 までに規定する各教科（次項において「各教科」という。）又は別表第 3 及び別表第 4 に定める各教科に属する科目の全部又は一部について、合わせて授業を行うことができる。

②　養護学校の小学部、中学部又は高等部においては、知的障害者を教育する場合において特に必要があるときは、各教科、道徳、特別活動及び自立活動の全部又は一部について、合わせて授業を行うことができる。盲学校、聾学校又は養護学校の小学部、中学部又は高等部において、当該学校に就学することとなつた心身の故障以外に他の心身の故障を併せ有する児童又は生徒を教育する場合についても、同様とする。

第73条の15　盲学校、聾学校及び養護学校の高等部における通信教育に関する事項は、別にこれを定める。

第73条の16　第22条の2から第22条の4まで、第22条の6、第23条の2、第23条の3、第26条、第44条、第46条から第48条まで、第49条及び第56条の3の規定は、盲学校、聾学校及び養護学校に、これを準用する。

②　第19条、第22条ただし書、第23条、第27条、第28条、第48条の2及び第58条の規定は、盲学校、聾学校及び養護学校の小学部、中学部及び高等部に、これを準用する。

③　第22条本文、第24条第2項、第25条の2及び第43条の規定は、盲学校、聾学校及び養護学校の小学部に、これを準用する。

④　第24条第2項、第43条、第52条から第52条の3まで及び第54条の4の規定は、盲学校、聾学校及び養護学校の中学部に、これを準用する。

⑤　第52条の2、第52条の3、第56条の2、第59条第1項から第3項まで、第60条から第63条まで、第63条の3第1項及び第2項、第63条の4、第63条の5並びに第65条第3項の規定は、盲学校、聾学校及び養護学校の高等部に、これを準用する。この場合において、第63条の3第1項及び第2項中「他の高等学校又は中等教育学校の後期課程」とあるのは「他の盲学校、聾学校若しくは養護学校の高等部、高等学校又は中等教育学校の後期課程」と、同条第2項中「当該他の高等学校又は中等教育学校」とあるのは「当該他の盲学校、聾学校、養護学校、高等学校又は中等教育学校」と読み替えるものとする。

第73条の18　特殊学級は、特別の事情のある場合を除いては、学校教育法第75条第1項各号に掲げる区分に従つて置くものとする。

第73条の19　小学校若しくは中学校又は中等教育学校の前期課程における特殊学級に係る教育課程については、特に必要がある場合は、第24条第1項、第24条の2及び第25条の規定並びに第53条から第54条の2までの規定にかかわらず、特別の教育課程によることができる。

第73条の20　前条第1項の規定により特別の教育課程による特殊学級においては、文部科学大臣の検定を経た教科用図書を使用することが適当でない場合には、当該特殊学級を置く学校の設置者の定めるところにより、他の適切な教科用図書を使用することができる。

第73条の21　小学校若しくは中学校又は中等教育学校の前期課程において、次の各号の一に該当する児童又は生徒（特殊学級の児童及び生徒を除く。）のうち当該心身の故障に応じた特別の指導を行う必要があるものを教育する場合には、文部科学大臣が別に定めるところにより、第24条第1項、第24条の2及び第25条の規定並びに第53条から第54条の2までの規定にかかわらず、特別の教育課程によることができる。

一　言語障害者
二　情緒障害者
三　弱視者
四　難聴者
五　その他心身に故障のある者で、本項の規定により特別の教育課程による教育を行うことが適当なもの

第73条の22　前条第1項の規定により特別の教育課程による場合においては、校長は、児童又は生徒が、当該小学校、中学校又は中等教育学校の設置者の定めるところにより他の小学校、中学校、中等教育学校の前期課程又は盲学校、聾学校若しくは養護学校の小学部若しくは中学部において受けた授業を、当該小学校若しくは中学校又は中等教育学校の前期課程において受けた当該特別の教育課程に係る授業とみなすことができる。

□病弱養護学校一覧

（全国病弱養護学校実態調査より　平成18年4月1日現在）

区	都道府県	学校名	校長名	電話	ファクシミリ	メールアドレス	郵便番号	住所
北海道	北海道	八　雲	前野　哲重	0137-62-3670	0137-62-3427	yakumoyougo-z0@hokkaido-c.ed.jp	049-3116	山越郡八雲町宮園町 128
	北海道	五稜郭	能登ヨシ子	0138-53-9395	0138-53-9397	goryoukakuyougo-z0@hokkaido-c.ed.jp	040-0001	函館市五稜郭町 39-13
	北海道	山の手	坂田　義茂	011-611-7934	011-644-5535	yamanote-ejh@sapporo-c.ed.jp	063-0005	札幌市西区山の手 5 条 8 丁目 1-38
東北	青森	浪岡	三浦　達男	0172-62-6000	0172-62-1505	namioka-sh@asn.ed.jp	038-1331	青森市浪岡大字女鹿沢字平野 215-6
	青森	青森若葉	西舘　暁子	017-736-8951	017-736-8950	aomoriwakaba-sh@asn.ed.jp	030-0913	青森市東造道 1-7-1
	岩手	一関	千田　光久	0191-25-3210	0191-25-2770	sekiyou@ich-y.iwate-ed.jp	021-0056	一関市山目字泥田山下 48-12
	岩手	釜石	小林　一	0193-23-0663	0193-23-0679	webmaster@kam-y.iwate-ed.jp	026-0053	釜石市定内町 4-9-5
	岩手	青山	髙橋　勝吉	019-645-2188	019-645-2439	takahasi_katuyoshi@aoy-y.iwate-ed.jp	020-0133	盛岡市青山 1-25-29
	岩手	松園	木村　泰雄	019-661-5125	019-661-5170	matuyo@mat-y.iwate-ed.jp	020-0102	盛岡市上田字松屋敷 11-25
	宮城	西多賀	西　重明	022-245-1183	022-245-8454	nisitaga@nisitaga.myswan.ne.jp	982-0805	仙台市太白区鈎取本町 2-11-17
	宮城	山元	菅原　琢	0223-37-0518	0223-37-2727	chief@yamayou.myswan.ne.jp	989-2202	亘理郡山元町高瀬字合戦原 100-2
	山形	山形	井上　直英	023-684-5722	023-684-5930	yamayo@yamagata-sh.ed.jp	990-0876	山形市行才 116
	福島	須賀川	荒　盛一	0248-76-2511	0248-72-4729	sukagawa-sh.fks.jp	962-0868	須賀川市芦田塚 13-5
関東・甲信越	茨城	友部東	小林　隆二	0296-77-0647	0296-78-1507	webmaster@tomobehisi-sh.ed.jp	309-1703	笠間市鯉淵 6528番地1
	栃木	足利	田村　澄子	0284-91-1110	0284-91-3660	school@ashikaga-sh.ed.jp	326-0011	足利市大沼田町 619-1
	栃木	岡本	見目　政子	028-673-3456	028-673-7150	cheef@okamoto-sh.ed.jp	329-1104	河内郡河内町下岡本 2160
	群馬	赤城	布川　等	027-237-2145	027-237-1320	akyho01@school.gsn.ed.jp	371-0037	前橋市上小出町 1-5-15
	埼玉	蓮田	三友　俊一	048-769-3191	048-765-1501	n693191@pref.saitama.lg.jp	349-0101	蓮田市黒浜 4088-4
	埼玉	岩槻	田辺　晴男	048-757-5501	048-790-1502	n575501la@pref.saitama.jp	339-0077	さいたま市岩槻区馬込 2426-1
	千葉	四街道	木内　瑛譽	043-422-2609	043-424-4679	yotukaidou-sh@c.ed.jp	284-0003	四街道市鹿渡 934-45
	千葉	仁戸名	射場　正男	043-264-5400	043-268-5082	nitona@chiba-c.ed.jp	260-0801	千葉市中央区仁戸名町 673
	東京都	久留米	山田　庄治	0424-71-0502	0424-75-9010	Shouji_2_Yamada/T/tokyo@tokyo	203-0041	東久留米市野火止 2-1-11
	東京都	天津わかしお	前野　哲夫	0470-94-0371	0470-94-0301	amet-kouchou@ita.ed.jp	299-5503	千葉県安房郡天津小湊町天津 1990
	東京都	保田	岡田　恭二	0470-55-1110	0470-55-4293	hota_te@educet.plala.or.jp	299-1909	千葉県安房郡鋸南町大六 180-2
	東京都	館山	千田　敏正	0470-28-1811	0470-28-1812	tateyama@educet.plala.or.jp	294-0223	千葉県館山市洲宮 768-117
	神奈川	秦野	達　利則	0463-81-0948	0463-83-4118	hadano-sh@pen-kanagawa.ed.jp	257-0025	秦野市落合 500
	神奈川	横浜南	宮内　眞治	045-712-4046	045-742-9710	y-minami-sh@pref.kanagawa.jp	232-0066	横浜市南区六ツ川 2-138-4
	神奈川	浦舟	永井満里子	045-243-2624	045-243-2625	ysurafun@edu.city.yokohama.jp	232-0024	横浜市南区浦舟町 3-46
	新潟	柏崎	平野　正史	0257-24-7476	0257-24-4299	school@kashiwazakiyou.mein.ed.jp	945-0847	柏崎市赤坂町 3-63
	新潟	吉田	佐藤　仁	0256-92-5369	0256-92-7913	school@yosidayou.nein.ed.jp	959-0242	燕市吉田大保町 32-24
	長野	若槻	大熊　隆明	026-295-5060	026-251-3175	wakayou@nagano-c.ed.jp	381-0085	長野市上野 2-372-2
	長野	寿台	二木淳一郎	0263-86-0046	0263-86-9276	koto-you@nagano-c.ed.jp	399-0021	松本市寿豊丘 811-88
	山梨	富士見	寺田　幸子	055-252-3133	055-252-6167	fujimiy@kai.ed.jp	400-0027	甲府市富士見 1-1-1
北陸	富山	ふるさと	稲垣　良行	076-469-3388	076-469-3374	furusatoyogo01@pref.toyama.lg.jp	939-2607	富山市婦中町新町 2913
	石川	医王	山下　茂	076-257-0572	076-257-2417	iouxxs01@mx.ishikawa-c.ed.jp	920-0171	金沢市岩出町ホ 1番地
	福井	福井東	竹澤　良全	0776-53-6575	0776-53-0350	info@fukuihigashi-sh.ed.jp	910-0846	福井市四ツ井2-12-1
	福井	南越	加藤　良子	0778-27-6600	0776-27-6601	nan-yo@pref.fukui.ig.jp	915-0024	越前市上大坪町 35-1-1
	福井	嶺南東	清水　正代	0770-45-1255	0770-45-1256	info@reinanhigasi-sh.ed.jp	919-1147	三方郡美浜町気山106
	福井	嶺南西	村山　周治	0770-52-7716	0770-52-7710	info@reinannishi-sh.ed.jp	917-0017	小浜市羽賀 67-49-1
東海	静岡	天竜	矢野　彰	0539-26-2255	0539-26-2278	office@tenryu-sh.shizuoka-c.ed.jp	431-3423	浜松市城ヶ島 201-2
	静岡	東部養護川名分校	岩見　良憲	0557-45-3983	0557-45-4038	office@tobu-sh-kawanab.shizuoka-c.ed.jp	414-0044	伊東市川奈 510-7
	愛知	大府	松井　通記	0562-48-5311	0562-44-0662	obu-yo@pref.aichi.lg.jp	474-0031	大府市森岡町尾坂田 1-11
	岐阜	恵那	柴田　滋司	0573-25-3524	0573-25-6761	c27372@gifu-net.ed.jp	509-7201	恵那市大井町 2716-14
	岐阜	長良	北洞　勝臣	058-233-7418	058-233-7978	c27373@gifu-net.ed.jp	502-0071	岐阜市長良 1237-1
	岐阜	飛騨養護高山日赤分校	大庭　浩司	0577-34-3637	0577-34-3829	c27375b@gifu-net.ed.jp	506-0025	高山市天満町3-41-1
	三重	杉の子	和田　文子	0593-79-1611	0593-79-1632	ssugin00@ssugin.mie-c.ed.jp	513-0004	鈴鹿市加佐登 3-2-2
	三重	緑ヶ丘	富田　正宏	059-232-1139	059-232-0104	tomida.ma@mxs.mie-c.ed.jp	514-0125	津市大里窪田町 357

区	都道府県	学校名	校長名	電話	ファクシミリ	メールアドレス	郵便番号	住所
近畿	滋賀	守山	武藤 敬助	077-583-5857	077-583-7543	moriyou@mx.biwa.ne.jp	524-0022	守山市守山 5-6-20
	滋賀	鳥居本	髙田 秀博	0749-24-1768	0749-26-3724	toriyo@ex.biwa.ne.jp	522-0004	彦根市鳥居本町 1431-2
	京都府	城陽	山本千世子	0774-53-7100	0774-53-4044	jyouyou-s@kyoto-be.ne.jp	610-0100	城陽市中芦原 1-4
	京都府	鳴滝総合	尾崎 泰敏	075-461-3221	075-462-1934	narutaki-y@edu.city.kyoto.jp	616-8245	京都市右京区音戸山山ノ茶屋町 9-2
	京都府	桃陽総合	河角 美典	075-641-2634	075-641-2648	toyo-y@edu.city.kyoto.jp	612-0833	京都市伏見区深草大亀谷岩山町48-1
	大阪府	羽曳野	川戸 明子	0729-58-5000	0729-58-7890	habikino-y@sbox.osaka-c.ed.jp	583-0872	羽曳野市はびきの 3-7-1
	大阪府	刀根山	牧野 修司	06-6853-0200	06-6853-0602	toneyama-y@sbox.asaka-c.ed.jp	560-0045	豊中市刀根山 5-1-1
	大阪府	貝塚	綿谷 啓治	0724-46-1744	0724-46-3092	s052182a@ocec.ne.jp	597-0043	貝塚市橋本 1175
	兵庫	上野ケ原	水船 春美	0795-63-3434	0795-63-5379	uenogahara-yogo-ad@hyogo-c.ed.jp	669-1515	三田市大原字梅の木 1546-6
	奈良	奈良東	矢倉 資久	0742-44-0112	0742-44-5681	natou-b@m5.kcn.ne.jp	630-8053	奈良市七条 2-670
	和歌山	みはま	垣内 邦夫	0738-23-2379	0738-22-9399	postmaster@mihama-sh.wakayama-c.ed.jp	644-0044	日高郡美浜町和田字松原 1138-259
中国	鳥取	鳥取	水石 裕士	0857-26-3601	0857-27-3207	toriyo-s@mailk.torikyo.ed.jp	680-0901	鳥取市江津 260
	鳥取	米子	佐伯 啓子	0859-33-4775	0859-33-4775	sibeiyo-s@mailk.torikyo.ed.jp	683-0004	米子市上福原 205
	島根	松江緑が丘	菊地 節雄	0852-23-9500	0852-23-9517	midori-@shimanet.ed.jp	690-0015	松江市上乃木 5-18-1
	広島	広島西	片嶋 学	0827-57-1000	0827-57-1001	nishiyougo-sh@hiroshima-c.ed.jp	739-0651	大竹市玖波 4-6-10
	岡山	早島	阿部 眞守	086-482-2131	086-482-2130	hayasima@pref.okayama.jp	701-0304	都窪郡早島町早島 4063
	山口	豊浦	内藤トモコ	0837-72-1331	0837-72-3459	a52106@pref-yamaguchi.jp	759-6302	豊浦郡豊浦町小串石堂 7-136
四国	徳島	鴨島	佐藤美知代	0883-24-6670	0883-22-1073	kamoyou@mt.tokushima-ed.ed.jp	776-0031	麻植郡鴨島町敷地字井堰 1392-2
	香川	善通寺	真鍋 泰子	0877-62-7631	0877-62-3984	zentsujiyogo@pref.kagawa.jp	765-0004	善通寺市善通寺町字伏見 2615
	愛媛	しげのぶ	真鍋 孝夫	089-964-2258	089-964-0396	fsc-of@esnet.ed.jp	791-0211	東温市重信町田窪 2135
	高知	高知江の口	田城 正久	088-823-6737	088-873-9275	enokuchi-s@kochinet.ed.jp	780-0062	高知市新本町 2-13-51
九州	福岡	古賀	河邉 秀美	092-942-7175	092-944-4562	info@fhkoga.fku.ed.jp	811-3113	古賀市千鳥町 3-4-1
	福岡	門司	永冨 文久	093-341-8431	093-341-8432	moji_s@himawari.ed.jp	801-0802	北九州市門司区白野江 3-28-1
	福岡	企救	山縣 文夫	093-921-3775	093-931-4035	kiku-s@himawari.ed.jp	802-0803	北九州市小倉南区春ヶ丘 10-3
	福岡	屋形原	調 孝一	092-565-4901	092-565-4930	yakata@school.fuku-c.ed.jp	811-1351	福岡市南区屋形原 2-31-1
	佐賀	中原	井手 正博	0942-94-3575	0942-81-8002	edq10043@saga-ed.go.jp	849-0101	三養基郡中原町大字原古賀 7262-1
	長崎	大村	江頭美知子	0957-52-6312	0957-53-4302	s76400@pref.nagasaki.lg.jp	856-0835	大村市久原 2-1418-2
	長崎	桜が丘	松崎 泰子	0956-82-3630	0956-82-4400	sakuragaoka@hkg.odn.ne.jp	859-3615	東彼杵郡川棚町下組郷 386-2
	熊本	黒石原	瀬口 富雄	096-242-0156	096-242-5341	kuroisibaru-y@bears.ed.jp	861-1102	菊池郡西合志町須屋 2659
	大分	石垣原	森山賢太郎	0977-24-6060	0977-24-6064	smas6078@oit.ed.jp	874-0838	別府市大字鶴見 4050-293
	宮崎	宮崎赤江	常政 徹	0985-56-0655	0985-56-0656	miyazakiakae-yogo-s@pref.miyazaki.lg.jp	880-0911	宮崎市大字田吉 4977-31
	宮崎	児湯	永友 幸子	0983-33-4207	0983-33-5642	9220sha@miyazaki-c.ed.jp	889-1401	児湯郡新富町大字日置 1297
	鹿児島	指宿	宇都 敏朗	0993-23-3211	0993-23-3212	Ibusuki-H-ss@edu.pref.kagosima.jp	891-0403	指宿市十二町 4193-2
	鹿児島	加治木	吉永早苗男	0995-63-5729	0995-63-5498	kajikiyou@po.pref.kagoshima.jp	899-5241	姶良郡加治木町木田 1784
	沖縄	森川	森屋 耕一	098-945-3008	098-946-5567	head@morikawa-sh.open.ed.jp	903-0128	中頭郡西原町字森川 151

❏ 子どもの難病関係団体一覧

（五十音順・平成14年5月現在）

団　体　名	対　象	連　絡　先	電　話・ファクシミリ	メールアドレス・摘　要
あすなろ会	若年性間接リウマチ	〒214-0037 川崎市多摩区西生田5－3－4　山口方	044-935-2747	URL http://www1.ocn.ne.jp/~asunaro
インフルエンザ・脳症の会「小さないのち」	急性脳炎、ライ症候群、髄膜炎	〒354-0021 埼玉県富士見市鶴馬3518－1　諸星方	049-255-2238 （Tel&Fax）	URL http://www.inochi-gr.jp/chiisana
ウィルソン病友の会	ウィルソン病	〒338-0011 埼玉県さいたま市新中里4－18－11－606	048-822-2412 （Tel&Fax）	wilson_tomonokai@livedoor.com
ＳＳＰＥ青空の会	亜急性硬化性全脳炎	〒245-0016 横浜市泉区和泉町2813－8　中村方	045-803-6410 （Tel&Fax）	sspe-aozora@hotmail.com
ＳＭＡ（脊髄性筋萎縮症）家族の会	脊髄性筋萎縮症、ウルドニッヒホフマン病他	〒100-8693 東京都中央郵便局私書箱1377号　SMA家族の会事務局		URL http://www5a.biglobe.ne.jp/~sma-HP
ＸＰひまわりの会	色素性乾皮症	〒175-0094 東京都板橋区成増4－24－28	03-3930-3039 （Tel&Fax）	
外胚葉形成不全症の会	低汗性外胚葉異形成	〒329-0433 栃木県河内郡南河内町緑5－4－1	0285-44-5159 （Tel&Fax）	KGC00743@nifty.ne.jp
カモミールの会	５Ｐ－症候群	〒224-0037 横浜市都築区茅ヶ崎南4－12－7－306　服部方		
㈶がんの子供を守る会	小児がん	〒136-0071 東京都江東区亀戸6－24－4	03-3638-6551 （代表）	㈪～㈮10～16時 nozomi@ccaj-found.or.jp
魚鱗癬の会	魚鱗癬	〒802-0841 北九州市小倉南区北方1－9－35－603	093-952-2729 （Tel&Fax）	
ゴーシェ病患者及び親の会	ゴーシェ病	〒274-0063 千葉県船橋市習志野台8－4－10　高城方	047-461-5291	gaucher.kai@dream.com
骨形成不全友の会	骨形成不全症	〒232-0066 横浜市南区六ッ川3－80－3　奥田方	045-711-2102 （Tel&Fax）	
鎖肛の会	鎖肛	〒177-0052 東京都練馬区関町東1－20－3	03-5991-2134 （Tel&Fax）	
CdLS Japan	コルネリア・デ・ランゲ症候群	〒224-0024 横浜市都筑区東山田町801　202	045-594-0229 （Tel&Fax）	cdlsjapan@geocities.co.jp
人工呼吸器をつけた子の親の会	人工呼吸器装着者	〒207-0002 東京都東大和市湖畔3－1183－11	042-561-8676 042-561-8680	通称：バクバクの会 mmasato@nsknet.or.jp
腎性尿崩症友の会	腎性尿崩症	〒536-0023 大阪市城東区東中浜3－11－9　神野方	06-6963-4022 （Tel&Fax）	
全国肝臓病患者連合会	肝炎、肝臓病	〒156-0043 東京都世田谷区松原1－12－3－102	03-3323-2260 03-3323-2287	（月、水、金、土） m.masano@anet.ne.jp
全国言友会連絡協議会	吃音（どもり）	〒170-0005 東京都豊島区南大塚1－30－15	03-3942-9436 03-3942-9438	URL http://www2m.biglobe.ne.jp/~genyukai/
全国膠原病友の会	膠原病	〒102-0071 東京都千代田区富士見2－4－9 千代田富士見スカイマンション203	03-3288-0721 03-3288-0722	
㈳全国肢体不自由児・者父母の会連合会	肢体不自由児者	〒171-0021 東京都豊島区西池袋4－3－12	03-3971-0666 03-3982-2913	略称：全肢連 info@zenshiren.or.jp
全国障害者とともに歩む兄弟姉妹の会	知的障害	〒136-0073 東京都江東区北砂1－15－8 地域交流支援センター内	03-5634-8790 03-3644-6608	略称：きょうだいの会 kyodai@yahoo.co.jp
㈳全国腎臓病協議会	腎臓病	〒170-0002 東京都豊島区巣鴨1－20－9 巣鴨ファーストビル3Ｆ	03-5395-2631 03-5395-2831	zjk-02@mtc.biglobe.ne.jp

団　体　名	対　象	連　　絡　　先	電　話　・ファクシミリ	メールアドレス・摘　要
全国心臓病の子どもを守る会	心臓病	〒161-0033東京都新宿区下落合 3 －15－22 ランドール目白	03-5982-493303-5982-4934	heart-mamoru@msj.biglobe.ne.jp
(福)全国重症心身障害児（者）を守る会	重症心身障害児（者）	〒154-0005東京都世田谷区三宿 2 －30－ 9	03-3413-678103-3413-6919	mamorkai@mtb.biglobe.ne.jp
全国「腎炎・ネフローゼ児」を守る会	腎炎、ネフローゼ	〒344-0031埼玉県春日部市一ノ割 1 －16－ 9　小太刀進方	048-735-5669（Tel&Fax）	
全国多発性硬化症友の会	多発性硬化症	〒175-0083東京都板橋区徳丸 5 －11－ 5　坂本方	03-3934-3060	
全国低肺機能者団体連絡協議会	呼吸機能障害	〒194-0212東京都町田市小山町 733－ 7　小宮山方	0427-97-3635	
(福)全日本手をつなぐ育成会	知的障害児者	〒105-0008東京都港区西新橋 2 -16-1 全国たばこセンタービル 8 階	03-3431-066803-3578-6935	ikuseikai@pop06.odn.ne.jp
プラダーウィリー症候群親の会「竹の子の会」	プラダウィリー症候群	〒153-0063東京都目黒区目黒 4 －14－ 4 －211	03-3791-103303-3791-1365	
胆道閉鎖症の子どもを守る会	胆道閉鎖症	〒170-0002東京都豊島区巣鴨 3 － 2 － 5　豊マンション202	03-3940-315003-3940-8525	tando@sun-pro.co.jp
つくしの会	軟骨無形成症	〒797-8031愛媛県松山市北斎院町812－ 7　新山方	089-952-0435089-952-0435	tukusi-ne@alto.ocn.ne.jp
つばさの会（原発性免疫不全症患者と家族の会）	原発性（先天性）免疫不全症	〒289-2714千葉県海上郡飯岡町三川セ－4194－ 1	0479-57-66630479-57-6664	
ＴＳつばさの会	結節性硬化症	〒154-0021東京都世田谷区豪徳寺 1 －29－ 8 －105	03-5450-725803-5450-7259	電話受付は平日10～17時。FAXは随時受付
つぼみの会	1 型糖尿病（インスリン欠損症）	〒113-8655東京都文京区本郷 7 － 3 － 1 東京大学医学部附属病院小児科内	03-3816-4190（Tel&Fax）	電話受付は水・木曜日13～16時。FAXは随時受付
天使のつばさ	全前脳胞症	〒665-0871兵庫県宝塚市中山五月台 4 － 1 －10	0797-80-3111（Tel&Fax）	tenshichan@col.hi-ho.ne.jpHP:天使のつばさまたは全前脳胞症で検索
日本ＡＬＳ協会	ＡＬＳ（筋萎縮性側索硬化症）	〒162-0837東京都新宿区納戸町 7 －103	03-3267-694203-3267-4123	
(社)日本筋ジストロフィー協会	進行性筋萎縮症および類似疾患	〒162-0051東京都新宿区西早稲田 2 － 2 － 8 全国療育相談センター内	03-5273-293003-3208-7030	
(社)日本自閉症協会	自閉症	〒162-0051東京都新宿区早稲田 2 － 2 － 8	03-3232-647803-5273-8438	asj@mub.biglobe.ne.jp
日本水頭症協会	水頭症	〒514-0039三重県津市押加部町 10－18　加藤方	059-223-1389（Fax）	t-kato@ztv.ne.jp
日本つばさ協会	血液疾患	〒263-0051千葉市稲毛区園生町 1223－11 稲毛パークハウスD707	03-3207-8503	(月)、(水)10～17時
(社)日本てんかん協会	てんかん	〒162-0051 東京都新宿区西早稲田 2 － 2 － 8 全国心身障害児福祉財団ビル 5 F	03-3202-566103-3202-7235	nami@scan-net.ne.jp
日本トゥレット（チック）協会	トゥレット(チック)症候群	〒185-0012東京都国分寺市本町 4 －24－10－406 高木方	042-325-4785（Tel&Fax）	fushicho-21c@dab.hi-ho.ne.jp
日本二分脊椎症協会	二分脊椎症	〒194-0012東京都町田市金森 999－ 1 － 6 －402	042-725-0043（Tel&Fax）	相談受付は毎週火曜11:00～15:00　　03-3974-1800
日本ムコ多糖症親の会	ムコ多糖症	〒323-0016栃木県小山市扶桑 2 － 7 －15－ 7 －310	0285-22-6643（Tel&Fax）	ＭＰＳ親の会

団　体　名	対　象	連　絡　先	電　話・ファクシミリ	メールアドレス・摘　要
日本レット症候群協会	レット症候群	〒260-0032 千葉県千葉市中央区登戸 3 −13−20　富井直樹方	043-238-8898 043-238-8903	rett@green.ocn.ne.jp
嚢胞性線維症患者と家族の会	嚢胞性線維症	〒481-0043 愛知県西春日井郡西春町沖村岡213	0568-22-2562 (Tel&Fax)	yokeru@mb.infoweb.ne.jp
ファブリー病の会	ファブリー病	〒272-0805 千葉県市川市大野町 1 −57−14	047-337-6998 (Tel&Fax)	電話受付は平日20〜23時。平日以外は10〜23時。FAXは随時受付 kasasaki@ml3.alpha-net.ne.jp
ファミリーエージェンシー	小児がん、慢性疾患	〒228-0024 神奈川県座間市入谷 3 −6375 コーポスズキ201	046-254-4806 (Tel&Fax)	fa@xmail.plala.or.jp
(福)復生あせび会	稀少難病、多疾患	〒113-0021 東京都文京区本駒込 6 − 5 −19−102	03-3943-7008 03-3944-6460	相談事業部あせび会
ポプラの会（低身長児・者友の会）	成長ホルモン分泌不全性低身長症	〒165-0032 東京都中野区鷺宮 2 −15−10 星川方	03-3330-8612 (Tel&Fax)	
マルファンネットワークジャパン	マルファン症候群とその関連疾患	〒746-0082 山口県徳山市下上 1529　藤井方	053-454-6793 053-454-6764 （新野方）	info@marfan.gr.jp Tel&Fax 新野方
ミトコンドリア病患者・家族の会	ミトコンドリア病	〒239-0841 神奈川県横須賀市野比 1 −17−12	0468-48-7526 (Tel&Fax)	mcm@pub.to
無痛無汗症の会「トゥモロウ」	無痛無汗症	〒108-0023 東京都港区芝浦 4 − 9 −18−301	03-5443-1934 (Tel&Fax)	hsan@db3.so-net.ne.jp
メンケス病の会	メンケス病	〒124-0012 東京都葛飾区立石 5 −19−12	03-5670-8746 (Tel&Fax)	kako0318@jp-t.ne.jp
もやもや病の患者と家族の会	ウィリス動脈輪閉塞症	〒560-0081 大阪府豊中市新千里北町 2 −40 C56−207	06-6872-3101 (Tel&Fax)	通称：もやの会
ロイコジストロフィー患者の会	ロイコジストロフィー	〒162-0065 東京都新宿区住吉町 4 − 1 −504	03-3353-4462 03-3353-4464	疾患別問合先有り mid@ha.bekkoame.ne.jp

（資料提供協力・難病のこども支援全国ネットワーク）

団体名	対象	連絡先	電話・ファクシミリ	メールアドレス・摘要
NPO難病のこども支援全国ネットワーク	子どもの難病	〒113-0033 東京都文京区本郷 1 -15- 4　文京尚学ビル 6 F	03-5840-5972 03-5840-5974	ネットワーク電話相談室 03-5840-5973 URL http://www.nanbyonet.or.jp/ E-mail:ganbare@nanbyonet.or.jp

❏特殊教育就学奨励費補助対象経費一覧

(平成13年度)

学校種別（部別）／経費区分	盲・聾・養護学校					特殊学級	
	幼稚部	小学部	中学部	高等部 本・別科	高等部 専攻科	小学校	中学校
教科用図書購入費				31	39		
学校給食費	40	29	29	33	43	46	46
交通費 — 通学費 本人経費	38	29	29	34	44	46	46
交通費 — 通学費 付添人経費	38	小1～3年 30 小4～6年 44（肢）48（重）	44（肢）49（重）	56（肢）（重）	56（肢）（重）		
交通費 — 帰省費 本人経費	38	29	29	34	44		
交通費 — 帰省費 付添人経費	38	30	30	56（肢）（重）	56（肢）（重）		
交通費 — 現場実習費（交通費）			60	45	45		60
交通費 — 交流学習費	H 6	61	62	H元		H 6	H 6
寄宿舎居住に伴う経費 — 寝具購入費	38	29	29	35			
寄宿舎居住に伴う経費 — 日用品等購入費	38	29	29	35	41		
寄宿舎居住に伴う経費 — 食費	38	30	30	36	41		
修学旅行費 — 修学旅行費 本人経費		35	35	37		46	46
修学旅行費 — 修学旅行費 付添人経費		51（肢）（重）	51（肢）（重）	H 3（肢）（重）			
修学旅行費 — 校外活動費 本人経費	45	44	44	51		46	46
修学旅行費 — 校外活動費 付添人経費	H 7	H 7	H 7	H 7			
修学旅行費 — 宿泊生活訓練費 本人経費		53	54	H 2			
修学旅行費 — 宿泊生活訓練費 付添人経費		H 7	H 7	H 7			
修学旅行費 — 職場実習宿泊費				H 8	H 8		
学用品購入費	45	36	36	42		46	46
新入学児童・生徒学用品費等		50	50	H 5		50	50
通学用品購入費	45	42	42	52		46	46

(注)

1．数字のある欄は各部ごとの支給対象となる経費を示し、数字は初めて支給された年度を示す。

2．☐の欄は法律補助経費を示し、その他の数字の入った欄は予算補助経費を示す。

3．小学部4年から高等部に係る通学生の付添人の交通費（小1～小3までは全員に支給）は肢体不自由養護学校の児童・生徒の通学付添人及びその他の学校の重度・重複障害の児童生徒の通学付添人についての経費である。

4．高等部についての帰省付添人の交通費は肢体不自由養護学校の生徒及びその他の学校の重度・重複障害の児童生徒の付添人についての経費である。

5．修学旅行の付添人は肢体不自由養護学校の小・中・高等部（本科・別科）の児童・生徒及びその他の学校の重度・重複障害の児童生徒の付添人についての経費である。

6．特殊学級の交通費のうち交流学習費については盲・聾・養護学校及び特殊学級との交流が対象である。

❑病弱教育関係資料一覧

●病弱教育の手引

病弱教育Q&A PARTⅡ　横田雅史監修　ジアース教育新社　平成14(2002)年　￥2,200

病弱教育の手引−病理・保健編−　慶應出版会　昭和56(1981)年　￥1,030

病弱教育の手引−指導編−　慶應出版会　昭和60(1985)年　￥620

病弱教育における養護・訓練の手引　慶應出版会　平成5(1993)年　￥870

病弱教育の手引−教科指導編−　海文堂　平成8(1996)年　￥1,400

病弱児指導事例集−各教科の指導−　東山書房　昭和54(1979)年　￥620

病弱児指導事例集−実技を伴う教科の指導−　ぎょうせい　昭和62(1987)年　￥1,030

訪問教育の指導の実際　慶應出版会　昭和63(1988)年　￥1,030

重複障害児指導事例集　東洋館　昭和58(1983)年　￥400

●学習指導要領解説

盲学校、聾学校及び養護学校学習指導要領解説−総則編−　海文堂　平成12(2000)年　￥380

盲学校、聾学校及び養護学校学習指導要領解説−各教科、道徳及び特別活動編−　東洋館　平成12(2000)年　￥720

盲学校、聾学校及び養護学校学習指導要領解説−自立活動編−　海文堂　平成12(2000)年　￥200

●特殊教育一般

特殊教育百年史　東洋館　昭和53(1978)年　￥2,480

特殊学級教育の実際　大蔵省印刷局　昭和58(1983)年　￥290

心身障害児と地域社会の人々との交流　大蔵省印刷局　平成元(1989)年　￥260

心身障害児の理解　大蔵省印刷局　平成2(1990)年　￥290

特殊学級を置く小・中学校の学級経営　大蔵省印刷局　平成3(1991)年　￥260

心身障害児理解のための指導の実際　大蔵省印刷局　平成4(1992)年　￥260

心身障害児の理解と配慮　大蔵省印刷局　平成5(1993)年　￥260

心身障害児の教育と教材・教具　大蔵省印刷局　平成6(1994)年　￥270

交流教育の意義と実際　大蔵省印刷局　平成7(1995)年　￥270

一人一人を大切にした教育−障害等に配慮して−　大蔵省印刷局　平成8(1996)年　￥270

生きる力をはぐくむために−障害に配慮した教育−　大蔵省印刷局　平成9(1997)年　￥100

●特殊教育指導・実践書籍

心身症の診断・治療ガイドライン　西間三馨 監修　協和企画　平成14(2002)年　￥3,500

君と白血病　細谷亮太 訳　医学書院　昭和62(1987)年　￥2,600

小児ぜんそくの正しい知識　西間三馨　南江堂　昭和62(1987)年　￥1,100

小児のアレルギー疾患生活ガイド　飯倉洋治 編　南江堂　平成7(1995)年　￥1,300

血友病と共に　その治療と生活　吉田邦男 訳　学苑社　昭和55(1980)年　￥2,200

忘れえぬ子どもたち　ハンセン病療養所のかたすみで　藤本フサコ　不知火書房　平成9(1997)年　￥2,500

川の見える病院から　がんとたたかうこどもたち　細谷亮太　岩崎書店　平成7(1995)年　￥1,300

魚になれた日　筋ジストロフィー青年のバークレイ留学記　貝谷嘉洋　講談社　平成11(1999)年　￥1,500

現代のエスプリ別冊「患者の心理」　岡堂哲雄 編　至文堂　平成12(2000)年　￥2,520

現代のエスプリ別冊「病気と痛みの心理」　岡堂哲雄 編　至文堂　平成12(2000)年　￥2,520

現代のエスプリ別冊「生活習慣の心理と病気」　岡堂哲雄 編　至文堂　平成12(2000)年　￥2,520

筋ジストロフィー患者さんのための楽しい食事　河原仁志 編　診断と治療社　平成14(2002)年　￥1,300

小児喘息・アレルギー疾患の予防と治療に役立つ　栄養・食生活　鳥居新平 編　医学書院　平成9(1997)年　￥2,400

気管支ぜん息に関わる家庭内吸入性アレルゲン　小屋二六・長倉俊和 編　メディカルレビュー社　平成10(1998)年　￥2,800

ピークフローメーター活用のすすめ　−ぜん息治療管理のために−　指導者用

　　　　　　　　　　　勝呂宏・池部敏市・高増哲也 編　チクマ秀版社　平成10(1998)年　￥2,000

ノーマライゼーション時代における障害学　石部元雄・柳本雄次 編　福村出版　平成14(2002)年　￥2,600

心身障害幼児の保育改訂版　岸井勇雄 編　チャイルド社　平成12(2000)年　￥1,800

自立活動ハンドブック　西川公司 他 編　全国心身障害児福祉財団　平成14(2002)年　￥2,400
ぼくの青空　大久保義人　　まつお出版　平成 9 (1997)年　￥1,710
空への手紙　　①～⑥　福田素子　講談社　平成11(1999)年　各￥570
ぼくの病気いつなおるの ―― ツヨシ君のいちばん聞きたかったこと ――　田澤雄作 著　今井書店　平成13(2001)年　￥1,000
聖（さとし）①～⑦：既刊　山本おさむ　小学館　平成12(2000)年～　各￥505
聖の青春　大崎善生　　講談社　平成12(2000)年　￥1,700
病気の子どもの理解と指導　　山本昌邦 編　慶應通信　昭和63(1988)年　￥1,500
不登校・家庭内暴力・病弱児のＱ＆Ａ　　中尾安次 編　ミネルヴァ書房　平成12(2000)年　￥2,000
からだの科学　　日本評論社　￥1,200
慢性疾患児の病状変動と自己管理に関する研究　　村上由則　風間書房　平成 9 (1997)年　￥12,500
特殊教育の適正就学ハンドブック　　加藤安雄 編　慶應通信　平成 6 (1994)年　￥8,500
日本病弱教育史（問い合わせ先：横浜南養護学校）　　全病連　デンパンKK　平成 2 (1990)年　￥5,000
介護等体験ハンドブック　フィリア　　全特長 編　ジアース教育新社　平成12(2000)年　￥980
知的障害教育のむかし今これから　　大南英明　ジアース教育新社　平成11(1999)年　￥2,800
視覚障害教育入門Ｑ＆Ａ　　全国盲学校長会 編　ジアース教育新社　平成12(2000)年　￥2,000

・ＶＴＲ
一人ひとりの力をのばす　　病弱養護学校の教育編　昭和63(1988)年　非売品
社会参加・自立をめざして　　病弱養護学校の教育編　平成 4 (1992)年　非売品
心身障害児の理解のために－病弱・身体虚弱の子供の理解と指導編－　　平成 7 (1995)年　￥3,259
生きる力をはぐくむために「個に応じた指導」－病弱養護学校の養護・訓練編－　　平成 9 (1997)年　￥3,360
生きる力をはぐくむ「我が国の特殊教育」　　平成10(1998)年　￥3,360
一人ひとりの力をのばす　　1　盲学校の教育　2　精神薄弱養護学校の教育　昭和61(1986)年度　非売品
一人ひとりの力をのばす　　3　聾学校の教育　4　肢体不自由養護学校の教育　昭和62(1987)年度　非売品
一人ひとりの力をのばす　　5　病弱養護学校の教育　6　精神薄弱養護学級の教育　昭和63(1988)年度　非売品
一人ひとりの力をのばす　　7　難聴・言語障害特殊学級の教育　8　情緒障害特殊学級の教育　平成元(1989)年度　非売品
社会参加・自立を目指して　　1　盲学校の教育　2　肢体不自由養護学校の教育　平成 2 (1990)年度　非売品
社会参加・自立を目指して　　3　聾学校の教育　4　病弱養護学校の教育　平成 3 (1991)年度　非売品
社会参加・自立を目指して　　5　精神薄弱養護学校の教育　平成 4 (1992)年度　非売品
心身障害児理解のために　　1　我が国の特殊教育　平成 4 (1992)年度　1 巻　￥3,259
心身障害児理解のために　　2　視覚障害者の理解と指導　3　精神薄弱児の理解と指導　平成 5 (1993)年度　1 巻　￥3,259
心身障害児理解のために　　4　聴覚障害児の理解と指導　5　肢体不自由児の理解と指導　平成 6 (1994)年度　1 巻　￥3,259
心身障害児理解のために　　6　病弱・身体虚弱の子どもの理解と指導　7　自閉の子どもの理解と指導　平成 7 (1995)年度　1 巻　￥3,259
「生きる力をはぐくむ」個に応じた指導　　1　聾学校の養護・訓練　2　肢体不自由養護学校の養護・訓練　平成 8 (1996)年度　1 巻　￥3,360
「生きる力をはぐくむ」個に応じた指導　　3　盲学校の養護・訓練　4　病弱養護学校の養護・訓練　平成 9 (1997)年度　1 巻　￥3,360
「生きる力をはぐくむ」個に応じた指導　　5　我が国の特殊教育（日本語版）　6　我が国の特殊教育（英語版）　平成10(1998)年度　1 巻　￥3,360
「生きる力をはぐくむ」個に応じた指導　　7　知的障害養護学校の自立活動　平成11(1999)年度　1 巻　￥3,360
ともに生きる　交流教育　平成11(1999)年度　1 巻　￥3,360
すこやかな成長のために　教育相談　平成12(2000)年度　1 巻　￥3,360
明日への自立をめざして　職業教育・進路指導　平成12(2000)年度　1 巻　￥3,360
　　以上、全国特殊教育推進連盟　制作　　〒100-0013　東京都千代田区霞ヶ関 3 － 2 － 3　文部科学省分館内
　　　　　　　　　　　　　　　　　Tel・Fax　０３－３５０２－８７６８

ぼくの青空　　東映教育事業部　平成 9 (1997)年　￥90,000
筋疾患児において在宅でもできる呼吸不全の予防と対策「筋ジストロフィーの呼吸ケア」
　　　　　　　　　　　　　　社団法人日本筋ジストロフィー協会　平成13(2001)年　￥1,000＋送料（270円）
明るく元気に　病弱養護学校の子どもたち　国際放映　平成12(2000)年
「ココロココ」（病気の子どもの理解のための教育用コンテンツ）　平成14(2002)年
　　http://www.nise.go.jp　→国立特殊教育総合研究所→事業案内→教育用コンテンツ→ココロココ

❏キーワード索引（五十音順）

❏執筆等協力者一覧

▐執筆協力者・病弱養護学校長会会員

長谷川尚文	北海道五稜郭養護学校長
高橋　健剛	札幌市立山の手養護学校長
工藤　光孝	青森県立浪岡養護学校長
音喜多京子	青森県立青森若葉養護学校長
千葉　和弘	岩手県立一関養護学校長
野中雄太郎	岩手県立釜石養護学校長
川村　　薫	岩手県立青山養護学校長
吉田　勝秀	岩手県立松園養護学校長
武田　信彦	宮城県立西多賀養護学校長
澁谷　　修	宮城県立山元養護学校長
吉川　一成	秋田県立本荘養護学校長
渡辺　和子	山形県立山形養護学校長
鈴木　敏夫	福島県立須賀川養護学校長
佐伯　　進	茨城県立友部東養護学校長
初谷　光彦	栃木県立足利養護学校長
藤田　　詳	栃木県立岡本養護学校長
奥野　　毅	群馬県立赤城養護学校長
松木　晴信	埼玉県立蓮田養護学校長
斉藤　秀夫	埼玉県立岩槻養護学校長
昆　　俊雄	千葉県立四街道養護学校長
林　トシ子	千葉県立仁戸名養護学校長
坂田　紀行	東京都立久留米養護学校長
大井　芳文	板橋区立天津養護学校長
西村　秀明	大田区立館山養護学校長
米山　明男	神奈川県立秦野養護学校長
吉本　修一	神奈川県立横浜南養護学校長
真船　東平	横浜市立二つ橋養護学校長
丸山　昭生	新潟県立柏崎養護学校長
高井　国夫	新潟県立吉田養護学校長
山田　恭三	長野県若槻養護学校長
畑井　　孝	富山県立ふるさと養護学校長
畑中　俊勝	石川県立医王養護学校長
竹内　誠治	福井県立福井東養護学校長
菰田　　勇	静岡県立天竜養護学校長
鈴木　守次	愛知県立大府養護学校長
伊藤　昭生	岐阜県立恵那養護学校長
上田　紘一	岐阜県立長良養護学校長
大市　智子	三重県立杉の子養護学校長
山中てる子	三重県立緑ヶ丘養護学校長
越前　　寛	滋賀県立守山養護学校長
小川　　弘	滋賀県立鳥居本養護学校長
澤田　市朗	京都府立舞鶴養護学校長
奈島　正嘉	京都府立城陽養護学校長
宮地　優典	京都市立鳴滝養護学校長
三村　　勝	京都市立桃陽養護学校長
下郡　正年	大阪府立羽曳野養護学校長
山本起九衞	大阪府立刀根山養護学校長
桃井　泰夫	大阪市立貝塚養護学校長
荻野　碓郎	兵庫県立上野ヶ原養護学校長
今井　啓之	奈良県立七条養護学校長
坂本　晏宏	和歌山県立みはま養護学校長
清末　宣春	鳥取県立鳥取養護学校長
櫻内　　強	島根県立松江緑が丘養護学校長
貞廣　隆道	広島県立原養護学校長
綱島　四郎	岡山県立早島養護学校長
戸田岸宣明	山口県立豊浦養護学校長
青木美智子	徳島県立鴨島養護学校長
大西　将生	香川県立善通寺養護学校長
黒川　　稔	愛媛県立第二養護学校長
森岡　　学	高知県立高知江の口養護学校長
柴田　正道	福岡県立古賀養護学校長
原岡　　毅	北九州市立門司養護学校長
増本　吉紀	北九州市立企救養護学校長
末次　康裕	佐賀県立中原養護学校長
島内　徹郎	長崎県立大村養護学校長
猿渡　　徹	長崎県立桜が丘養護学校長
山下　武文	熊本県立黒石原養護学校長
江藤　宏征	大分県立石垣原養護学校長
日高　辰郎	宮崎県立宮崎赤江養護学校長
日高　隆雄	宮崎県立児湯養護学校長
久保　正博	鹿児島県立指宿養護学校長
森尾　恭光	鹿児島県立加治木養護学校長
宮城　房枝	沖縄県立森川養護学校長

▐執筆協力者

横嶋　孝幸	青森県立青森若葉養護学校
工藤　正弘	岩手県立一関養護学校

佐藤　功一	宮城県立西多賀養護学校	
及川　雅之	宮城県立山元養護学校	
菊地　雄士	山形県立山形養護学校	
土橋　悟	福島県立須賀川養護学校	
野原　辰男	栃木県立足利養護学校	
田中　敏雄	埼玉県立蓮田養護学校	
齊藤加代子	埼玉県立岩槻養護学校	
伏木　泰子	千葉県立仁戸名養護学校	
阿部　伸子	同　上	
柳澤　政代	同　上	
溝口　勝美	同　上	
行木　紀子	同　上	
濱出　理恵	同　上	
小出佐智子	同　上	
高橋　亮	同　上	
田村　有里	同　上	
杉村　真弓	同　上	
佐々木禎子	同　上	
川越　康武	千葉県立四街道養護学校	
池田　弘	同　上	
岩井　和子	同　上	
栗原　修	同　上	
曽我部由里	同　上	
松原　邦雄	同　上	
松田　厚	同　上	
角田　哲也	同　上	
日暮　和弘	同　上	
伊藤　直樹	同　上	
堂東　稔彦	東京都立久留米養護学校	
渡辺　栄治	東京都大田区立館山養護学校	
麻薙　幹彦	神奈川県立横浜南養護学校	
内山　徹	新潟県立柏崎養護学校	
古久根美智子	愛知県立大府養護学校	
新美　恵美	岐阜県立恵那養護学校	
江尻　幸子	三重県立緑ヶ丘養護学校	
目澤　浩美	富山県立ふるさと養護学校	
小嵐　恵子	福井県立福井東養護学校	
岡田　龍兵	京都府立城陽養護学校	
渡邊　久	京都市立鳴滝養護学校	
藤井　彰二	同　上	
岩井　健次	大阪府立刀根山養護学校	

石橋　智律	島根県立松江緑が丘養護学校
山縣　元	広島県立原養護学校
本山　博	岡山県立早島養護学校
下中　歌子	同　上
中村　隆宣	山口県立豊浦養護学校
吉水多加志	同　上
平本　昴司	同　上
三木　和子	徳島県立鴨島養護学校
松本　陽子	香川県立善通寺養護学校
藤渕　妙子	愛媛県立第二養護学校
前田　伸和	高知県立高知江の口養護学校
豊増真紀子	福岡県立古賀養護学校
松本　一彌	熊本県立黒石原養護学校
井上　敏幸	同　上
中山　茂樹	宮崎県立児湯養護学校
駒走　俊彦	鹿児島県立指宿養護学校
新城　哲夫	沖縄県立森川養護学校
越川　年	全国病弱虚弱教育学校ＰＴＡ連合会会長

‖写真提供

群馬県立赤城養護学校
千葉県立仁戸名養護学校
千葉県立四街道養護学校
埼玉県立蓮田養護学校

● 順不同・敬称略　平成12年度在職校（職名）

❏監修を終えて

横　田　雅　史

　我が国の特殊教育は、制度として確立してから120余年を経ました。この間、対象児童生徒の障害の種類や程度、障害観、施設・設備、指導方法、教育行政など様々なものが変わってきました。

　とりわけ、病弱教育の対象児童生徒は、医学等の進歩に伴い病気の種類の増加、入院期間の短期化、治療方法の変化など大きく様変わりし、この変化に応じて教育も充実・発展してきたところです。具体的には、昭和30年代後半頃より結核が激減し、代わって喘息や腎臓疾患が増加しました。その後、喘息、腎臓疾患の患児数は増加するものの、病弱教育対象児童生徒としては減少してきています。最近は、不登校等を経験し医療を必要としている心身症が急増、筋ジストロフィー等では小・中学部生が急減し高等部生が増加、これまで教育の対象とされることが少なかった白血病などの悪性新生物（小児がん）なども徐々に増加など、それぞれの病気に特徴的な様相を示してきています。

　病弱教育は、通常の小・中・高等学校の教育に準ずる教育課程で対応することが多い一方、重症心身障害児病棟に入院する重度の障害児や視覚障害、聴覚障害、知的障害等他の障害を併せ有する重複障害者、臓器移植等のため完全無菌室で生活する児童生徒、不登校などのうち医療を必要とする心身症など様々な状態に応じて展開されています。具体的には、移動等を制限されている子どもたちの世界を広げるため、ＩＴ（情報技術）を活用した指導方法の工夫をしたり、自立活動や重複障害者の指導に際し「個別の指導計画」の作成、医療との連携など様々に工夫して取組がなされてきているところです。

　こうした展開のために、病弱教育担当教職員の資質には広い知識と深い専門性が求められていますが、特殊教育教諭免許状の保有状況（53%（平成12年5月1日））も高いとは言えない状況にあります。

　このような状況に対応するため、文部科学省は平成6年12月に「病気療養児の教育について（通知）」を発出し、この教育の意義、実態把握とともに転学手続の迅速化・簡素化、教職員の研修の必要性などについてまとめ、より充実した教育の展開を図ってきたところです。また、平成8年度に発行した「病弱教育の手引き〜教科指導編〜」においては、各教科における配慮事項などについて分かりやすくまとめてきたところです。

　本書は、全国病弱養護学校長会の「病弱教育の基本的なことについてまとまった本が必要」という声のもと、昨年末に企画され、急に走り出したような印象です。結束力の強い全病長会ですので3学期末にはほとんどの原稿がそろいました。

　今般、監修を終えたところですが、教育界が大きく変化を求められてきているところでもあることから、改訂版には時宜に応じた「Q&A」や新しい制度、資料編についてもより充実するよう加筆の必要を感じています。

　最後に、刊行の初歩知識から手ほどきをいただきました、教育新社の加藤勝博社長はじめ皆様に大変お世話になりました。深く感謝申し上げます。　　　　　　　　（平成13年8月）

―|監修 横田 雅史

■編集委員

昆　　俊雄　千葉県立四街道養護学校長

坂田　紀行　東京都立久留米養護学校長

林　トシ子　千葉県立野田養護学校長

松木　晴信　埼玉県立蓮田養護学校長

吉本　修一　前 神奈川県立横浜南養護学校長

（平成13年4月1日 現在　五十音順）

• 表紙デザイン 岡本倫幸　本文カット 上原まり

病弱教育Q&A PART I

－病弱教育の道^{みちしるべ}標－

平成29年3月27日　オンデマンド版第1刷発行
平成30年3月16日　オンデマンド版第2刷発行

● 監 修　横 田 雅 史
● 編 著　全国病弱養護学校長会
● 発行所　ジアース 教育新社
● 発行者　加 藤 勝 博
　〒101－0054　東京都千代田区神田錦町 1 －23　宗保第 2 ビル
　Tel. 03－5282－7183　Fax. 03－5282－7892
　E-mail:info@kyoikushinsha.co.jp　URL:http://www.kyoikushinsha.co.jp/

ISBN978-4-86371-410-6